管理密码

源起市场，赢在职场

银代仁 ◎ 著

文化发展出版社
Cultural Development Press

图书在版编目(CIP)数据

管理密码：源起市场，赢在职场/银代仁著.—北京：文化发展出版社，2018.7

ISBN 978-7-5142-2330-9

Ⅰ.①管… Ⅱ.①银… Ⅲ.①企业经营管理－研究 Ⅳ.①F272.3

中国版本图书馆CIP数据核字（2018）第120624号

管理密码：源起市场，赢在职场

银代仁 著

出 版 人：	武　赫
责任编辑：	孙　烨
责任校对：	郭　平
责任印制：	杨　骏
排版设计：	辰征·文化

出版发行：文化发展出版社（北京市翠微路2号　邮编：100036）

网　　址：www.wenhuafazhan.com

经　　销：各地新华书店

印　　刷：北京富达印务有限公司

开　　本：889mm×1194mm　1/16

字　　数：320千字

印　　张：20.5

版　　次：2018年7月第1版　2019年5月第2次印刷

定　　价：59.80元

ISBN：978-7-5142-2330-9

◆ 如发现任何质量问题请与我社发行部联系。发行部电话：010-88275710

序

一天夜里，我曾经的下属银代仁在微信上告诉我，他有一本关于职场管理的书稿接近尾声，该书以部门总监的视角来讲述企业的经营管理，并诚挚地邀请我给他的新书作序。

为人作序，既是一件盛情难却的事情，又担心自己不能很好地领会书稿的宗旨以及作者的意图，从而给作品减分。在阅读完书稿之后，我还是欣然答应了，我想大致基于以下几点原因。

互联网精神之显著特征是开放和分享，代仁十分乐意并享受这个过程——他将自己这些年在市场营销和职场管理方面的心得体会结集成册，并辅以丰富翔实的案例，坦诚地与我分享，质朴地与读者分享，一如当初他在易宝支付效力时的热诚，这是值得激励的行为。

市面上讨论企业管理的书籍甚多，要么过于宏观，不接地气；要么过于微观，高度不够。代仁的这部作品，能够准确地定位并站在部门总监的高度，多角度、系统化、如实地探讨了部门的运转之道。诚然，部门总监就是一个企业的"腰"，抓企业经营管理，很关键一点就是要抓好部门负责人。

按照德鲁克的话，"企业的精神在于一群平凡人聚在一起做不平凡的事业，并在此过程中不断成长，超越自我"，我称之为"一群人的浪漫"。那企业文化又是什么？不是企业自身说了什么，甚至也不是企业做了什么，而是员工甚至是离职员工对企业长久的感知和认可。在离开易宝支付之后，代仁的书稿中还不时散发着易宝支付的文化气息。"聚是一团火，散是满天星。"作为易宝支付曾经的一员，代仁对企业文化的传承和理解，比之前更深入、更成熟，这是很"浪漫"的事。

最后一点，让我颇为好奇的是代仁离开易宝支付之后的几年中，如何做到从市场营销到职场管理的"跨界"转变。作为当年易宝支付的市场总监，代仁主持市场部工作，对于市场营销和品牌塑造有着丰富的实战经验和娴熟的操作技巧。随着我阅读书稿的进度的深入，我强烈地感受到了代仁"勤奋、好学、善思"的特质。而这些特质，不正是一个优秀部门总监所应该具备的吗？

正如代仁在书中所说，成功有捷径——当你以"主动、积极、正面"的心态去面对挑战，去拥抱变革，当你以"无业务不管理"的务实作风去要求自己深入企业的日常经营，当你以一个部门总监的视角去剖析部门内务和企业运转，当你以部门主管的思维方式去驾驭一系列管理工具……我想，你已经触摸到了职场的成功脉搏。

Keep Studying and Stay Young！我认为代仁的这本新书，堪称资深部门总监的随身管理工具包。同时，凭借其20年职场经验，本书当能助你成功破译部门管理的密码。

唐彬

易宝支付首席执行官

2018年1月

前言

每个人著书立说都有其目的和原因。

那么，我写这本书的动机是什么呢？这就需要回归我的初心。

大约两年前，我就有了要动笔系统地写一点东西的冲动，算是给初入职场的小白们一些建议，或者不谦虚地说是某种好为人师的指导。我的愿望很简单：让他们在起步时少走一些弯路，在忙碌的工作之余多一些深刻的思考，在各种纷繁的事务中能够安静下来，厘清那些常见的市场营销原理、部门运转机制，以及企业管理逻辑等。

写着写着，我发现自己的初心慢慢地有了细微的变化。

是的，从业20余年，在热火朝天的市场与职场中间，各种成败得失，各种心得体会，各种启发感悟，在我内心深处不时翻腾，难道我不也早想着给自己一些交代和回味吗？尤其当我以一个"资深"部门负责人的视角重新审视部门管理时，发现部门总监作为企业组织架构的"腰"，在整个企业运转管理中发挥着枢纽作用。而我的两次创业经历，又让我的视野和格局提升到企业架构的"头"，从而让我更加深刻地领悟到一个企业是多么迫切期待培养出更多的优秀部门总监。如此来看，一个企业好不好，看看它的"腰"就知道。

市场离不开职场，职场可以成就市场。这种跨界的思维方式，让我不但在写作时思若涌泉，相得益彰，更是对我当年以"业务骨干"自居时的某种反省与顿悟——原来，当我对市场营销的业务技能模块相对熟练之后，并没有毅然决然地快速过渡到职场通用管理平台之上，难怪我的职业发展道路总是那样的曲折，至今也没能成为一个优秀的职业经理人。

有鉴于此，在本书的安排上，既有那些市场营销的基础工具和技能，又有那些职场中通用的管理方法论；既有部门内务的反思和心得，又有拿来就可用的实战工具，既有混迹职场的各种感悟启发，又有丰富翔实的操作案例。每篇文章相对独立，每章内容相对聚焦。本书便于随时查询，适合通读，当然也鼓励朋友们精读，因为，开启读者的心智，才是最有意义和值得作者炫耀的事情。

我相信：本书对于那些正在从事或者希望了解市场营销领域或者公司主营业务运转规律的朋友们，一定有所帮助。我甚至希望这本小书能够在你职业生涯的某个重要阶段，一路陪伴着你成长的足迹——从市场小白到市场总监，从职场菜鸟到职场精英，我们都可以随时轻松地对话。

我高兴：本书对于那些正在职场中摸爬滚打的部门主管和职业经理人士，或许会有新的启发与收获！我还希望这本小书能够帮助你开始系统地了解市场营销，开始重视企业主营业务，开始跨界地视觉切换与系统地审视部门管理，从而让你有所"新得"，助你走得更远更稳健。

感谢那些我认识或者不认识的朋友，是你们有意和无意间促成了我的处女作问世！

银代仁

2017年冬 北京

目录

CHAPTER 1 懂业务才能谈管理

轻松构建市场的世界观 /002

市场有大小，格局见高低 /005

玩笑说出 Marketing 的某些真谛 /007

了解大环境的原理和方法 /012

不传之秘：资深文案的"三宝"/016

13 张图说透产品生命周期 /020

一张画，预见更好的未来 /030

深度剖析并运用 4P 理论 /033

媒介基本功：舆情监测入门 /040

大数据时代，关于直邮 DM 的反思 /043

漫谈营销：信心、顿悟、三重境 /046

公益与营销 /048

搞懂这些，再"打品牌"/052

市场营销和业务运营的深层关系 /056

CHAPTER 2 初探部门常规内务

制订年度工作计划的 7 大关键要点 /060

部门总监如何写好年终总结 /062

手把手教你制订部门级工作指引 /065

关于部门设置方案的若干思考 /068

部门总监需要精练 9 大内功 /070

为下属设计素质模型 /073

部门主管带新的四个阶段 /077

部门总监这样回复各类邮件 /079

反思：例会为何越开越差 /082

部门总监须掌握的绩效考核原则和方法 /085

案例 360 度评估及实操问卷调查表 /087

关于员工考评的几点建议 /091

案例 员工绩效管理实战三部曲 /094

建模——让人人都训练有素 /097

快速定位市场营销活动中的败笔 /098

CHAPTER 3 训练通用管理思维

绝不厚黑：部门总监识人 8 字诀 /104

两个规则让部门总监具有工匠精神 /105

品牌总监如何面对企业荣誉 /107

多组织团队成员写读后感 /109

请勿漠视职业习惯 /112

市场总监如何平衡东西方市场思维差异 /114

部门总监要善于给团队"打鸡血"/118

让员工快乐地自己找事儿做 /119

人员扩编的两条铁律 /122

你是否进了一家假的互联网公司 /123

关键时刻，部门总监要学会"抛玉引砖"/125

优秀主管的"带兵"之道 /127

职业经理人必须掌握的 10 大成功法则 /128

企业品牌顶层设计的那些事儿 /134

CHAPTER 4 丰富实战管理工具

部门总监必须掌握的战略分解工具 /140

目标解析 /148

6 步助推企业文化落地 /152

闭环思维及其应用 /155

部门总监一定要重视 6 个会 /158

部门总监管理行为的调查问卷 /161

空降部门总监如何梳理工作思路 /163

企业组织架构调整的原则和方法 /164

对人才设置分级和序列的原因 /166

嘿！这就是市场总监的素质 /167

Sales、BD、Marketing 之间的关系比对 /173

简单 7 招，将市场调研拉下"神坛"/176

市场总监常用的 4 种市场预算思路 /179

案例 如何编写培训课 /182

CHAPTER 5 初入职场平稳起步

"趁早"的"出名"/186

也许你还不了解职场基本功 /189

快给自己找个导师 /191

面对这 9 类人，请勇敢地 Say No/196

9 种特殊情形之下的取舍之道 /198

全面认识上下级关系 /201

全面认识左右级关系 /203

多出去转转，就会转出境界和格局 /205

成功加薪的妙招 /208

问题驱动：让问题推进问题的解决 /210

赋能才能激发团队潜能 /212

成功的人很在意这"七心" /216

如果说成功没有捷径，那就是笑话 /217

CHAPTER 6 职场风云宁静致远

做好这四条，离优秀主管就不远了 /220

"进攻型"主管的几个显著特点 /222

空降主管如何顺利融入新团队 /223

部门主管必须摒弃的 8 种弊端 /226

看看你的部门总监是否称职 /228

部门总监不可逾越的 7 条红线 /230

学会知人性、识人品 /232

且行且珍惜，不要轻易进行道德审判 /234

稻盛和夫的选人之道 /235

小心企业中的 9 类蛀虫 /237

"另眼"看待领导的心腹 /239

系统化思维的构建 /240

高手控制情绪的五大原则和四大表现 /243

用媒体的危机公关梳理企业的内功 /245

CHAPTER 7 追求卓越开启智慧

职业经理人绝对聪明，但不一定 SMART /250

成就感是职场快乐的唯一源泉 /252

优秀主管要能走进员工的内心 /254

员工激励竟然如此简单 /256

战前准备的 15 条铁律 /257

精兵强将究竟"强"在哪儿 /258

案例 阿里巴巴的人才发展 /260

老板的呼唤——多做一丝 /261

看千古完人诸葛亮如何自勉 /263

人生必备的三大礼物 /264

"斜杠青年"VS"佛系青年" /266

职场 6 "模" /267

站着说话不腰疼——让业务自己找上门 /269

"春捂秋冻"的职场大智慧 /271

说说职场"竞争力" /272

CHAPTER 8 返璞归真赢在职场

优秀的主管一定要学会"偷懒" /276

"胜任力"模型好看不中用 /278

真正有力的"领导力" /280

案例 部门负责人到底要对什么"负责" /282

拼命工作却收效甚微的原因 /283

做事与做人的区别 /285

学会真正换位思考 /287

企业兴衰的 12 条先兆 /289

有的人总是时运不济的原因 /292

牛亦有道 /293

顿悟：教师出身的大佬很多 /294

没有合理授权，主管的最终结局是劳而无功 /296

"烂"公司才有"大"机会 /298

如何带出"狼性"团队 /300

"三思而行"中的"三思"到底是什么 /301

漫谈管理再造 /303

优秀领导都是"三见客" /307

见仁见智 /308

后记 /314

嘉宾点评 /315

chapter 1
懂业务才能谈管理

无业务，不管理——如果我们轻视业务，对业务不求甚解，就去空谈企业管理之道，犹如空中楼阁。因此，无论你在职场中处于什么级别，无论你在组织中处于什么部门，无论你在分工中处于什么岗位，无论你在管理体系中处于什么PMS（技术/管理/销售）序列，我们都必须以业务为基础！

不懂市场，你的职场前景将大大受限！不懂业务，你的可替代性将大大提高！不懂管理，你的各种苦劳必将限制你的想象力！因此，不妨做一名出色的"斜杠"青年，莫要让无所谓的"佛系"思维使自己最终变得油腻和Foolish（愚昧）！

很高兴，我多次修订本书的开头，最后还是说服自己选择了这样的方式：没有从常规的Marketing（市场营销）理论入手，而是用了尽量通俗的语言，甚至以开玩笑的方式，讲述了我们身边的市场销售、产品、运营……同时，通过对4P理论的剖析，对企业的产品全面解读，希望能够具象而感性地把你带入我们每天置身其中的市场和职场、经营和管理。

轻松构建市场的世界观

现代企业里，几乎都有一个市场部（Marketing Department），或者即便不叫这个名字，也有一个功能与之类似的部门；或者即便没有这样一个部门，也有一个或者几个人干着与"市场"业务相关的工作。

老银从业20余年，常常与人讨论什么是市场，有人把它说得"很大"，认为它包罗万象；也有人把它看得"很小"，认为它不就是做点儿宣传、推广嘛。下面，老银就用比较通俗的、接地气的5W1H方式，来简单说说"市场"到底是个什么样的怪物。

W——What，市场是什么

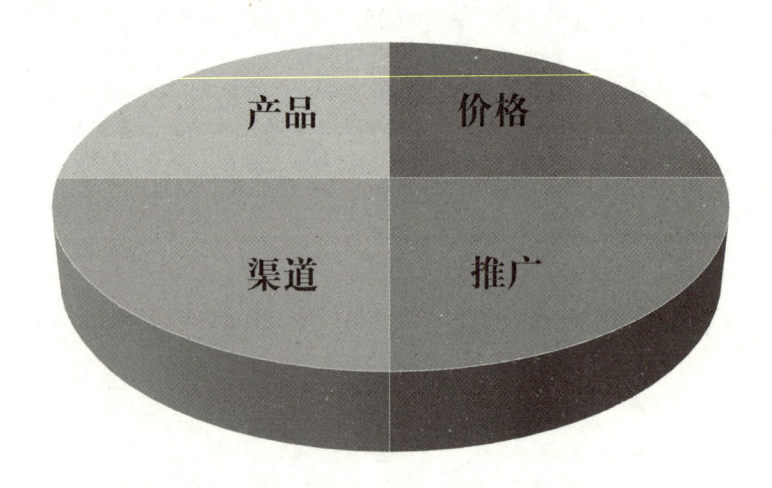

市场核心四要素

通俗地讲，Marketing就是市场，市场就是买卖。学院派讲，市场就是Marketing，就是我们常见的4P——产品（Product）、价格（Price）、渠道（Place）、推广（Promotion）；狭义地讲，市场就是宣传推广（Promotion），它包括公共关系（PR）、广告（AD）、促销活动等；客观地讲，市场无论是否销售（Sales），它必须促进销售，为销售服务。一个企业最基本的两个职能便是产品和销售。

W——Why，为什么做市场

打品牌——间接目的，品牌溢价后可以促进销售；促销售——直接目的，销售份额扩大后可提升品牌价值。

由此可见，打品牌和促销售并不那么绝对。比较困难的是：如何找到他们之间的关联，如何在营销计划中分配这二者之间的权重——因为是否能够促进销售，通常可以用销售数据来验证；而是否能提升品牌价值，有时候就不那么直接和显而易见。因此，就需要经验积累、大数据支撑，以及运营分析。

W——When，何时做市场

只要你的产品或者服务一旦商品化，他们就必须走向市场，去拥抱消费者，去迎接市场的洗礼。这个时候，我们就需要"做市场"，也就是狭义的推广宣传，也就是广义的市场营销——价格定位，渠道（销售体系）定位以及选择促销方式。需要注意，不同的产品生命周期，均需要做市场，但手段不同。

W——Where，在哪里做市场

通俗的理解即为线上（通过互联网，如电商网站）和线下（通过实体店等）。狭义的理解为市场部在媒介上（4P中的Promotion，如报纸杂志、电视广播等），销售部在渠道上（4P中的Place，如代理商、经销商、终端零售商等）。更为精准的理解是将市场作为产业链条或者生态群落，即把产品或者公司，甚至所在的行业，放在一个坐标系更为广阔的空间里来看待"大市场"。譬如，你的企业是汽车轮胎OEM（Original Equipment Manufacturer——原始设备制造商，俗称代工）供应商，你的市场就是给上游汽车生产商提供轮胎这个配件。

W——Who，谁来做市场

市场部：负责狭义的市场推广，如上文所述PR公关关系、AD广告宣传等。

市场部+销售部，市场的外延不断扩大，市场部协助销售部，携手扩大市场份额。某些企业里，也可以称为营销部——把市场宣传和渠道销售整合在一起的部门。

公司全体：广义的"大"市场。贩卖产品为"小"市场，构建平台为"大"市场。老银更喜欢这样的全员营销观念。也就是企业里所有人，都必须有"销售"的强烈意识，无论你是前场业务部门，还是中场运营部门，还是后场职能部门，大家所做的一切，都是为了把公司的产品和服务销售好。大家的一言一行，都直接或间接地影响着公司的市场份额。

行业高度：当你已经成为行业的领头羊，或者进入行业的第一阵营，你需要站在行业或者产业的高度，号召更多的企业和平台一起参加，推动创新或者开辟更大的市场。如阿里巴巴，它的市场格局已经初步提升到行业高度了。

全球视野：进入这个阶段，你的实力已经绝对强大，你的格局已经不可限量，你不但是行业的领军人物、整合产业之间的高手，更是布局全球的大神，甚至是民族的希望和未来。

H——How，如何做市场

(1) 写一点软文——小试牛刀　　(2) 投一波广告——强化销售
(3) 做一些活动——始接地气　　(4) 秀一场峰会——崭露头角
(5) 整一套系统——突破单产品　(6) 建一个平台——资源大聚合
(7) 圈一拨同行——行业领头羊　(8) 聘一千专家——引领话语权
(9) 拟一些条文——影响产业政策

上述市场模块（营销手段）既可独立操作，又可以层层递进和向上提升，还可以多模块组合使用。越往后越高端，越丰富越强大，越组合越精准。倘若依此修行，则你的市场份额会越做越大，你的级别也会越来越高，你的企业的影响力会越来越深远，你对市场的理解也会越来越有感觉！

综上，关于市场的世界观已经初步建立，是否有一种豁然开朗的感觉？好了，知道了前进的方向，就不要担心征途的遥远！咱们还是回归现实，一步一个脚印，做好当下的市场，就是对市场最成功的理解和应用。

我思我见

最后一段，是否看起来很简单？是否读完后没有找到什么感觉？如果是这样，那就不对了！说明我们在阅读时只是"眼到"，未能"心到"；说明我们在平常观察行业巨头的市场动态时，不仅停留在信息表层甚至娱乐八卦阶段，还忽视了那些真正的市场高手，他们每向前推进一步，其实都是整个部门、整个公司，甚至整个行业一起努力所带来的质的飞越。

市场有大小，格局见高低

如果你已经从事了几年市场营销（Marketing），或者你的眼界没有局限于你当前所在的狭窄的部门。那么，祝贺你！我们可以一起来探讨一下市场总监心目中的"大"市场和"小"市场了。

广义的4P和狭义的推广（Promotion）

广义的市场，就是所谓的"大"市场，也就是Marketing及Marketing所包含的4P：产品（Product）、价格（Price）、渠道（Place）、推广（Promotion）。

狭义的市场，就是所谓的"小"市场，也就是Promotion，即4P中的一个环节——推广。

推广（Promotion）就是市场部日常的推广宣传，包括PR（新闻传播）、AD（广告投放）、Event（活动促销）。再细分就是媒介宣传、文案编辑、网络推广、活动策划、新媒体运营等。

作为市场营销尤其是市场推广人员，先干好狭义的"小"市场，才有机会做好或者负责更为广义的"大"市场。

"小"部门与"大"公司

如果市场总监把眼光盯在部门内部，局限于自己的那一亩三分地，即便你的市场营销（促销）活动搞得有声有色，也只能说是"小"市场。

反之，如果市场总监的境界和修为能够延展到部门之外，站在公司全局看问题，则你的市场营销行为可以充分融入公司的大目标，这就是"大"市场。

一言以蔽之：以部门为参照，谓之"小"市场；以公司为参照，谓之"大"市场；以行业为参照，谓之"更大"市场。

注：所谓"大小"，并无对错和优劣之分，只是看问题的角度不同而已。此外，你的眼界高低和你的能力大小，尽量要匹配，否则就很累。

此外，通常的情形是，市场部一定要为公司的主营业务部门（销售产品或者销售服务）做好支撑和服务。只有这样，市场总监才能逐渐地提升自己的部门地位，即便不能高瞻远瞩地制订营销战略指导公司的营销战术，至少不会为公司的营销战争拖后腿。

"小"产品与"大"平台

所谓产品，是指能够供给市场，被人们使用和消费，并能满足人们某种需求的任何东西，包括有形的物品、无形的服务、组织、观念或他们的组合。

所谓平台，在TMT行业（Technology、Media、Telecom——科技、媒体、通信），指计算机硬件或软件的操作环境，泛指进行某项工作所需要的环境或条件。如科技推广站为农民学习科学知识获取市场信息提供的平台；电子商务网站为商家和用户提供商品资讯和购买服务的平台；婚恋网站为适龄男女们提供社交和婚恋服务的平台。

如果市场总监的一切工作，仅仅是围绕着公司的产品，那么你的努力成果只能影响你所在公司的消费者，甚至部分潜在消费者而已。

如果市场总监的努力方向还在于打造和构建新平台，则你的奋斗目标有可能影响一个产业链条，甚至影响一个庞大的新生态。因此，我们可以说，贩卖产品为"小"市场，构建平台为"大"市场。

平台的确是一个伟大的梦想，诸如连锁经营系统，诸如大型的整合营销项目，诸如当今火爆的视频直播平台。平台的打造是一项长期而艰巨的任务，初创公司，建议可以先"干"着产品，"想"着平台。

以上只是简单地举例，算是抛砖引玉。如果我们变换一些角度，"大"市场和"小"市场还有更多可对比的地方。之所以从上述角度来剖析市场的"大小"，我们的目的很简单——希望从事市场营销的朋友们，能够在适当的时候，多一些思考和探索，将丰富的市场营销理论和实践转变并吸收成为自己的方法论，或者说成功之道。

——|我 思 我 见|——

市场有大小，格局见高低。如果我们不能由衷地重视并敬畏市场，如果我们企业的产品和服务没有市场，那么，我们自己也就没有市场了——这样的企业只能Game Over（失败，出局）！

通常，我们从"小"市场做起，个人的进步一定不要落后于企业的进步，否则自己就会掉队，从而被企业淘汰。同样，企业的进步，一定不要落后于整个行业的进步，否则就会被市场无情地抛弃。

同时，我们也不要好高骛远，看不上"小"市场，认为"小"市场没有什么挑战。我认为，个人和企业的发展速度应适当超前一步，会获得更多的幸福感。否则，容易长江后浪推前浪，前浪被拍在沙滩上，这就是多数探路者的悲壮，让我们向先驱们致敬！

当你感觉快要接近天花板时，请不断放大你的参照系！

玩笑说出Marketing的某些真谛

Marketing是什么？有人说是销售，有人说是市场。

其实，鼓捣其概念没什么好处，通常是所谓市场"大虾"们在面试职场菜鸟时卖弄的所谓"学问"而已。（老银在这里顺便鄙视一下，哈哈！）老银认为，了解事物的内在机理，远比完整地背诵一些空洞的定义或者概念更实在、实用、实际。

所以，这里我对Marketing给出了一个相对靠谱儿的解释——通俗地讲，Marketing就是市场，市场就是买卖。不信，你可以百度一下。今后，当有"大虾"拷问你何为市场时，你可千万别傻傻地掰着指头去数4P。虚则实之，实则虚之，这不失为对付那些喜欢装腔作势的"大虾"们的一种策略。

本节把Marketing这个单词里的每个字母拆开说明，希望把最最常见的、最最经典的市场营销理论，用通俗形象的开玩笑的方式告知大家，这一定比干了几年市场营销之后，只记得一个4P要有趣得多。

M——5M（5M法则）

任何市场营销行为，尤其在制订营销方案的时候，必须注意5M法则，不要有所遗漏：任务（Mission）、资金（Money）、信息（Message）、媒体（Media）、衡量（Measurement）。只要你的方案里包括上述5M，你的思考方式基本就算相当周到全面了。

无论你做什么买卖（市场），都离不开这5个要素——你要卖（推销）多少东西出去（这是任务），为了卖好你的东西你需要花费什么样的资金成本（譬如广告费），你打算采用什么样的吆喝方式以及吆喝什么（即你打算传达给买家什么样的信息），你计划选择什么样的渠道媒介（是刷朋友圈呢，还是在地铁口雇用几个长腿妹子举个小牌牌儿），最后，你这场买卖（营销活动）做得好不好、成功与否、效果如何，你总得对自己和老板有个交代（衡量一下，看看是否得不偿失，或者事半功倍，如果下次举办类似营销活动还需要注意改进什么）。

A——Art（艺术）

市场营销，也就是市场买卖，绝对是一门艺术！换言之，有艺术细胞的营销活动，通常比那些没有艺术感觉的营销活动更容易吸引人，更容易获得消费者的好感，更容易取得销售的成功。

讲一个真实的例子。当年，中关村里某个电子市场即将开业，需要设计一个主题平面广告进行宣传。于是邀请了几家4A广告公司设计比稿。某个才华横溢的艺术青年，设计了一幅非常具有视觉冲击力的广告——一个即将临盆的母亲的胴体仰视图，远观就像一只古典的闹钟。可以说，这个创意真心称得上是难得的艺术——准确并且清晰地传达了该电子市场即将诞生（开业）的信息。然而，该广告创意最终被无情否决。据我后来了解，其原因就是——市场营销不仅是一门艺术，大众更期待和认可"美"的艺术。至于若干年后，互联网上偶尔流行的审丑之风，就该另当别论了。

R——Risk（冒险）

市场营销，尤其是推广宣传，真的是一次又一次冒险的行动！为什么说它是冒险？因为你不知道活动之后是否有效果，哪些行动有效果，哪些行动没效果。因此，我们一定要想办法控制和降低风险，一定要给老板支持你的充足理由。否则，你还指望老板痛痛快快地给你下一季度的市场预算吗？

做营销（买卖），一定离不开宣传（广告）。现代广告之父大卫·奥格威曾经说过类似的话："任何广告宣传，都有一半的费用被浪费。然而，你却不知道错误和浪费在哪里！"做生意的主要成本之一就是市场宣传，而你居然有50%的市场推广费用不知道浪费在哪里，那当然是很冒险的事情。

怎么破？就只有在市场营销活动中，不断地精细化管理上面所说的5M——，既要关注所有细节，又要关注整个营销环节，尤其是活动之后的"衡量"（Measurement）更是必不可少。否则，下一次营销活动又将是一次冒险之旅。控制风险，才能敢于冒险！

K——Knock（触动）

市场营销，一定要触动（敲打）用户的心弦，从而找到市场的痛点，进而挠到用户的痒点，让用户在愉悦中接受你的产品和服务。隔山打牛，隔靴搔痒，悬在半空的营销活动，是不能对用户有所触动的。

这不是一句废话吗？事实上，很多公司的市场人员在长期的市场营销活动过程中，要么逐渐放松警惕，要么进入疲软状态，要么不知道如何去做，要么完全是"跟着感觉走"，从而忽视这一"基本"的营销要求——打动人心！

那么，各位就要问了，如何能够长期保持市场敏锐和激情？如何能够一针见血地找到市场或者用户的痛点，从而一次次地触动（软广告，如PR新闻传播）和敲打（硬广告，如AD或者促销）用户？那就是市场调查！不会做市场调查的市场总监，绝对是"四肢不健全"的市场总监。没有深入市场调研的营销方案，绝对是经不起推敲的烧钱行为。

E——Emotion（情感）

这就要求我们策划组织的所有市场营销行为，一定要从情感上引起某类人群的共鸣！所谓攻心为上，如果不能从情感上突破用户，最后使其进入消费环节的心理防线，一是这笔买卖估计做不成，二是这个品牌就无法占领用户的心智。

道理很简单，你不可能将你的产品（或者服务）卖给所有人。因此，必须对潜在用户加以区分，从而明确自己的市场定位，然后，才是通过一系列的市场促销动作去触动和敲打你的用户，让用户在情感上对你的产品和服务形成共鸣（就是认可），并最终实现成功的买卖行动——这就是市场。为什么大医院门口的医托儿有市场，就是人家准确地抓住了那一群可能中招的患者们"同病相怜"的"情感"诉求！

T——Try your best（竭尽全力）

正如日本经营巨匠稻盛和夫在《干法》里曾说道，努力到不能再努力的时候，常常就能感天动地，神鬼助之。市场营销最具魅力的地方，就是可以不断挑战人的思维极限，让平凡的人更优秀，让优秀的人更卓越。

要达到这个境界，就是必须Try your best。如果没有竭尽全力去做一件事情的毅力，蜻蜓点水、浅尝辄止、浮于表面，则往往空手入宝山——收获不大。正如老银的自媒体文章，已经连续写了100余期，还在不断地变换和尝试新的风格，就是为了竭尽全力地理解和适应更多读者朋友的口味。

从事市场营销的朋友们，你的职业生涯中一定有无数次营销活动，但能够称得上经典案例的，估计跟我一样屈指可数。为什么？我们是否竭尽全力，我们有多少例行公事，你知道，天知道。

I——Interesting（兴趣）

所谓兴趣是最好的老师！做市场，就是要激发用户的浓厚兴趣！做买卖，如果不能吸引到足够多的用户的足够大的兴趣，就算失败。因此，PR新闻传播——要能让人愿意读，读了之后能记住；AD广告投放——要让人有兴趣看，看了之后有冲动；Event活动策划——要让人有兴趣参与，参与之后有收获。

凡此种种，市场人员应当明白：只有吸引潜在消费者强烈的兴趣，才可能最终演变成刚需，如果你的市场营销做到这个境界，大致离成功就不远了。2017年端午节，杜蕾斯的经典广告文案之一是——先吃粽子，后划龙舟。图文俱美，一点也不情色，你不得不承认他们的文案君很优秀，寥寥数语，就吸引了你无限的兴趣。

N——Navigate（引导）

由于整个市场营销过程的路径通常很长，很容易导致潜在用户跟着跟着就跑了（或者跟丢了）。所以，优秀的市场营销人员，一定要眼观六路、耳听八方、掌控全局、善于引导，搞定营销环节的最后一步——成交。

譬如，某知名旅游景点，在电视上投放了广告，在路边也放置了很多宣传彩旗，结果游客到了景点入口，售票处却找不到了，你说能不着急上火吗？所以，你看那些成功的5A级旅游景区，就少不了各种润物细无声的引导，至于那些优秀的导游和导购，其原理更是如此——让你一旦被黏上，想跑掉就不那么容易了。

此外，当今互联网，引导还有一个强大的功用就是导流，也就是为某个产品和服务导入流量，通俗地说，就是拉来潜在用户。那么，导流的成本如何控制？导流的用户体验如何？导流的性价比怎么样？都是市场营销人员应该仔细研究的课题。

G——Gain（收益）

做买卖，当然要考虑收益。事实上，市场营销过程的后半段，通常少不了各种ROI（投资回报率）的大数据分析。市场人员，往往感性多于理性，艺术大于科学，喜欢天马行空，不爱埋头分析，更不愿意深入思考整个营销行动的ROI，这自然会让营销的收益大打折扣。

只有当市场营销人员既能在前面冲锋陷阵，又能在后场推演复盘，并常此修炼，日日精进，则你的企业的市场（Marketing）买卖就更容易取得成功！

我思我见

你有没有经常被一些听起来简单,回答起来却很麻烦的问题弄得不知所措?譬如,什么叫公司?告诉你一个绝招——虚则实之,实则虚之。意思就是当别人问你比较务虚的问题时,你就用比较实际的方式来回答。否则,两人空对空地坐而论道,多无聊、多浪费感情啊!

企业之间的营销竞争,有时候也可以用上述虚实策略——对手务虚时,你可以玩儿实的,顺带批评一下对手只会喊口号而没有实际行动;对手务实时,你可以玩儿虚的,顺带鄙视一下对手只会吭哧吭哧傻干,一点战略眼光都没有。

好吧,什么是公司?顺便解答一下:公——共,共同;司——司命,使命。因此,公司就是共同之使命也。所以,如果大家有缘分在同一个公司,就应该为了一个共同的使命去奋斗!

都说企业管理一盘棋,你所在的企业是一盘棋吗?每个棋子的定位(岗位职责)和功能你都相当清楚吗?如果没有市场营销基础,你认为自己上升的哪些空间将受到限制?你打算如何改进?这些问题都没有标准答案,但我真心希望你有时间反思!

了解大环境的原理和方法

我们常说,现在大环境如何如何。现代企业,不能脱离大环境而独善其身,即便建在深山老林的那些寺庙,也大多是按照现代公司章程进行企业法人治理,就连跳出三界外的方丈也许还是真正意义上的职场CEO。因此,有必要了解如何审视我们所处的大环境。

所谓大环境就是宏观环境,通常由政治、经济、社会、科技这四个核心板块组成。看清楚上述四个核心板块的发展脉络和趋势潮流，也就基本对宏观大环境有了比较清晰的认识和理解。如果你能洞悉大环境的未来，也许就可以成为马云一样的巨贾。开个玩笑，如果10年前，我们能够依稀看到国内商品房市场的大环境趋势，并采取了一定行动的话，那么今天我们的人生将大为改观。

大环境与PEST分析法

PEST分析法是战略外部大环境分析的基本工具，它通过对政治（Politics）、经济（Economic）、社会（Society）和技术（Technology）四个方面因素的分析，从总体上把握宏观环境，并评价这些因素对企业战略目标和战略制定的影响。

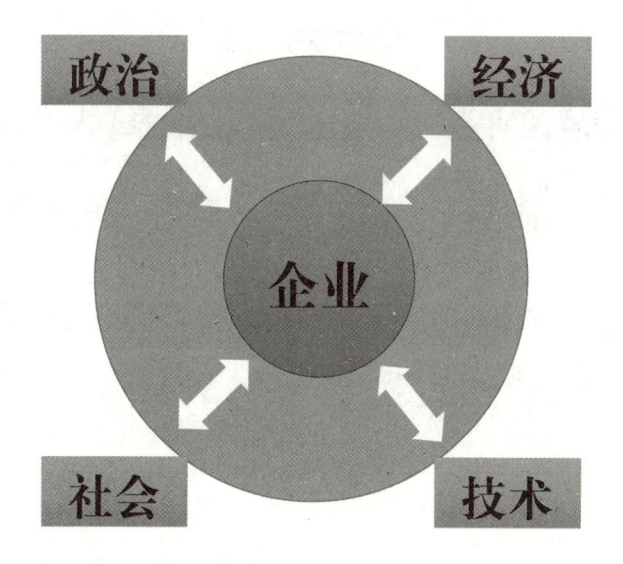

企业与大环境

专业级PEST细分

说到底，PEST分析法是一套人们对宏观大环境的研究工具，也可以说是方法论。专业的人在需要的时候，会对PEST的四个板块进一步细分，然后将每个要素对企业的影响进行排序研究。有兴趣的朋友可以自行查找PEST分解方法和案例，然后对照你的企业和所在的行业，进行推演练习。

PEST与企业的关系

毫无疑问，PEST是任何一家企业都无法回避的外部环境，一般不受企业掌握。这就要求企业里的高级管理层具备相关的能力及素养。不能只埋头拉车，还需要抬头看路。抬头看什么？就是看大环境，也就是上述PEST中的四个领域的关键因素。

注意，不同行业，其PEST各不相同！此外，部门总监们一定要养成认真阅读行业调研报告的习惯。互联网行业国内有艾瑞、易观等第三方咨询调研公司，他们定期会发布很多细分领域的调研报告，还可以直接阅读国外诸如麦肯锡、波士顿等企业的报告。另外，行业里的领头羊，尤其是那些上市企业，他们对外公布的财报，也可以纳入你的日常研读范围。

常见的PEST元素

P—政治因素	E—经济因素
政治制度与体制、政局、政府态度等。政治因素常体现为政府或者监管部门制定的法律、规范、条例等	GDP、利率汇率水平、财政货币政策、通货膨胀、失业率水平、居民收入水平、能源成本、市场机制、市场需求等
S—社会因素	T—技术因素
人口规模、年龄结构、人口分布、种族结构、文化背景、消费习惯，以及收入分布等	发明创造、新技术、新工艺、新材料、产业基建、行业趋势等

某速递行业的PEST分析案例

P（政治）		E（经济）	
有利因素	不利因素	有利因素	不利因素
"十二五"规划力推快递服务；邮政政企分离……	政府需要提高门槛；节能减排……	电子商务带动网购风潮；消费水平极大提高……	中国加入WTO后对外资开放；管理短板……
S（社会）		T（技术）	
有利因素	不利因素	有利因素	不利因素
网购成为时尚；消费者的便捷性和个性化需求增加……	对民营企业有所顾虑；社会对企业的监管和考核趋严……	信息技术极大改善；通信极其方便……	管理系统落后；没有成功经验……

─┤我 思 我 见├─

　　我很佩服那些专家，把纷繁复杂的大环境高度提炼成简单的PEST四个要素，让人豁然开朗，我认为PEST的境界和理论高度，完全可以和市场营销的4P相媲美。

　　在运用PEST分析的时候，每个人可以将他自己认为的对企业影响最大的对应PEST项目分别列举出来。然后求同存异，基本就可以得出对一个企业而言，哪些PEST才是有价值和参考意义的，从而指导企业制定经营策略和规划。

　　不做战略规划的企业，是相当可怕的。战略规划的前提之一，就是要深入分析大环境，也就是PEST！看看周围那些成功的企业，无不是对PEST的判断相对准确的。

不传之秘：资深文案的"三宝"

通常，企业会设置一个主管宣传推广的部门，名曰市场部，其中会设置文案编辑人员，他们的工作职责之一就是：写！写！写！由于老银当年进入这个行业，也是从写PR"软文"开始的，那些挑灯夜战的日子还记忆犹新。那么，企业里常见文章如何写？如何没完没了地写？如何写出风格、写出水平？如何在"三无"岁月里顽强地写？作为过来人，兹提供秘不外传的三大高招。

绘制整合产品概念图

下图很清晰，不用多作解释——当写完款式，可以写包装；写完包装可以写安装；写完维修可以写质保……当把一个产品写完之后，还可以两两组合，或者三三组合，如此你的文章犹如太极分两仪，两仪分四象，四象分八卦，八卦成万物一样，永不枯竭。

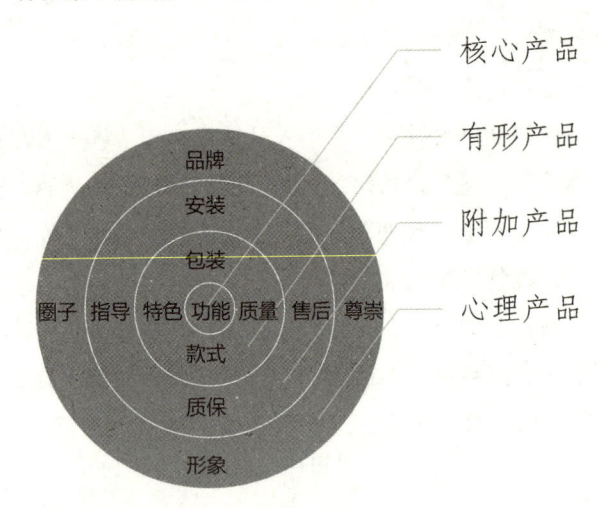

整合产品概念图

老银刚进入这个行业时，就是靠着上面这张图的指引，硬着头皮在两年里同时写了多家媒体专栏。可见其不仅具有学术价值，还具有实用的商业价值，它不只是一个概念图。

此外，作为企业经营者，往往担心产品同质化问题。其实，所谓产品同质化，也就往往停留在上述核心产品的功能，以及有形产品的包装、款式、特色、质量方面，对于附加产品和心理产品，不同产品之间的差异其实是很大的。因此，老银认为：产品同质化，其实不可怕。其解决之道——不断提升竞争等级，优化产品逻辑。

明确文章的四种姿态

实力型，只谈自己

这样的文章比较多见于国际上那些知名的品牌，原则上在文章里他们都只谈自己。原因不外乎如下三点：自视甚高，在自己的文章里谈人家，一则自己找事儿，二则分散精力，三则显得不大气。反正自己怀里揣不少银两，往往就找媒体"直抒胸臆"了。

角斗型，打口水战

某些自以为是的企业，富有娱乐精神，喜欢在互联网上血拼。尤其是所谓Web2.0时代以及自媒体出现之后，传统媒体的话语权受到一定的挑战。大家可以有若干种形式和渠道表达自己的意见。因此，"礼尚往来"，在媒体上经常看到那样的"针锋相对"的文章。大家谁也不怕谁，谁也不让谁，好一团乱战。

高攀型，好蹭热点

本来自己表现平平，偏要往高个儿那里凑过去，以期寻得一点观众的余光。这样的侥幸心理实际上并不好，没有苦练内功，就等着这样的蹭热点捷径，实际上体现了一个企业的某种不良经营心态，让人不齿。这样的文章也不鲜见，即便不小心上镜了，也让人看着心里不痛快，这样的事情，多做无益。

自恋型，讨巧卖乖

严重的自我欣赏，就像我在自己的自媒体上码字。自以为有点小小的才华或者卖点，便硬着头皮拼凑出来，不顾读者的感受，不管大众的心理，只期望满足自己的那一点虚荣，或者满足一群小众。这一类的文章，只要有一两个闪光点，也是可以讨巧卖乖，让极小部分读者心里舒坦。

不妨使用"三无"绝学

无米之炊

没有米怎么办？当然是"借"。譬如，你所从事的×××行业，行业里一定天天都发生着重大的新闻和事件，尽管那和你所在的公司"八竿子打不着"，但你可以"借题发挥"——你可以站在行业的高度，巧妙地点评一下，恰当地加上"×××认为"等诸如此类的八股桥段。瞬间，你及你的公司规格就提高了——不了解情况的读者甚至以为，你所在的公司很有高度和见地，可以在某个专业领域里"指点江山"。

无中生有

现在没有，不代表将来没有；现实没有，不代表梦想没有。无论如何，梦想还是要有的；因为，一不小心万一就实现了呢？所以，市场总监们，一定要学会"无中生有"的秘籍。

譬如，你所从事的行业，以及你所在的公司，实在没有什么可资宣传推广的素材，就说说你们的未来和梦想。注意！态度一定要诚恳，说理一定要透彻，推理一定要合理。瞬间，你的"BIG"（格调）又提升了——用户会认为，你的公司是一家有伟大理想和远大抱负的公司，是一家有宏远规划和战略蓝图的公司，是一家前瞻性足够深远的公司。至于到底有没有，Who Know? Who Care? （谁知道呢？谁关注呢？）

无病呻吟

根据国内外品牌传播的经验值，某个事情（或者说品牌Brand），至少得重复7遍，才能让别人基本记住。当然，不是让你一成不变地重复（Repeat），这7遍重复是有技巧的。除非你是"脑白金"——数十年如一日地让你重复到陶醉。因为，在信息浩如烟海的情况下，读者和用户通常都是快餐型的，甚至简单看看新闻的标题就果断跳过（PASS）。所以，你得打起十足的精气神，保持以一定周期和频率出现的"无病呻吟"——至于你讲的是什么，已经不再重要。重要的是：大家看到你又再次出现！这也相当于刷存在感，也很像那些在朋友圈刷屏的微商。

综上所述，第一招属于正招，符合江湖名门正统；第二招说的是风格定位，不要犯些忌讳；第三招属于歪招，偶尔用用效力非凡。当然，你完全可以当成是开玩笑。

小贴士：公共关系

公共关系（PR，Public Relations）简称"公关"。它是指组织机构与公众环境之间的一种较为和谐与巧妙的沟通与传播关系。也就是一个社会组织用传播手段使自己与公众之间形成双向交流，使双方达到相互了解和相互适应的管理活动。因此，公共关系既是一种传播活动，也具有一种管理职能——就是用传播活动来管理企业的公共关系。

市场部里，通常会设置PR组，由文案编辑、媒介经理等岗位组成一个基本的战斗单元。文案编辑负责文章的组织撰写，必要时可以寻找外部支援——小到普通的外围撰稿队伍管理，大到邀请行业大V名博，甚至专家学者操刀；媒介经理负责与媒体编辑记者进行沟通，最终将文章发布到合适的媒体上。当然，这是PR极其初级的基础功能。

我思我见

选择什么样的姿态撰写文章，与你所在的企业在行业里的江湖地位关系很大。如果你已经是第一阵营，实力非凡，就不能选择以其他姿态示人，即便非要高攀，也必须搞些跨界的动静——譬如电商进入娱乐界玩电影，马云打完太极之后推新歌，这样的混搭才有趣。

此外，文章的姿态定位，实际上与企业的品牌定位是完全一脉相承、步调一致的。在市场营销过程中，文章的姿态，甚至文章的主题，一定要与当期广告的主题、促销的主题、运营的策略、管理的风格交相辉映！

再往大了说，文章的姿态如何，看看该企业的员工心态即可，他们往往十分神似。

高手往往能从竞争对手的文章里，发现有价值的信息和经营脉络。如果一两篇文章看不出来端倪，那就坚持半年到一年，则几乎可以很容易分析出竞争对手的年度经营状态，并对其发展趋势做出合理的预测，这也是市场调研和舆情分析。

13张图说透产品生命周期

为什么要把产品说透？因为产品是一个企业赖以生存的基础！为什么要把产品的生命周期说透？因为产品的生命周期往往预示着企业的兴衰。没有产品，就谈不上销售，也谈不上运营，更谈不上服务……那么，企业管理也就脱离了根本。此外，在市场经济大环境里，产品作为市场营销4P中最为重要的元素（Product），当之无愧地应该被所有人正视！毫不夸张地说，没有产品，就没有市场；没有市场，也就不存在职场。

20多年前，小白刚进入市场部，就对下面第一幅"产品的生命周期PLC示意图"记忆犹新……之后，小白在职场中逐步经历并部分体会了"产品的生命周期图"的如下扩展。这些图，也见证了小白这些年市场与职场的成长轨迹：

产品的生命周期

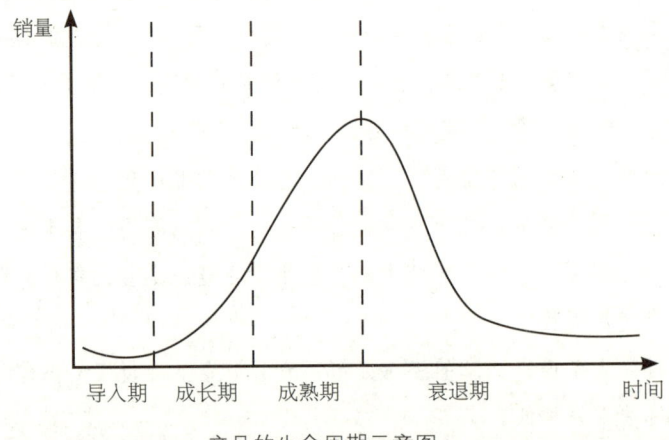

产品的生命周期示意图

1．任何产品，都几乎无一例外地存在着上述4个生命周期。这是市场营销学中产品生命周期最为经典的图形；

2．请注意，有的产品是有形的，有的产品是无形的，比如街头巷尾那些算命、看相等"咨询"服务；

3．不同格局和境界的人，看产品的高度也可以不同，比如甚至可以把公司当成一个产品（企业的成长与并购出售）；

4．你现在看到的产品，也许事实上早就不存在了——比如遥远宇宙的星光，其实就是若干光年之前，宇宙爆炸所产生的光芒——星体早就灰飞烟灭，其光芒却穿越千年……

5．如果这些年你只看到这幅图，只能算是小学一年级水平，或者是学市场营销的书呆子（开玩笑）。

产品的生命周期——用户特性

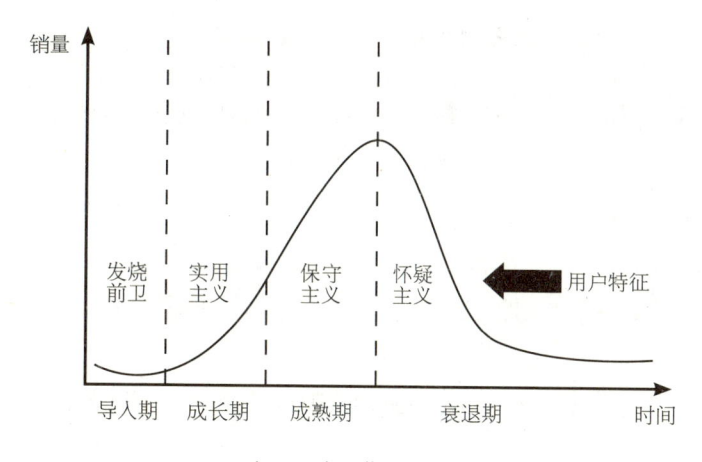

不同产品生命周期的用户特性

1．产品只要商用，就得从DEMO最终走出实验室，走向市场，走向用户；

2．不同周期所对应的用户，具有鲜明的个性特点，了解你的用户，是营销基础；

3．比如电视领域，现在使用4K超清、曲面、智能电视的用户相当于"发烧友"；使用超薄平板的用户就注重实用；使用普通液晶电视的用户就超级保守；使用CRT大屁股彩电的就属于绝对的怀疑类型；至于20世纪80年代风靡一时的黑白电视，估计早就进博物馆了。

4．如果你还看到并多次用到这幅图，小学二年级水平，继续加油！

产品的生命周期——营销诉求

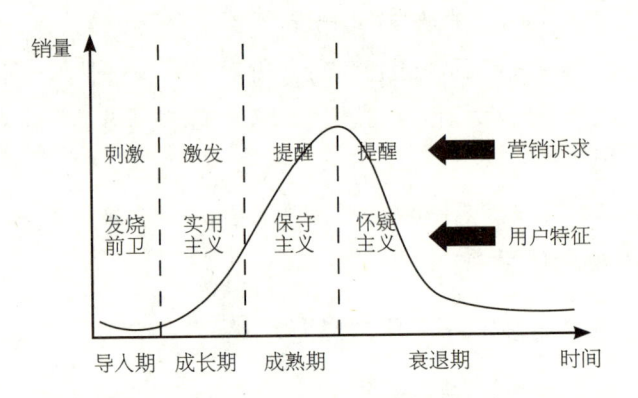

```
销量
      │    │    │    │
   刺激 激发 提醒 提醒  ← 营销诉求
   发烧 实用 保守 怀疑  ← 用户特征
   前卫 主义 主义 主义
   导入期 成长期 成熟期 衰退期   时间
```

不同产品生命周期的营销诉求

1．针对不同生命周期及该周期用户的特性，市场营销诉求当然不同；

2．比如苹果手机刚上市的时候，其用户典型的是烧包的"白富美"和"高富帅"，因此，营销诉求重点要刺激其潜在的与众不同和优越感；再比如，现在智能手机大行其道之时（成熟期），营销的重点就是提醒用户——别再傻乎乎地去买非智能机，当然，"老人机"例外——因为它已经是下面要讲到的产品转型；

3．看到这张图，至少说明你在市场部认真地混过，小学三年级水平……

产品的生命周期——宣传特点

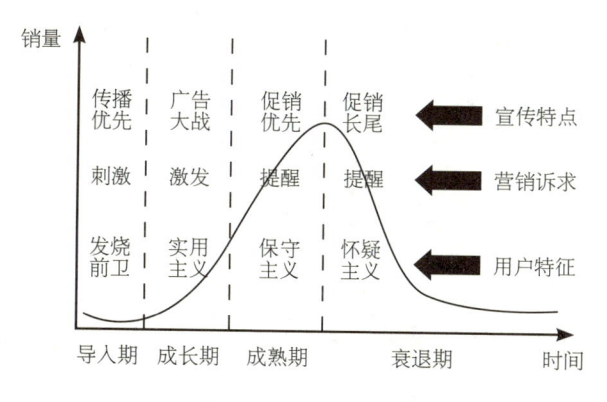

不同产品生命周期的宣传特点

1. 针对不同的产品生命周期、不同用户特性，宣传特点随之改变；
2. 在产品导入期，一个煽情的故事，或许就能开启营销的新的一页，譬如罗永浩的锤子手机，在导入期圈粉无数；而在成熟期，比如超市里各种洗衣液、婴儿奶粉等，产品的旁边常常站着一群不同厂家的促销人员——因为广告大战，已经不能够接地气了，而是需要在市场销售终端直接PK；
3. 小学四年级水平，继续加油！

产品的生命周期——宣传目的

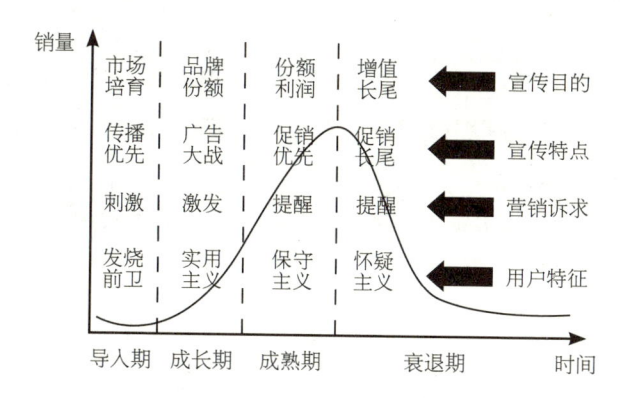

不同产品生命周期的宣传目的

1．产品从诞生之日开始，就离不开市场的推广宣传；

2．不同阶段，宣传的目的不同，因而采用的方式和手段各异，有所侧重；

3．小学五年级水平，在市场部里用好这张图，你已经初露锋芒！

产品的生命周期——进入时机

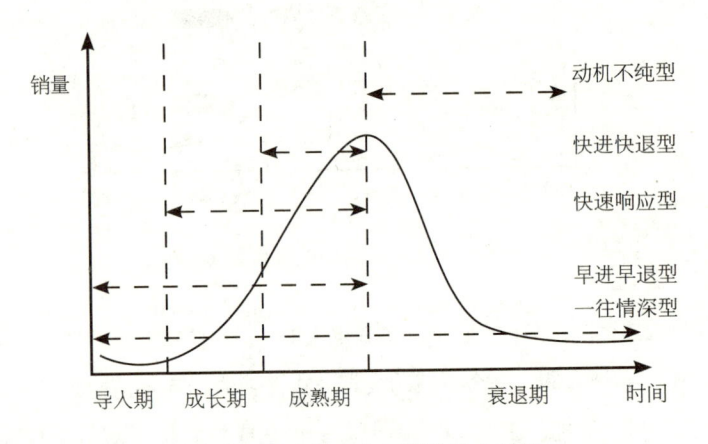

企业在不同产品生命周期的进入时机

1．产品如何进入市场，当然是由企业带入（投资、研发、推广）市场；

2．有的企业，从产品开创到不断深入开发，甚至成为百年老店，如以烤鸭闻名的"全聚德"，赞！一往情深型……

3．有的企业，见好就收，早进早退（退出策略本书暂时放下不讲，譬如将产品线，甚至公司当成"产品"打包出售）；

4．快速响应和快进快退型，这两类企业，都是市场的精英，眼光独到，动作麻利，看准机会迅速切入市场，看清未来迅速离开转移战场（这有点像资本市场的BCD轮风投）；

5．恭喜你，小学毕业了！看到这里，如果你所在的公司都经历过，你肯定是一个出色的"三好学生"！

产品的生命周期——波士顿矩阵

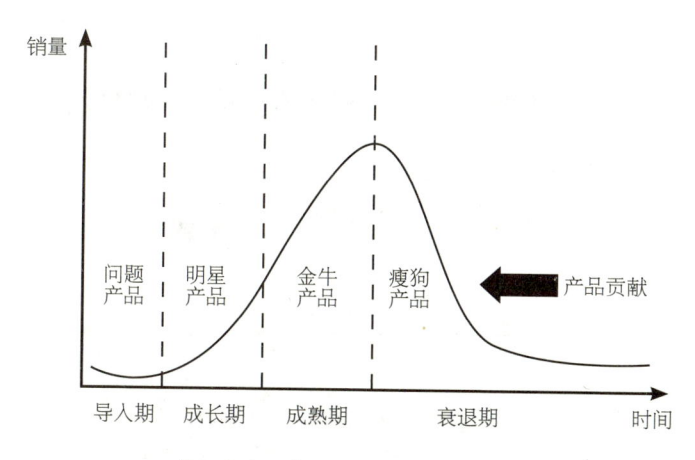

产品生命周期与波士顿矩阵的关系

1. 为什么将产品的生命周期和波士顿矩阵放在一起来讲，就是希望小白们活学活用那些经典的市场营销原理；

2. 波士顿矩阵对于企业产品所处的四个象限具有不同的定义和相应的战略对策（欢迎自行查阅，深入研究）；

3. 由上图可见，不同阶段的产品，为企业所做的贡献的区别（有的企业产品线相当丰富，你能对应分清哪些是金牛，哪些是瘦狗吗）；

4. 初一水平，学习难度快速提升，需要朋友们具有一定的自学和钻研能力。

产品的生命周期——产品倾向

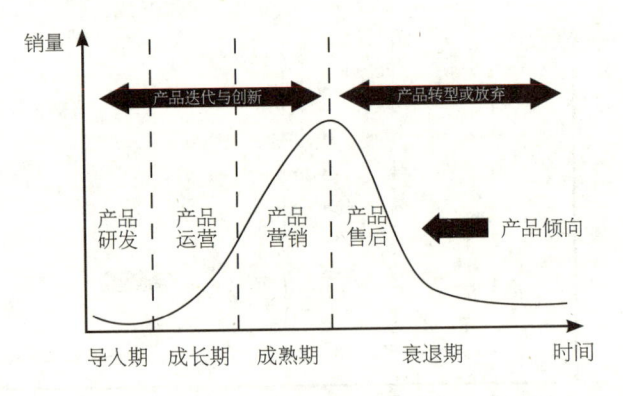

不同产品生命周期的产品倾向性

1. 不同阶段，产品倾向性是有显著差异的；
2. 前期倾向于研发，中期倾向于运营和营销，后期倾向于服务；
3. 需要注意，传统的服务作为"擦屁股"部门，现在有的已经成功转型为长尾的赢利部门，譬如汽车的4S店，譬如家里的抽油烟机和热水器，譬如立邦漆的旧墙刷新。

产品的生命周期——团队状态

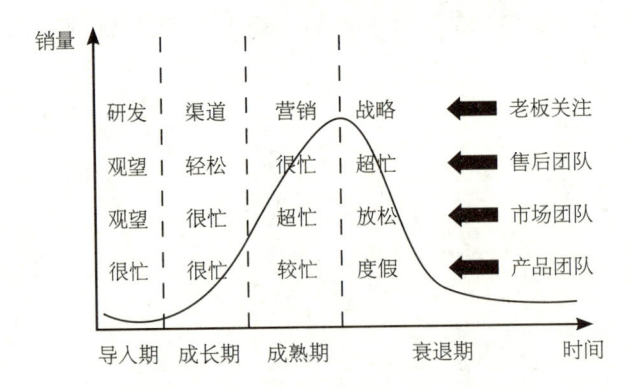

不同产品生命周期的团队状态

1. 由于这幅图本身很容易看懂，故在此不多解释；

2. 需要大家注意的是，你可以配合"甘特图"，部门之间，一定要注意信息对称、步调一致，才能取得较好的营销战果；

3. 此外，精细化管理和运营，也是很重要的！比如，在观望、放松、度假等方面的时间把握，就很有技巧；

4. 初三了，中考，你已经从单纯的产品看到团队了。现在请回头看一看，检查一下自己理解掌握了多少？

产品的生命周期——产品层次

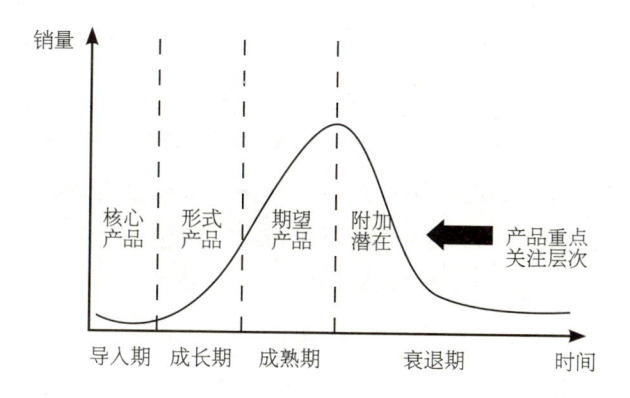

不同产品的生命周期与产品重点关注层次

1. 这个主要说给产品经理们听听（所以，营销人员要懂一些产品，产品人员要懂一些营销）；

2. 不同阶段，关注的重点、关注的层次，区别绝对是很大的；

3. 产品经理面临1000个Idea（想法）时，要善于选择、敢于拒绝、勇于创新。

产品的生命周期——运营走向

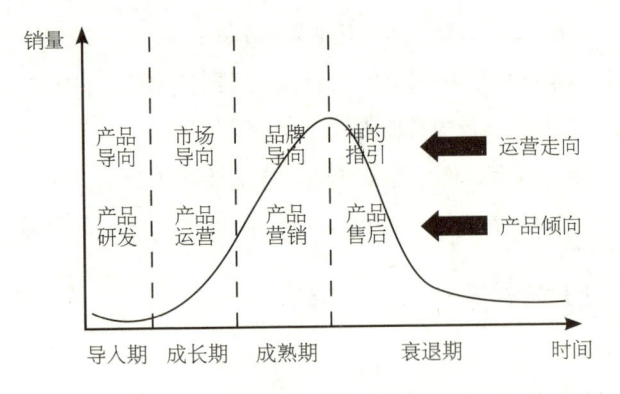

销量轴：产品导向 | 市场导向 | 品牌导向 | 神的指引 ← 运营走向
产品研发 | 产品运营 | 产品营销 | 产品售后 ← 产品倾向
时间轴：导入期 | 成长期 | 成熟期 | 衰退期 | 时间

不同产品的生命周期与运营走向关系

1. 从公司层面来看，在不同的产品生命周期不同部门的权重会有差异；
2. 所谓权重，可以理解为公司的资源分配和倾斜，也可以理解为公司里不同部门的话语权，甚至理解为公司年度经营指标KPI（关键业绩指标）里的权重；
3. 市场人员，常常在产品的第三个阶段（成熟期），且对应以品牌导向为运营走向时，在公司的地位才能得到彰显；
4. 神的指引——那是开玩笑的，它表示市场的不确定性。

产品的生命周期——产品经理

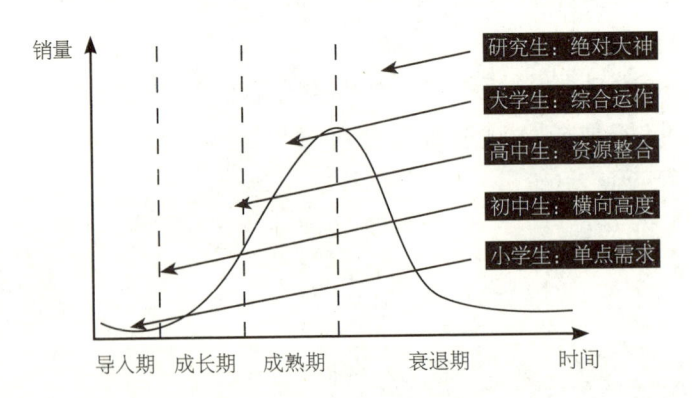

研究生：绝对大神
大学生：综合运作
高中生：资源整合
初中生：横向高度
小学生：单点需求

时间轴：导入期 | 成长期 | 成熟期 | 衰退期 | 时间

产品经理在不同产品的生命周期里的表现

1. 说了这么多，一个好产品，真心离不开一个优秀的产品经理；
2. 产品经理的成长轨迹，一定会见证公司的繁荣和昌盛；
3. 举例：第一层——能理解需求部门，满足单一功能和任务；第二层——能横向比较，站在行业高度；第三层——整合资源：产品经理+项目经理+……第四层——懂技术、懂市场、会管理，还会资本运作，比如小米的创始人"雷布斯"，360的周"红衣"，都是产品高手中"大神"一样的人物。

产品的生命周期——产品定位

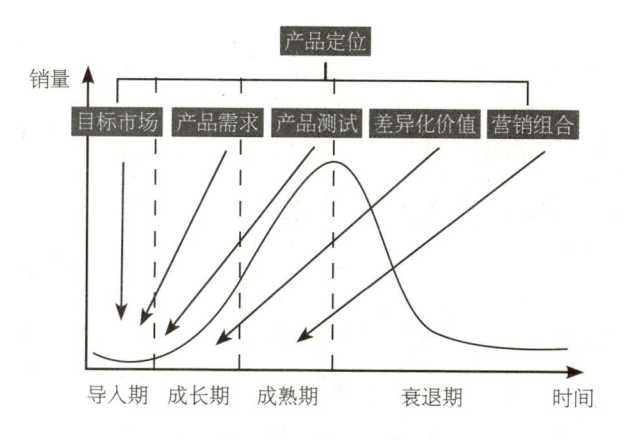

不同产品的生命周期的产品定位差异

1. 简单一看，这个貌似和市场营销人员有一些距离；
2. 为什么要在这里讲？是因为市场人员一定要适度地跨界，如果不能充分理解产品就推广不好产品；
3. 同理，正如前面"产品经理"条所示，老银期待无论是产品经理，还是市场经理，能够多一些体验，积淀一些经历，融会贯通，最终达到"大神"的境界。

--|我思我见|--

产品是怎么来的？它为满足市场需求而来！产品到哪里去？它为满足市场需求而去！在一个企业里，往往由市场营销部门提出市场需求，产品部门负责撰写需求开发文档，技术或生产部门负责根据文档要求编写程序代码（软件）或者设计制造（硬件），经测试部门封闭测试，然后DEMO，然后由市场营销部门推向市场商用，从而形成一个产品的"闭环"。

如果"理直气壮"地认为产品就是产品部规划的事，就是技术部（生产部）开发的事，就是销售部营销的事，就是运营部运营的事，就是客服部"擦屁股"的事，而跟自己没多少关系，就大错特错了！

好好爱你的企业的产品！好好关心企业中与产品相关的同事！产品是品牌的基础，品牌对于企业来说，前期是市场，中期是效益，后期是生命。

一张画，预见更好的未来

一张画，跟市场营销或者企业管理有什么关系？

因为我坚信：没有几个人能用通俗易懂的9句话，讲清楚你所在企业的商业模式和运营逻辑。这并非语言表达的原因，而是也许你从来就没有从这样的视角去审视你所在的企业。

Business Model Canvas（商业模式画布）——简称"商业画布"，形象地比喻在一幅画上面，即可全面展示你的商业模式。该理论由亚历克斯·奥斯特瓦德博士发明并撰写。作为商业模式创新领域的作家、演讲者和顾问，他和朋友一起设计的实用型商业模式设计方法广泛地应用于各行各业，成功地"勾搭"（吸引）了包括了3M、爱立信、德勤等老牌知名公司的关注。

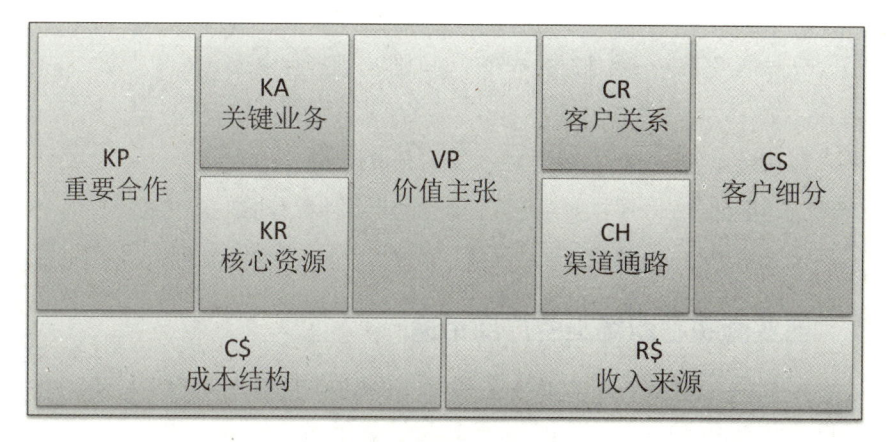

KP 重要合作	KA 关键业务	VP 价值主张	CR 客户关系	CS 客户细分
	KR 核心资源		CH 渠道通路	
C$ 成本结构			R$ 收入来源	

商业画布的构成

典型的商业画布

"商业画布"的样子，就是在一张画布上（或者一面墙上）有9个大格子。抽象思维能力强的同学可以忽略不计，只要你对以下9个格子里的内容做到"胸有成竹"就行了。

然后，就是逐条"画"出每个格子里的内容。当然，你可以一个人画（思考），也可以找来一群人画（讨论）。请注意，一定要在"画"之前，确保你自己以及每个参与者，都知道这9个格子所代表的意思——尽管每个人的观点不同，但必须统一基础认识：

1. 客户细分——你的目标用户群是谁，就是你想把自己的产品和服务卖给谁；

2. 价值主张——客户需要的产品或服务，就是商业上的"痛点"和你存在的价值；

3. 渠道通路——你和客户如何产生联系，就是你通过什么样的渠道售卖你的产品和服务；

4. 客户关系——你和客户的关系如何定位，就是你打算用什么样的方式和客户打交道；

5. 收入来源——能挣钱的各个来源和方面，主营业务能挣什么钱，增值业务挣什么钱；

6.核心资源——就是你的本钱，例如你必须拥有资金、技术、人才、关系等；

7.关键业务——就是为了挣钱，你必须做什么？

8.重要伙伴——单打独斗不灵了，你的小伙伴都有谁？

9.成本结构——哪些是你的开销？顺便想想如何开源节流吧。

商业画布在职场上的广泛用途

1.雇员（初级顾问）：深入了解企业全貌，把握企业关注重点，快速提升自身的工作价值——一张图可以重塑你的职业生涯。

2.中层（咨询顾问）：了解企业现有业务流程，着眼企业未来战略，高效评估现有公司管理和战术——一张图可以秒懂你的商业模型。

3.高层（高级专家）：根据市场变化，及时调整当前战略，更好地实现企业的目标、使命、愿景——一张图可以规划你的未来。

4.创业者：你可以把你的BP（Business Plan 商业计划书）从9个维度充分地提炼，跟投资人讲故事时就方便多了——一张图即可充分表达你的创意。

5.分析师：当你的受访对象没有充裕的时间陪你闲扯时，你只需要9个提问，就可以快速了解一个企业的概况，然后就能找到兴趣点，再深入挖掘——一张图即可挖出所有核心问题。

事实上，"商业画布"也是一种观察事物（尤其是一个企业的商业模式）的"方法论"。上面列举的用途，只是抛砖引玉而已。

一起玩一玩，体验一下商业画布的实操

第一步：找一个大黑板，或者一面墙；

（因为下面要用来画画或者粘贴每个人的观点）

第二步：找一些公司的中层管理人员；

（因为商业画布看似头脑风暴，但绝对需要干货）

第三步：让大家彻底放松，知无不言；

（没有进入状态，不能敞开心扉，会议效果不佳）

第四步：让漂亮小秘书在画布前飞舞；

（开玩笑，职业的主持让与会人员更乐于表现）

第五步：归纳总结，形成一个或多个结论。

（既然是集体的智慧结晶，大家就一起珍惜它吧）

我思我见

年轻时，感觉"书到用时方恨少"；遇到问题不知道看什么书，或者把书翻到哪一页。及至年长，才发现那本书其实一直就在那里，它可以用在很多之前你没有想到的地方……

商业画布是一种提纲挈领的关于商业模式的思维方式。朋友们可以吸收更多的思维导图，帮助自己寻找更佳的知识路径。

深度剖析并运用4P理论

理论如果不能联系实践，就真的只能是让人望而生畏的理论，或者只是一个抽象的符号。因此，老银希望在本书中，用经典4P理论告诉大家常见的组织架构设置、战略战术推演、市场营销手段在不同产品生命周期的应用等。

各位做市场营销的小伙伴儿，怎么能忘记4P这个开山鼻祖般的基础理论呢！下面，我们就一起来深度解析一下4P理论的来龙去脉。

基础理论：战术4P

1967年，菲利普·科特勒在其畅销书《营销管理：分析、规划与控制》第一版中，进一步确认了以4Ps为核心的营销组合方法。

产品（Product）——注重开发的功能，要求产品有独特的卖点，因此把产品的功能诉求放在第一位。企业的存在，必须以产品为前提。没有产品，也就没有企业！

价格（Price）——根据不同的市场定位，制定不同的价格策略，产品的定价依据是企业的品牌战略，因此我们要不断塑造品牌，注重品牌的含金量。

渠道（Place）——企业并不直接面对消费者，而是注重经销商的培育和销售网络的建立，企业与消费者的联系是通过分销商来进行的。注意，直销也是一种渠道。未来，从产品到消费者的渠道将发生重大变化，这个领域将出现重大商业模式的颠覆。

宣传（Promotion）——很多人将Promotion狭义地理解为促销，其实是很片面的。Promotion应当是包括品牌宣传（广告）、公关、促销等一系列的营销行为。

由上可见，战术4P理论的价值在于从纷繁复杂的市场营销诸多环节和元素中提炼出4个核心要素，让人提纲挈领地抓住营销的要害。菲利普·科特勒在50年前就已系统地提出这个观点和理论，从而奠定了现代市场营销的理论基础。

拓展理论：战略4P

随即，菲利普·科特勒又提出为了精通战术4P，必须先做好另一个战略4Ps，也就是：先有战略，后有战术。

探查（Probing）——市场调查，所有营销人员都应该学会的第一步。

细分（Partitioning）——把市场分成若干部分，识别差异性顾客群体。

优先（Prioritizing）——必须优先考虑或选择能够满足其需要的那类顾客。

定位（Positioning）——定位就是必须在顾客心目中树立的某种独特形象。

```
┌─────────────────────────────────┐
│           战略4P                │
│  探查（Probing）  细分（Partitioning）│
│  优先（Priortizing） 定位（Positioning）│
└─────────────────────────────────┘
    ↓ 战略决定战术，经济基础决定上层建筑 ↑
┌─────────────────────────────────┐
│           战术4P                │
│  产品（Product）  价格（Price）  │
│  渠道（Place）    促销（Pronotion）│
└─────────────────────────────────┘
```

战略4P与战术4P关系图

由上可见，战略4P理论的价值在于深入挖掘了市场营销的内部动因，或者说给我们一种由内而外的视觉体验。如果把战术4P比作市场营销的核心工具，则战略4P几乎可以当作市场营销的思想指导。或者说，战略4P是市场营销的"上层建筑"。

换位思考的4C营销理论

4Cs营销理论（The Marketing Theory of 4Cs），是由美国营销专家劳特朋教授在1990年提出的。与传统营销的4P相对应的4C理论，它以消费者需求为出发点和需求导向，重新设定了市场营销组合的四个基本要素。

消费者（Consumer）——它强调企业应该把追求顾客满意放在第一位。即消费者需要什么，企业发现这个需求后，才生产什么。

成本（Cost）——努力降低顾客的购买成本。即消费者愿意支付的成本，而不是企业自己一厢情愿地定价。注意：时间成本也是成本。

便利（Convenience）——要充分注意到顾客购买过程中的便利性，而不是从企业的角度来决定销售渠道策略。

沟通（Communication）——还应以消费者为中心实施有效的营销沟通，而不是完全从企业的角度居高临下地自吹自擂。

4C营销理论的价值

4P理论	4C理论
理论成型于1967年，美国计划经济	理论成型于1990年，美国市场经济
从企业角度出发	从消费者角度出发
企业占据主导地位（卖方市场）	消费者占据主导地位（买方市场）

在这里，老银开个玩笑，这充分体现了美国人爱抬杠的较真精神。4C的最大价值，在于换位思考后，完全从用户（消费者）的角度，提炼出消费者最最关心的四大要素。市场营销的乐趣之一，在于彼此之间的博弈，买家和卖家的博弈，甚至营销专家之间的理论博弈。

如果研究美国的社会发展史，可以想象当物质丰富之后，消费者逐步占了主导地位（上风），4C理论才有了生存的土壤。想到这里，老银忍不住提出一个观点——当消费者和企业可以充分自由博弈时，是否才促成了市场经济的条件？反之，企业完全说了算，消费者没有话语权，那必然是计划经济——那样的土壤，自然只能适合4P理论的萌芽。

4P与部门设置的关系

部门设置的基础

产品（Product）——产品部（开发部、技术部等）；
价格（Price）——战略部（研究院、商学院、公司经营决策委员会等）；
渠道（Place）——渠道部（销售部、拓展部等）；
宣传（Promotion）——市场部（公关部、品牌部等）。

当然，一个正常运转的公司，往往还需要运营、财务、人力、行政等配套职能部门。即便部门编制极其弱化，往往也需要上述部门的职能。

值得注意的是，在互联网生态圈，众包和分包的新形态出现后，很多轻资产配置的部门设置模式，也往往屡见奇效。比如，你是一个出色的培训师，意味着你拥有很好的产品，或者说你只需要把你的产品（课件、课程）做好，其他的就完全可以交给其他第三方公司（或者平台）去做。这彻底改变了之前一说到创业，就必须得招三五个人，弄几十平方米办公室，还得时刻想着水电煤安全消防那样的传统创业模式。

部门设置的变化

部门的设置并非完全对等和平行。当市场营销4P中的某个P强大时，往往其他P就处于配合或者说从属地位。例如，当公司的某条产品线十分强大时，它往往会要求宣传部强矩阵到其产品线里。同理，当某公司的宣传部十分强大时，它往往会要求公司所有产品线的宣传都归口到自己麾下，这与某些大集团的HRBP（人力资源业务合作伙伴）有点类似。

其实，这样的变化无所谓正确或者错误，只要适合公司当前的发展和管理水平，就是成功的，就没必要完全照搬别人的模式。此外，互联网公司中，还有一种比较倾向于"去中心化"的所谓"网状结构"设置，有兴趣的朋友可以自行查阅相关资料了解一下。

部门设置的细分

这里，举一个例子即可——产品。

1. 前端产品，偏向销售（业务或渠道）；设置目的是将市场需求拿回产品部；他们通常与销售业务为伍，但其任务不是负责销售，而是采集市场前沿的产品需求；

2. 后端产品，偏向技术（技术或开发）；设置目的是将需求文档变成代码或者产品；他们通常与开发部为伍，这是我们最常见的产品部设置方式。

4P与营销侧重点的关系

以产品为主的——产品为王，苹果手机就是典型例子。这类选手，属于典型地实力型；往往出现在新领域；且常常出现在市场的培育期。

以价格为主的——价格大战，比如各种家电。当产品同质化严重时，往往掀起价格大战。此外，互联网时代，跨界的玩法是"羊毛出在猪身上"，例如，360免费杀毒软件的出现，一举改变了当年杀毒软件的市场格局。

以渠道为主的——渠道制胜，比如各种品牌连锁。当渠道成为一种稀缺资源，或者能够充分掌控时，则谁拥有渠道，谁就是老大，尤其是终端渠道。

以宣传为主的——广告大战。举例，各种央视标王。当产品品类丰富，进入市场快速增长期到成熟期前期，往往就是广告大战。

以上，有兴趣的朋友可以结合产品的生命周期进行配套研究，会有各种收获。

4P与经典营销理论的各种组合

1. 产品—BCG的组合

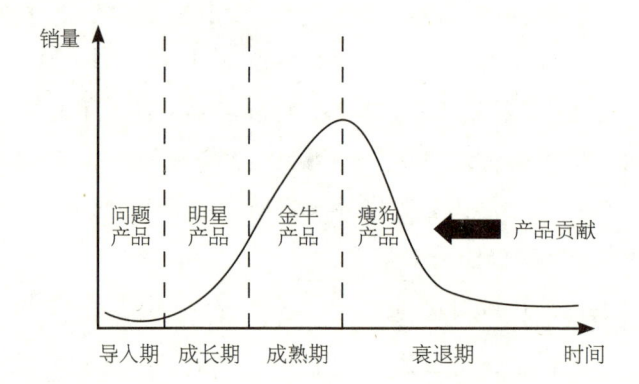

产品生命周期与波士顿矩阵的对照关系

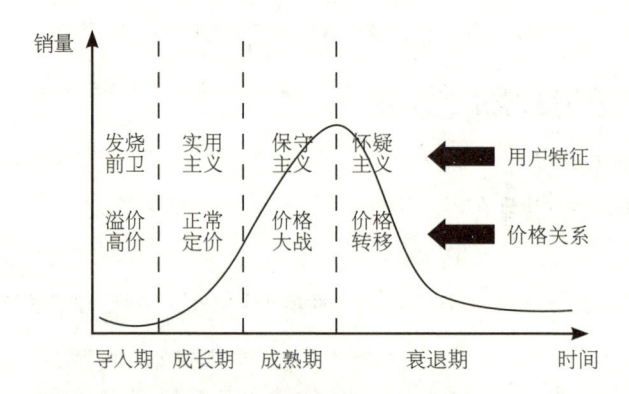

2. 产品—价格的组合

产品的生命周期与产品价格策略关系

20世纪90年代，手机刚走向市场化时（导入期），当年的"大哥大"价格高得离谱（溢价策略），原因是其针对的是市场上的发烧和前卫用户。

现在，手机已经进入成熟期，部分手机市场甚至已经进入衰退期，基本没条件打价格战了，就会出现价格转移——譬如你充多少话费，可以免费获得一部手机。

3. 产品—生命周期的组合

本书"13张图说透产品生命周期"（P20）一节里有专门论述，比较系统和深入。读者们可以跳读，或者对照思考。

4. 产品—渠道的组合

譬如，某个公司的产品A，走线上渠道；产品B，走线下渠道；甚至把产品按照地域进行划分，其中的地域，就对应渠道里的各个"省市级代理"。

这样的产品—渠道组合，实则是市场营销精细化管理的一种方法。譬如，某些汽车4S店，就对区域进行了一定的划分，目的在于打击"串货"，规范管理，保证区域渠道商的利益。

此外，理解"产品—渠道"组合策略，其实也很容易。譬如同一品牌矿泉水，在普通超市和五星级宾馆，卖出的价格绝不相同。

5. 产品—媒体的组合

譬如，电视购物就是典型的"产品—媒体"组合套路。

还有更多组合，请读者朋友们自行思考。老银上述拙见抛砖引玉，希望大家在学习各种市场营销原理（理论模型）时，不要只把眼睛盯在一个地方，不用死记硬背那些枯燥乏味的定义原理，不要生搬硬套别人的成功经验，自己不妨反复推演，融会贯通，或将大有裨益。

┤我 思 我 见├

渠道并不只是产品流通的路径，在互联网时代，它更是流量。流量为王本质上就是渠道为王。因此，滴滴进军餐饮，美团抢占共享出行，他们的底气就来自之前积累的渠道，并以此进行流量变现。

媒介基本功：舆情监测入门

现代企业经营，往往离不开媒介。经营新闻、产品广告、企业的品牌形象，绝大部分是通过媒介（媒体）进行传播的。甚至我们的生活，也已经被各种媒介包围和牵绊着：网络、电视、广播、报刊、微信以及其他新兴自媒体。媒介，除了给我们提供各种资讯之外，更是一个企业外联的窗口。因此，企业每个员工，学习并掌握基本的舆情监测技能十分必要。

市场人员作为公司的品牌资源整合中心，常常承担着PR（公共关系）的职责。那么，做好日常的舆情基础监测，就是媒介人员的一门必修课。好的舆情监测，不但可以快速应对处理危机公关，还能做到防患于未然。下面是一些相对基础同时也很实用的操作方法，主要供市场部媒介人员参考。

方法1：人肉搜索

市场部可以通过百度、360等搜索引擎，采用纯粹"人肉"的方式，每日多次对公司关键词进行监控。

优点：及时、准确。

缺点：需要人工随时关注。在特殊时间段，这个笨办法或许是个不错的选择。

方法2：邮件订阅

市场部通过在百度上订阅包含公司关键词的"邮件订阅"，进行自动邮件查收。

优点：自动化。

缺点：不及时；该方式主要针对外部媒体主动发起对公司的报道，属于事后预防；如果媒体主动报道的数量相对比较少，则单独使用该方式效果不大；随着业务的增长和公司影响力的增大，该方式可以作为市场部常规舆情监控措施。

方法3：自媒体

市场部自行订阅多个在业界主流的行业自媒体公众号，每日查看行业相关舆情及动向。

优点：随时。

缺点：非主流的自媒体。

方法4：关键词监控

通过搜索行业内竞争对手的关键词，进行同行的舆情基本监控。

优点：可以看到竞争对手的宣传方向。

缺点：只能看到对手相对表层的市场宣传，无法深入对手的市场营销策略。

方法5：外包监测

专业的舆情监测公司——建议先不引进，一是因为费用较高；二是相对浅显的舆情监控，企业里的市场部完全可以自行完成，或者通过相对便宜得多的PR（公关）公司来协助完成。

优点：全面、及时。

缺点：付费；未来发展方向。

方法6：第三方调研机构

专业的第三方调研机构——诸如艾瑞、易观等这样的互联网领域专业调研机构，可以建立长期的合作，可以（适当付费）获得行业内比较深入的数据分析报告，建议条件成熟的企业可以引入。

方法7：核心媒体

媒体高层——尤其对于诸如年终专题报道的策划选题方面，或者某个大众化的主题活动（如网络支付安全大盘点），可以提前预知并做好准备和公关应对，市场部如果自身媒介关系不太强大，可以通过PR公司协助操作。

方法8：监管部门

监管部门——需要和企业里诸如外联部门、风控部门、客服部门紧密配合，对有可能发生危机事件，进行提前准备。建议建立危机上报机制，或者通过部长周例会，以及部长邮件群，或者部长之间交流获取信息后及时跟进处理。

通常情况下，舆情监控还和公司的危机公关紧密联系在一起，更需要积极发挥群众的力量——也就是公司内部全体同事。同时，老银的经验提醒：不要奢望一招制胜，更不要奢望你拥有强大的人脉关系，组合拳的应用很重要！

小贴士：舆情监测

舆情监测是对互联网上公众的言论和观点进行监视和预测的行为。这些言论主要是对现实生活中某些热点、焦点问题所持的有较强影响力、倾向性的言论和观点。

舆情监测这样运转——整合互联网信息采集技术及信息智能处理技术，通过对互联网海量信息自动抓取、自动分类聚类、主题检测、专题聚焦，实现用户的网络舆情监测和新闻专题追踪等信息需求，形成简报、报告、图表等分析结果，为客户全面掌握群众思想动态，做出正确舆论引导，提供分析依据。

目前，国内从事网络舆情监测的机构主要有人民网舆情监测室、中国人民大学舆论研究所、南京大学网络传播研究中心、复旦大学传媒与舆情实验室等机构。此外，"百度指数"也提供一定的"舆情洞察"，有兴趣的朋友可以进一步深入研究。

我思我见

舆情监测，除了看自己，更要看他人——竞争对手！媒介人员不要觉得自己没有"负面报道"就万事大吉。此外，监测信息要形成"闭环"，给它找到发挥用途的"地方"，否则，大家的辛苦和忙碌就没有价值了。

公司里每一个员工，都是舆情监测员！（没有这样的文化氛围，做不到！）公司上下游每一个合作伙伴，也可以发展成为舆情监测员！（没有这样的伙伴关系，做不到！）

如何把散乱的舆情信息，系统高效地反馈到危机处理部门，不仅需要一班人马，更需要一套机制。一个不注重"分享"的企业，大声喊叫舆情监测，企图没有任何危机和负面新闻是幼稚可笑的，也是不切实际的。

舆情管理是企业管理的一个重要组成部分。尤其在信息活跃的当今社会，因舆情把控处置不当而导致企业出现重大危机甚至灭亡的情况并不少见。

大数据时代，关于直邮DM的反思

经常收到垃圾邮件吗？经常看见讨厌的小广告吗？读完本节，期望你不要去做那个令人反感的DM发动者，期待你从规范的DM运营中，找到部门管理尤其是跨部门协作的某些感悟。否则，看似高大上的所谓企业管理，真心不如街头那些看起来低端的小广告……

又是一个忙碌的日子，小白下班后，拖着疲惫的身体回到家。门上贴满了各种小广告，晕！小白一方面骂着小区物业光收钱不管事。另外，小白也对于那些自己的市场营销同行们，随意应付BOSS的差事，将小广告满天飞张贴的恶劣行径表示鄙视，这简直是对DM（直邮）专业技能的亵渎。

草草地吃完晚饭，打开电脑，小白例行公事地收发电子邮件。为了保证邮件不遗漏，小白还特意设置了两个电子邮箱——一个处理私人事务，用的是×××门户网站提供的免费邮箱；一个处理公司事务，自然用的是公司付费的×××企业邮箱。

晕！小白忍不住又骂了一句。因为私人邮箱里一大堆垃圾邮件，这真是对E-DM（电子直邮）的亵渎。因为小白发现，几年前光临某网站时，为孩子购买了尿不湿，现在孩子都上小学了，这个网站还在给自己按月发送电子邮件，推销某个品牌的尿不湿！怪不得这个网站最后被市场无情地淘汰。

同时，小白对处理私人事务的某门户网站的免费电子邮箱，渐渐失去了最后的耐心。

小白只得用付费的企业邮箱，快速处理完公司的各种邮件。点着一支烟，突然手机里响起短信提示的声音。晕！又是某个房地产公司的推销彩信。这年头，难道买房子就跟买白菜一样吗？小白无奈地删除这条骚扰短信，甚至连看都没有看这个房地产公司叫什么，以及他们推销的楼盘。小白只是觉得，这帮房地产公司，肯定是找错了人。这种大海捞针的行为，其实除了反感，还是反感！

上述让小白在一天之内，三次超级不爽的玩意儿，是个典型的舶来品，来源于美国，简称DM（Direct Mail）——直接邮递，直邮，直投。

美国直邮及直销协会（DM/MA）对DM的定义如下：

对广告主所选定的对象，将印就的印刷品，用邮寄的方法直接传达广告主所要传达的信息的一种手段。实际上，DM除了用邮寄以外，还可以借助于其他媒介，如传真、杂志、电视、电话、电子邮件及直销网络、柜台散发、专人送达、来函索取、随商品包装发出等。小白明白，随着传播渠道的升级，各种DM的变种将会越来越多地出现，譬如现在自媒体的订阅和关注！

事实上，老银认为，在相关法律许可的范围内，DM工具本身没有错，错误的是不加区分的DM行为！换言之，将DM资料发送到真正需要DM信息的人手中，就是宝贝，反之就是令人厌恶的骚扰！对市场营销人员而言，找到真正的目标受众，无论你采用什么DM方式将信息合理地传递过去，就是对BOSS的尊重，就是对职业的敬畏；反之就是不负责任的瞎整和烧钱。

就上面的案例而言，小白的孩子已经上小学了，×××网站还在傻傻地给小白推荐尿不湿。表面上看起来，×××网站市场部的人很勤劳很负责，但小白的孩子现在需要的不是尿不湿，你给人家推荐儿童自行车、儿童智能手表、亲子旅游等难道不行吗？

×××网站的BOSS更冤，花钱还被小白骂；×××网站的市场人员很累，浪费钱财没有效果；×××网站的运营人员很傻，难道你不知道更新数据的重要性吗？一堆傻蛋为做DM而DM，自然活该被小白们臭骂。

其实，小白并不是反感任何形式的DM。相反，小白很喜欢每隔一段时间门口×××快餐店送来的打折券，很希望每天阅读自己订阅的×××电子刊物，很希望×××家居大世界定期塞在楼下信箱里的家装小手册，很喜欢×××社团定期的活动通报——甚至他们还发展成为一个线下的Club（俱乐部）……

小贴士：DM的一些常见的注意事项

1. 邮寄物一定是要受人欢迎和有实际用途的；
2. 当广告信息过于复杂和详细时，尽量使用DM形式；
3. 对DM特定的市场（人群）必须进行充足的调研；
4. 对DM受众的信息必须保密；
5. 不要为了钱，欺骗你的广告主；
6. 受众选择一定要准确、准确、准确；
7. DM的投放要按照特定的时间或频率；
8. DM广告中尽量含有折扣券；
9. 确保DM范围和数量可控；
10. DM绝不能违背国家相关法规和政策。

我思我见

DM只是一个工具，把它用合适的方式用到该用的地方，大家就会喜欢！

DM看起来很简单，要做好，却是几个部门共同努力的结果——运营部门提供精准的用户数据，市场部门设计得体的呈现方式，产品部门在开发之初就要想到数据的结构，法务部门需要注意风控合规……

此外，DM是不是4P营销的典型促销思维呢？它不管你是否喜欢，都想方设法塞给你。好在现在我们逐渐明白了"一定要让用户喜欢"的道理，从4C的角度出发，让用户自行订阅、自行关注，这算是一种营销理念的进步。

漫谈营销：信心、顿悟、三重境

信心

何为成功的市场营销？我认为是树立买卖双方彼此的信心。

卖方卖得好，说明自己的产品和服务不错，能够得到买方的认可和喜爱；买方买得好，说明自己的眼光和选择不错，能够得到卖方的服务和尊重！

如果纯粹从算术的角度来说，买卖双方一定没有所谓的双赢。因为，一共就两方，如果大家都赢了，那么谁又是输家？然而，市场营销并非简单的算术题，既可以实现双赢，又可以实现双输。市场如此，职场也概莫能外！

那种追求一方胜利另一方失败而告终的打击对方信心的行为，绝不会带来市场和职场的共赢！

关于共赢，有专家认为：

合作就要追求共赢！共赢指交易双方或共事双方或多方在完成一项交易活动或共担一项任务的过程中互惠互利、相得益彰，能够实现双方或多方的共同收益的增加。合作才能提高、合作才能发展、合作才能共赢。现在，抱团才能打天下！单打独斗已经越来越没有市场。

— —|我 思 我 见|— —

当年，我有一个老同事，很喜欢欧洲某个大牌服饰，于是很自然地成了该品牌的VIP顾客。卖家的服务很赞，当有新款推出时，就短信告知他，当有老款打折时，也短信提醒他。我的同事很感动这样的尊崇享受，他已经把那样单纯的买卖关系，上升到一个信任高度，而不是信心！

我们市场营销的更高境界，就是建立彼此之间的信任——之前是消费者信任某个品牌，现在，更需要商家去信任用户。一旦这个观念发生细微的变化，你就能够理解电信运营商那些包月、金融服务商那些垫资，以及无人商店、信用租房、微信保险之类——基于买卖双方的多次消费的大数据积累和科学的风控规则，为什么就不能建立彼此的信任呢？

市场，需要信心；市场，更需要信任！支付宝之所以能成就今天，就是解决了买卖双方的信任问题，从而让天下没有难做的生意！

顿悟

营销是什么？

看过各种理论，听过各派观点，他们从不同的角度对营销进行了定义和阐述。我觉得他们的解释还不够热辣和劲爆，更不太通俗。今天路上偶得小空，抬头仰望蓝天白云，树荫下微风清爽，乃悟：营销就是营造销售氛围。

你看，那些藏得深深浅浅的软文，那些让你耳红心跳的广告画面，那些激情四射的促销场景，那些循循善诱的温存鸡汤，那些让人顶礼膜拜的大咖演说，那些神秘莫测的社会热点……无一不是在竭力营造一种销售氛围，从而让你先感动，后冲动——消费的冲动。

某新建小区里，物业人员正在给大树"输液"，这个场景给我印象就很深刻——小区的物业管理一定做得不赖，他们对花草树木都如此照顾有加，对于业主一定更加贴心温馨了。这个举动，就为我们营造了一个不错的销售氛围。赞！

-- | 我 思 我 见 | --

每年"双十一"为什么那样火爆？在于商家营造了一种不买就吃大亏的销售氛围！很多人在"双十一"期间，很冲动地买了一大堆本来不怎么需要的东西，就是被那样的氛围冲晕了头脑。还有一些所谓的心理培训机构，灯光调得十分朦胧，音乐选得甚是贴心，培训师的语言恰到好处地引领你的思绪。然后，让同时受训的一群陌生人围着你，大声冲你喊叫："你要什么？你要什么？你要什么？"就这样，居然可以把参加培训的人一个个搞得情绪崩溃，放声大哭。何也？氛围营造之故也！

营销三重境

2017年京城的夏日，其实有着很奢侈的凉爽。然而，中午时分，依然有温度很高的情况出现。于是，我想起了当年朝拜京北某古刹时，见有一胜景，名曰"清凉界"——即便大汗淋漓，一旦进入"清凉界"，也会感觉无比清净凉爽。于是，我就在悟，是否市场营销也有三重境界呢？

境界之一：眼前清凉界，处处有微风。（所见即所得）

境界之二：心中清凉界，何处无微风？（所悟即所得）

境界之三：心里有微风，处处清凉界。（所感即所有）

于是，豁然开朗，咱们从事之市场营销，何尝又不是给人上述三重境界呢？

— -| 我 思 我 见 |- —

先给消费者看到，再让消费者感受到，最终在消费者心中树立牢固的品牌印记。一旦我们成功地打造品牌之后，其好处在于——倘若消费者心里有了一丝涟漪（譬如，消费的冲动），他首先想到的就是你的"清凉界"（也就是你的品牌）！

如此，则谓品牌之成功！

公益与营销

如果你的企业每年还不能对外公示正规的CSR（企业社会责任）报告，说明还有很大的进步空间……

尽管我们时不时在媒体上见到诸多公益与营销的结合事件，但讨论这两者之间关系的文章和论述并不多见。作为市场营销过来人，加上自己曾经负责过某个大型网络公益捐赠平台的管理和运营，因此有些感受分享出来，供大家参考指正。

公益营销

公益营销就是企业与公益组织合作，充分利用其权威性、公益性资源，搭建一个能让消费者认同的"营销+公益"平台，从而促进其市场销售的新型营销模式。"公益营销"概念的提出以及该学科的由来，还没有实证性的统一说法，但它作为一个常见的词汇和现象的出现，并逐渐被越来越多的企业运用，这就足以引起我们的重视并加以分析。

公益+营销

如果我们在公益中加入营销元素，估计大部分人会有些反感，认为这有违公益的初衷。因为他们认为，一旦加入了营销，公益就变得不再"单纯"了。当然，群众雪亮的眼睛，严密注视着某些变味的营销元素，却打着公益的幌子。譬如小区附近菜市场边上的某些小药店，他们往往打着公益免费的幌子，拉拢大爷大妈们去测试血压、心率之类，后面暗藏的目的让人不齿。

营销+公益

反之，如果我们说在营销中加入了公益元素，估计大部分人就顿生好感，从而认为这个企业还颇有业界良心。譬如我早上经常光顾的小西餐厅，就常常能看到它的餐盘垫纸上写着一些公益捐赠的信息，这就让我很长一段时间都喜欢去这家小西餐厅。

好了，下面我们先放下公益和营销的主次关系，说说这二者结合的一些常见缘由。

公益与CSR

CSR的全称是Corporate Social Responsibility，即企业社会责任。

所谓"企业社会责任"：是指企业在创造利润，对股东负责的同时，还应承担起对劳动者、消费者、环境和社区等利益相关方的责任，其核心是保护劳动者的合法权益，广泛包括不歧视、不使用童工、不使用强迫性劳动以及安全卫生的工作环境和制度等。

对于企业而言，公益就是我们常见的通俗的CSR元素之一。

公益与企业文化

企业文化，也称组织文化（Corporate Culture或Organizational Culture）。它是一个组织由其价值观、信念、仪式、符号、处事方式等组成的其特有的文化形象。简单而言，它就是企业在日常运行中所表现出的各个方面。

公益就是我们常见的企业文化的要素之一。一个企业有无爱心，有无大爱，可以通过其公益行为和理念来展现。老银认为，一个真正热爱公益的企业，对员工通常也不会差。

公益常用于营销的切入口

市场营销（Marketing），即为市场。市场营销是在创造、沟通、传播和交换产品中，为顾客、客户、合作伙伴以及整个社会带来经济价值的活动、过程和体系。它主要是指营销人员针对市场开展经营活动、销售行为的过程。

由于公益具有普适性，A和B两个看起来或许"八竿子打不着"的企业，往往就可以通过公益这一共通元素，将他们的营销活动联结起来。因此，公益常常用来作为双方或者多方营销合作的切入口和通行证。

公益与品牌的美誉度

品牌美誉度是品牌的重要指标之一，它是市场中人们对某一品牌的好感和信任程度，它是现代企业形象塑造的重要组成部分。如前所述，没有什么比公益更能给社会公众以好感的了。因此，公益将为企业品牌的美誉度增色不少。

需要说明的是，部分创新和发明，譬如当年爱迪生发明的电灯电话，看起来并不像是我们常见的狭隘的公益（或者说慈善），然而却是能够促进社会巨大进步，造福人类生活和文明的事情。

合理的减税或者财务抵扣

根据《中华人民共和国企业所得税法》第九条中规定："企业发生的公益性捐赠支出，在年度利润总额12%以内的部分，准予在计算应纳税所得额时扣除。"

chapter 1 | 懂业务才能谈管理　051

可见，公益不只是一个企业的支出，它还可以部分转化为一个企业的收入。当然，这个减税或者说财务环节的抵扣，虽然没有市场营销战场上的收支增减来得直接，却也体现了主管部门对企业公益行为的鼓励态度和支持精神。

营销为公益提供持续的资金来源

回到开篇的话题，到底我们应该是在公益中加入营销，还是在营销中搭载公益？看起来虽然给大众的感受完全不同。

然而我认为，只要在政策许可的范围，只要规范化运营，只要问心无愧，公益和营销就无所谓谁前谁后，谁主谁次。因为换一个角度，前后主次还有那么重要吗？然则，营销可以为公益提供必要的持续的资金来源，却是不争的事实。

慈善需要激情，公益需要理智

"慈"是指长辈对晚辈的爱；"善"是指人与人之间的友爱和互助。慈善事业是人们在没有外部压力的情况下，自愿地奉献爱心与援助的行为，是一种扶弱济贫的社会事业。慈善事业的活动对象、范围、标准和项目，由施善者确定。

公益是公共利益事业的简称，它关系社会公众的福祉和利益。公益是个人或组织自愿通过做好事、行善举而提供给社会公众的公共产品。公益活动是现代社会条件下的产物，是公民参与精神的表象。

我们倡导日行一善，人人可慈善，就是每个人每一天都可以做一些我们力所能及的事情，帮助更多的人，让社会更加美好和谐。我十分欣赏李连杰曾经说过的一句话：慈善需要激情，公益需要理智。

--| 我 思 我 见 |--

有时候，把事情说复杂了，让人心情就变得复杂。那么，咱们就简单一点吧：但行好事，莫问前程！

搞懂这些，再"打品牌"

树立品牌，是企业每一个员工应该自觉为之努力奋斗的事情。不为别的，当你跳槽时，相信你期望一个良好的企业品牌形象为你带来个人品牌的溢价。而失败的品牌阴影会使每个人间接被贬值！因此，了解品牌原理，参与品牌共建，提升企业品牌，才能成就个人品牌！

打品牌VS促销售

市场部每天忙到翻天，其目的概括起来不外乎两点：打品牌、促销售！

这是小白的BOSS不厌其烦地长期絮叨的结果，所以小白至今不敢把那点儿知识交还给校长。

因此，在策划任何市场营销活动之前，小白都在脑子里反复推演。目标是什么？单纯的打品牌，还是搞促销，或者是二者兼而有之？原则是什么？是可以大尺度地和竞争对手打口水战，还是干脆无底线地抬高自己打压他人？方法又是什么？是找电视台给BOSS来一段高大上的专访，还是雇用帅哥靓妹接地气地"扫大街"？

尽管市场部是人所共知的"花钱部"，但花对钱绝对是一项本事和学问——因为1000元市场费用，或许有1000种花法，哪种花法更有效果，从来就没人说得清楚——就连现代广告之父大卫·奥格威都坦陈——任何广告投放都有50%的费用是在浪费，而自己却不知道错在哪里……

既然品牌如此重要，勤学好问的小白自然少不了要做些功课。不然，如何才能厘清这一大堆品牌（Brand）、企业形象识别（CIS）、商标（TM）、徽标（LOGO）的含义和彼此的关系呢？

品牌（Brand）

品牌来源于古挪威文字，它的中文意思是烙印。因为古代西方游牧部落习惯在马背上打上不同的烙印，以区分各自的财产（马匹）。据说这是有史可查的最原始的商品命名方式，同时也是现代品牌概念的最早缘起。

20世纪60年代，美国营销学会（AMA）对品牌进行了如下定义：品牌是一种名称、术语、标记、符号和设计，或者是他们的组合运用，其目的是借以辨认某个销售者或某销售者的产品或服务，并使之同竞争对手的产品和服务区分开来。现代营销学之父科特勒在《市场营销学》中的定义如下：品牌，是销售者向购买者长期提供的一组特定的特点、利益和服务。

商标（Trade Mark）

商标的起源可追溯到古代，当时工匠们将其签字或标记印制在产品上。时至今日，这些原始的标记方式，演变成为今天世界通行的商标注册和保护制度（法律）。

世界知识产权组织（WIPO）对商标的定义是：将某商品或服务标明是某个人或某企业生产或提供的商品或服务的显著标志。

由此可见，品牌的内涵更广一些——可以找市场部多做文章；商标的管理则更严肃一些——可以找法务部帮帮忙。

我们知道，一些法盲，随意山寨甚至践踏他人的品牌和商标！他们只能偷鸡摸狗，不能做大做强。也有一些自认做得不错的品牌，由于忽视了对商标的保护，从而将来之不易的品牌拱手相让。

企业形象识别系统（CIS）

20世纪80年代，CIS（Corporate Identity System）作为一套"品牌管理体系"引入国内，是当今企业管理对国内外文化和形象的基础理论，是狭义的"品牌"理论的实用构成部分。

CIS主要由三部分构成，理念识别（MI—mind identity）；行为识别（BI—behavior identity）；视觉识别（VI—visual identity）。

MI相对抽象，体现了一个企业的精神特质和文化内涵。企业的目标、使命、愿景是什么？所谓"不忘初心"，要深入了解一个企业的MI，常常需要回归到企业成立最早创始人的精神原动力层面。

BI相对具体，就是你的企业喜欢采用什么类型和风格的行动来展现自己的企业形象。譬如，有的企业很喜欢做公益慈善，这样的BI特点让人知道这个企业有爱心，有企业社会责任感。再譬如，《红楼梦》里的凤姐，她的BI是什么？未见其人笑先闻，这个形象就让人记忆深刻。

VI相对简单，通俗地讲就是企业的图形或文字商标（已经注册）及徽标（暂未注册）在各种能用眼睛看到的地方（如门头店面、公司网站、员工名片、工服等）的使用规范。其书面语就是"用视觉形象来进行个性识别"。

徽标（Logo）

Logo是希腊语 σημδι 的变化，是现代经济的产物，它起到对拥有公司的识别和推广的作用，通过形象的徽标可以让消费者更易于记住公司主体和品牌文化。

由于品牌通常包括品牌名（品牌中可以读出的部分，如词语、字母、数字或词组等的组合）和品牌标志（品牌中不可读的部分，如符号、图案，或明显的色彩、字体）两个部分，所以，我们可以简单地把徽标当成品牌标志理解即可。

说说品牌评估

目前，关于品牌评估全世界通行的是"经济适用法"，其公式为：品牌价值=E（平均年业务收益）×BI（品牌附加值指数，即品牌对收入的贡献程度）×S（品牌强度系数），而S包括8个要素——行业性质、外部支持、品牌认知度、品牌忠诚度、领导地位、品牌管理、扩张能力以及品牌年龄。

品牌评估是一门专业学科，目前没有绝对的权威！国内外都有一些相对独立的公认的评测机构，可以有针对性地对企业或者个人的某一方面进行评估或者综合评价。他们各自都有一整套庞大的支撑理论，用以证明自己的逻辑和方法的正确性！因此，即便同一品牌，在同一时间，由不同的机构评估得出的结论都会相差甚远。

无论如何，品牌评估即便复杂，也需要逐步走向科学和量化。只要我们抱着科学和务实的态度，市场营销工作就会逐步从艺术走向科学，譬如"百度指数"还是可以从某种程度上反映出某个企业的品牌影响力（变化趋势）的。其实，在互联网大数据风起云涌的今天，捅破那层窗户纸，关键还要看大数据的开放和分享程度！

套路，更是思路

把有关品牌的知识归纳总结如下，以方便实操。

1. 公司完成工商注册成立之后，已经合法拥有了一个企业的名称。公司名称可以作为品牌名，也可以与品牌名无关。可以设计一个Logo，因为公司的档口、店头、名片什么的一定用得上。

2. 如果你的公司发展得不错，或者你对未来超级有信心，那就以Logo为基础，赶紧去注册一个商标（TM）吧；因为万一做大了，你的商标就可以得到法律保护。

3. 如果你还希望有独特的市场定位和品牌特质，就要系统导入并不断强化自己的"企业形象识别"（CIS）。

4. 你的品牌（Brand）需要不断地锻造，才能产生品牌溢价，在竞争中脱颖而出；当然，一家企业可以有多个产品或者服务品牌。

5. 一家具有"伟大"品牌的公司，一定是有强大文化内涵和稳定DNA（基因）的公司；

6. 如果你所在的企业，每年的市场预算低于1000万元，就别去瞎折腾什么"品牌评价"了，把一年里做得不错的事情大致罗列一下，再找几个关联公司配合"调研"一下即可。（开玩笑！）

-｜我思我见｜-

一个人之所以能胜任品牌总监，原因如下：别人说一句，你可以来一套；别人只能说，你还可以做；别人只能推广品牌，而你负责规划品牌……这就是专业的力量和自信！

群策群力，让每一个员工列举可以提升企业品牌的办法，注意，一定要具有实操性。当方案选定之后，坚定不移地执行它，你就会看到企业品牌带来的效果。如统一员工工服，企业公众号分享，统一办公电脑桌面屏保，给有小汽车的员工发放精致的公司品牌车贴……

市场营销和业务运营的深层关系

一般企业，都有市场营销和业务运营两大部门。要想把市场营销做好，对外，需要了解消费者、了解竞争对手、了解市场大环境；对内，如果不了解内部运营当然行不通，辛苦拉来的用户是留不住的。那么，这就需要我们读懂他们之间的深层关系。

市场营销对外，业务运营对内

营销，无论是市场推广、渠道销售，还是二者合一，他们的服务对象，往往是外部的消费者（C端）或经销商（B端）；运营，负责主营业务流程在公司系统内部顺利地转起来。他们的服务对象，通常是企业内部各兄弟部门。

市场营销是拉人，业务运营是留人

营销，通过广告、促销、渠道拓展等手段，把潜在消费者拉进来；运营，通过运营、风控、客户服务等手段，把拉来的人留住消费。

市场营销强调业绩，业务运营强调风控

营销，负责攻城略地，签单，提高销量，抢占市场份额；运营，负责保驾护航，监控，强调风控，确保风险可控。

市场营销偏向前场，业务运营偏向后场

营销，对外，偏向于企业组织架构的前场，通常和市场部门、BD（商务拓展部门）、市场产品部门一起战斗在市场一线；运营，对内，偏向于企业组织架构的后场（或者中场），因为有的公司将产品、技术、运营划入中场，将人力、行政、财务划入后场。他们通常和产品、技术一起耕耘在企业大本营。

市场营销需要放得开，业务运营需要Hold住

营销，因为要业绩，所以希望企业里各种政策支持和倾斜，让他们放得开，可以甩开膀子拿提成；运营，因为要控制，所以希望营销的客户个个低风

险、高产出、零故障。一句话，"傻白甜"的客户是他们的最爱。如果营销拉来的生意，个个Hold（管控）不住，他们就"亚历山大"（压力山大）了。

营销和运营，既是亲家，又是冤家，永远不能成一家

营销离不开运营，要把辛苦拉来的客户招呼好，不断为公司创造销售价值，因此，营销需要运营强力的支撑，此为"亲家"；环境宽松时，运营的管控龙头拧松一点，营销人员的日子就比较好过，皆大欢喜；环境不宽松时，运营的管控龙头拧紧一点，营销人员就要么骂娘，要么围着运营人员说好话，希望运营人员高抬贵手，不然提成工资哪里有，此为"冤家"。

营销和运营，都是CEO业务经营的左膀右臂

好的情况，CEO会根据公司的战略，以及外部PEST环境，协调好营销和运营的关系——需要发展业务时，要安慰安慰运营："兄弟，你多担待，委屈了。"需要控制风险时，要鼓励鼓励运营："兄弟，你大胆干，不然要出大娄子。"反之，CEO对营销人员的精神指引，大家可以自行补充。

坏的情况，CEO不能根据公司的战略和市场环境的变化，对营销和运营的态度模棱两可，或者相互矛盾——譬如，销售要放开干，运营要控制住。这就犹如CEO指着水龙头发号施令：小A（营销），还不快快放水，没得吃了；小B（运营），你看龙头开那样大，水都到处乱跑了！出现这样的情况，小A和小B，要么困惑不解，要么打成一团，要么联合起来，自行决定拧开龙头的大小——这就与CEO的本来意图相违了。

┤我 思 我 见├─

本节所谓运营，是通俗的"小"运营。"大"运营是什么？就是整个公司的运营，负责大运营的人，我们称之为COO（首席运营官）。所以，现在做"小"运营的朋友们，你已经知道了你的职业发展规划——加油，成为公司的COO！

chapter 2
初探部门常规内务

　　本章从部门负责人的视角，多角度展示了部门内务和日常管理的方方面面——年度工作计划、年终工作总结、部门工作指南、部门设置思考、员工素质模型设计、邮件回复技巧、常见会议组织方法、绩效考评原则、带领新人方法……

　　除此之外，还希望朋友们重点体会"管人"和"管事"两手抓两手硬的方式方法。从这一章开始，希望无论你是企业前场的市场营销人员，还是后场的职能管理岗位，都必须上升到部门主管的角度和高度来看问题，看看我们都需要增加哪些通用的职业经理人的管理技能。否则，什么时候才能真正取得职场的进步呢？

制订年度工作计划的7大关键要点

年末岁首，想必大家都很忙，部门总监们少不了要为如何制订年度工作计划而发愁。那么，如何合理制订年度工作计划呢？根据老银的从业经历，以及多年的制订年度工作计划实操案例，有几条"干货"给大家参考。

一定要先找一套团队认可的战略分解"方法论"

所谓方法论就是思路，你可以笑称其为"套路"。为什么说一定要先做这件事呢？否则，大家的思维、逻辑和沟通语言，既不在一个层次，又不在一个频道。这样的情况下，要想制订出靠谱的年度工作计划，是十分困难的。

老银推荐惠普的战略分解十步法（本书《管理工具》章节），只要组织各位部门总监经过一定的模拟训练，用这套方法论，就可以很好地帮助各位总监梳理出公司战略，明确推演逻辑，厘清工作思路，从而制订出各级各部年度工作计划。

目标制订一定要遵守"自上而下"的游戏规则

年度目标的制订，务必理解并遵守"自上而下"的游戏规则。先公司，后部门；先部门，后小组；先年度，后季度；先季度，后月度；先财务指标，后经营指标……层层分解。反之是行不通的。老银见到不少公司让部门甚至个人提供目标草案，这是不对的。造成这个现象的原因，就是战略目标分解的组织者，缺少正确的"方法论"。

目标制订还要听取"自下而上"的声音

尽管目标制订时，侧重于"自上而下"的"压力传递"，但由于完成目标需要全体成员共同努力，因此，我们不仅要倾听基层的声音，更要做好上下左右的交流。所谓"上下"，是部门纵向管控的关系；所谓"左右"，是部门横向协作的关系。获取"自下而上"的反馈，有助于BOSS牵头设置年度目标尤其是财务指标时，可以更加理性和科学。

配套的方法论：目标—原则—方法

之所以再次重提这个方法论，实际上是强调这种思维模式，要在你的团队里生根发芽。先定目标，再明确原则，最后才是大家群策群力想方法。如果没有前面的"目标"和"原则"，方法即便再多，也总是吵吵嚷嚷，各说各理，往往不能统一思想并形成一致意见。

配套的热身课：民主生活会

当我们制订年度目标时，不仅是一个需要所谓头脑风暴、心智疯狂的过程，更需要团队开诚布公地交流。否则，重要的年度蓝图规划，或许就会成为一种形式上的差事而已。

民主生活会，也被称为360，就是组织一场活动，让管理者及其团队倾听来自上下左右、360度全方位的"批评"，从而让你真正从内心客观地认识自己，甚至"自我批评"的过程。有了这样的热身和氛围，大家在一起商讨年度工作计划时，就会有比较坚实的"感情"基础。

配套的工作表：改进计划表

结合上面的民主生活会，既然你的队友们帮助你及你的团队发现了这样或者那样的大小问题，那就一项一项地罗列出来，提上议事日程认真地解决问题。

通常，为了配合问题能及时如期解决，我们需要指定"改进计划表"，并明确责任人和时间，以及交付的标准。一句话，尽可按照SMART原则进行描述，才不至于让自己思想开小差或者让某些人"钻空子"。

最后的结果呈现：KPI目标责任书

最后一个环节，才是各级各部制订KPI（关键业绩指标），也就是目标责任书。根据老银多年的经验，需要重点注意两点：第一，KPI要尽量按照SMART的原则进行描述；第二，关联部门之间，目标责任书之间的信息，必须在一定级别（如各位部门长）相互知晓甚至多轮PK优化完善。否则，各自将目标责任书拟定签署完毕之后，放在抽屉里，是无助于团队协助和目标达成的。

我思我见

仔细理解并掌握上述7大关键点，相信你在制订年度目标计划时，不再混乱和迷茫！一定要让你的团队，一起学习，共同进步。

在我们的实际工作中，公司各级各部门的年度工作计划通常由人力资源部门，或者公司的目标绩效委员会来牵头组织制订。这就需要人力资源部门相对全面并深入地了解公司主营业务、关键业务流程、各部门核心职责、部门之间的业务联系等。这既需要组织能力，还需要协调能力——尤其是当各部门的年度计划指标出现理解偏差或者不能达成一致意见的时候。

很多人力资源部门之所以被业务部门牵着鼻子走，原因不仅在于自身不能深入了解业务及运营，还在于漠视目标计划制订的逻辑和流程。嚷嚷着拿出几张空表格、空模板，让各部门负责人自己填完之后就上交，甚至也不组织各个部门一起讨论，大家"背对背"貌似认真和负责地填写着年度规划。可以想象，这样的部门年度工作目标有多少可信度，有多少实操价值？

部门总监如何写好年终总结

每年的开头结尾，部门总监都离不开撰写年终总结报告。那么，年终总结如何写？撰写的总结报告的境界都在哪一个层次？

详细罗列，记流水账

以市场总监举例，这一年里，共策划编辑了多少篇新闻、发布了多少轮新闻、投放了多少次广告、开拓维护了多少家媒体、自媒体的表现如何、拥有多少粉丝、组织了多少个大型促销活动、印刷了多少张DM宣传单页、发出了多少回促销邮件等，诸如此类，数据翔实，分门别类。如果按照这个思路，市场总监就混成了一个小小的账房人员。

主次分明，略有亮点

在第一层的基础上，把重点事件（尤其是成绩）进行一定的艺术加工，以突出和感召其他"落后分子"；同时，部分总监也把自己的失误和不足，蜻蜓点水，一笔带过，期望大家的眼睛一片蒙胧。这样的部门总监，往往是埋头干活，缺少归纳总结，缺少心得反思。当然，归纳总结能力稍微欠缺的人，还有一定的进步空间。

部门之间，合纵连横

上面所说的前两层，基本还是把目光停留在纯粹的部门之内，因此眼界非常的狭窄，不要说全局思维和视野，就连穿过部门玻璃窗的感觉都没有！如果部门总监的年终总结报告停留在上述两个水准，的确还要加强自己的修炼，这从一定程度上也反映了公司部门之间的交流协作存在不小的问题。

第三层次的年终总结，已经将格局提升到部门之间了。如果你能把总结的范畴自然而然地扩展到部门之间，你这个部门总监至少在公司层面上，可以称得上是一个基本合格的部门长。换言之，你所主持领导的部门，在公司还有一定的存在价值。

因此，你的年终总结中应展现出部门的价值所在，以及你对兄弟部门的支撑和呼应。从某种角度说，你的部门只有走出去，与兄弟部门发生更多的关联和互动，才在公司层面上略微具备一定的影响力。

谈人说事，齐头并进

如果你的战略眼光能看到第四层，则你的年终总结里，应该谈到所谓的团队建设（管人）。事都是人干的，事情干得好坏，自然离不开干事的人马。你的队伍如何？你的队伍的思想如何？你的队伍的业务素质如何？思想有了问题，你作为部门长都做了什么应对？业务素质有了不足，你是否都组织了对应的培训和分享？

　　此外，谈人说事，一定不能停留在艺术的定性方面，要能够沉得下去，还需要从科学的定量方面加以辅助说明。这就是部门的制度流程建设和管控。作为部门长，如果你的年终总结里没有出现制度流程方面的干货，从某种程度上说，你就是一个不思进取、不善管理的家伙。哈哈！

高瞻远瞩，紧跟潮流

　　例如，尽管市场部不完全在战斗第一线，但基本也是必须能够听到"枪炮声"的部门。因此市场总监的年终总结里，需要适当出现一定比重的行业趋势分析，否则就有井底之蛙的嫌疑。其实，一些市场总监如果天天埋头拉车，自然没有时间抬头看路。行业如何发展？企业在同行业内处于什么位置？竞争对手的市场营销有哪些特色和风格？所谓知己知彼，才能在制订市场营销规划时做到胸有成竹，否则，营销方案就是拍脑袋拍出来的。

　　能够站在第五层的年终总结，如果再加上深思熟虑，甚至团队的智慧，基本可以称得上是一份质量高、负责任、有价值的年终总结了。提醒一下，不要为了应付年终总结，随便从网上找一点数据或者行业年度报告，忽略了思想进化这个过程。那样，你的年终总结并不能真正帮助你以及你的团队。

大智若愚，春风化雨

　　为什么要撰写年终总结？为什么总结之后公司紧接着要搞年度规划？或许你有很多答案！老银也没有标准答案。但是，"发现问题+解决问题"，即便BOSS们没有喊出来，但内心深处一定少不了这个问题。因此，大智若愚的部门总监们，完全可以忽视前面第一层到第五层，直接说问题，深入地把问题谈透彻，即便不能谈透彻，也要想方设法推动问题的解决。

　　如果你的年终总结报告按照第六层这个套路出牌，尽管算不上一份中规中矩的年终总结，但所有人都能看出你是一个负责任和务实的家伙。你的总结一定会出彩的！一定会给态度暧昧、一团和气的机体以某种形式的震撼。当然，建议要注意方式。否则，"愤青"就是你的代名词；"粪坑"就在不远处等着你。

与之相反，有的高手大智若愚，其发现问题和解决问题的能力超强，但却春风化雨，不露痕迹。这种修炼普通人难以达到。就让咱们一起加油吧！

见招拆招，无为而治

前面六层，均比较写实，而最后一层，比较写虚，就像武侠世界里的最上乘功夫。它倡导一种见招拆招的灵活，以及无为而治的境界。当然，如果没有前面六层作为基础准备或者强大的素材支撑，就达不到这样的达观层次。那样，如果把你放在主席台上，你就只能喊一喊"假、大、空"的口号去蒙骗那些涉世未深的职场小白们。所以，我们身边常见这样的第七层"高手"，实则没有多少斤两（因为没有前面六层作为坚实的信心基础和力量源泉），妄图直接达到第七层的逍遥格局，自然是逃不过群众和老板的眼睛的。因为，群众的眼睛是雪亮的！因为，老板的眼睛更亮！

---**我思我见**---

年终总结，常与年会相伴。看过《夜宴》吗？怎么有时候感觉年会就像一场"夜宴"。不要让自己在年会上有放浪形骸的举止，为你本来精彩的年终总结减分！

手把手教你制订部门级工作指引

工作指引指的是为不同岗位或不同工作性质而制订的工作思路和工作步骤。因此，部门级的工作指引可以看成是部门总监为部门制订的一套行动纲领和工作指南。

工作指引通常是人力资源部门牵头组织，各部门负责人为各部门员工提供的一种管理工具。

然而，对于一个部门总监来说，每年年初为团队制订工作指引的作用和意义甚为重大，该指引将成为本年度全体部门员工的工作指南。因此，无论对于老员工，还是新加盟的成员，一份高质量的工作指引无疑将是团队走向成功的路标和锦囊。工作指引的制订流程如下。

阐述部门定位

部门的定位来源于部门的职责划分，但又不同于职责，它是部门职责高度提炼后的产物。之所以要提炼高度，是为了部门具有更大的空间和追求。

如市场部的定位是公司产品资源的整合中心。反之，如果将"新闻发布和广告投放"当成市场部的定位，则把市场部的内涵和外延都缩小了，把市场部的未来空间和企业对它的更大期待抹掉了。

确定部门目标

部门的目标，来源于公司级目标自上而下分解之后的部门所承担的年度主要任务或指标。

如市场部2018年的年度目标是要将公司打造成为×××领域的TOP10品牌。反之，如果将部门目标确定为今年要发布多少篇新闻，做几场促销活动，自媒体粉丝要增加到多少等，便是将要做的工作与目标概念混淆了。

明确部门原则

所谓原则，就是说话或行事所依据的准则或标准。原则越清晰，大家理解越准确，找方法的时候，就会既灵活自如又绝不会偏离轨道。这就是原则的魅力。

如人力资源部的分配必须符合271原则、人才引进必须符合CBA原则等。再比如某知名公司，其人员扩编的两条"铁律"——现有人员工作必须饱和，现有人员文化必须融入，这便是原则。

清晰关键业绩指标

关键业绩指标（KPI）不能等同于目标绩效，尽管我们常常在日常口头交流中，把KPI说成绩效考核。KPI可以理解为部门全体成员都一致理解的年度工作任务关键词。大家一听到这几个词，就知道今年要努力奋斗的方向；大家一做事，自然而然地会去想它是否符合本部门的KPI？

如市场部的KPI，可以有品牌知名度提升、新闻传播百度指数、广告投放ROI（投入产出比）等。再比如人力资源部的KPI，可以有内部满意度提升、骨干员工流失率、人力成本误差控制等。

描述主要方法

有了上述定位、目标、原则、关键业绩指标之后，可以说一个部门的年度大基调和大方向就基本确定下来了。接下来，部门总监就要组织部门成员一起来探讨并描述该年度部门将采用的主要方法是什么。

如市场部利用新增VIP商户的机会，组织系列推广；争取获得年度×××领域的奖项以便提升企业品牌美誉度等。再比如，产品部通过调研进入×××行业市场，并提供行业解决方案DEMO或者商用等。

综上所述，作为一名优秀的部门总监，无论公司CEO是否向你提出这个需求——编制年度部门工作指引，都应该做到不仅自己胸有成竹，而且还必须做到充分分享、彻底宣贯给部门全体成员，才能使得团队成员思想统一、目标一致、行动高效，并能极大程度地发挥员工的主观能动性和"自下而上"的团队威力。

阐述部门定位 → 确定部门目标 → 明确部门原则 → 清晰关键指标 → 描述主要方法

五步制订部门工作指引

---| 我 思 我 见 |---

如果你是部门主管，如果你不能带领团队一起制订部门工作指引，就犹如行军打仗的指挥官，不能给部下一份准确可行的作战地图一样，你的部下只是因为你的官阶高而"簇拥"着你，那么，你几乎不可避免地会全军覆灭。

关于部门设置方案的若干思考

老银在市场部主持工作多年，期间曾经多次负责组建新的市场部，也曾接手过那些在目标绩效考核中掉队的市场部。关于市场部门到底该如何设置，或者说在设置过程中要重点关注哪些原则和方面，想在此分享一二。

问题导向

放弃那些无用的理论，确定设置市场部主要想解决公司当前什么问题？因此，梳理部门及公司当前存在的问题，或许是设置市场部的初衷。

前瞻性

部门设置需要有一定的前瞻性，然而这个时间真心不能超过一年。因为，通常一个公司组织架构的微调周期，就是一年；要为一个部门做出所谓的三年规划，不太具有实操意义。

主营业务及流程

请务必了解公司的主营业务，这样你才能对关键业务流程有所感知。设置市场部的目的之一，就是要在主营业务和关键业务流程中，有范畴，有节点。换言之，如果公司的主营业务和关键流程，无论如何都不能"光临"市场部，则市场部设置就没有任何意义。因此，走出去，跟关联兄弟部门多多交流，听听他们对你所在的部门的期待是什么，他们都真心希望你能提供什么服务，这个超级实用！

关键岗位

上面三条搞定之后，再来看看关键岗位。所谓关键岗位，就是能够撑起市场部部门功能框架和部门职责的必需的岗位。通常一个文案、一个媒介、一个策划、一个美工，如果他们能力相对全面一点，就完全可以应对不少常见企业的市场推广工作了。

判断岗位是否关键，需要通过仔细核算之后，发现单纯依赖外包方式不能满足或者操作真心很不方便，投入产出通过外包更不划算的某个岗位。

切忌贪大求全

很多时候，部门的编制大小，跟你的能力以及未来发展几乎没什么关系。贪大求全，只会让你背负更大的"包袱"。

绝不养闲人

宁缺毋滥！本书其他章节里曾经介绍过，一个部门之所以能够"扩编"的理由可以简化为两条——现有人员工作绝对饱和，现有人员文化已经融入，这两个条件缺一不可。闲人一多，忙人也想闲；烂人太多，好人也逐步变坏。

塑造文化

一定要着力塑造部门的文化氛围！如果你所在的公司文化氛围不错，那你就要迅速地吸取和充分地融入；反之，如果公司大环境不太好，而你暂时不想一走了之，则你必须要认真对待并打造你的部门的文化。某些时候，你甚至可以逐渐改变和影响其他部门甚至公司的大气候。

建章立制

组建部门伊始，作为部门之长，就必须要考虑为部门建章立制了。白纸黑字的制度流程，是严肃的管理；而文化氛围，以及大家认同的一些好习惯和优良传统，我认为也是不可或缺的部门管理方法。一个企业，规章制度是骨骼，人性关怀是血液。

- -｜我 思 我 见｜- -

部门如何设置，肯定还有其他思路甚至更好的方法，甚至还有比较强势的人力资源部门的专家意见等会影响你的决策和判断。老银认为，重视上述8条建议，当你具备独立思考之精神，或许可以让你少走很多弯路，并在部门设置的方案选择中，水到渠成地做到"稳准狠"！

部门总监需要精练9大内功

部门总监要治理好一个部门的内务，需要苦练以下9大内功。

部门编制

组织结构是企业的流程运转、部门设置及职能规划等最基本的结构依据，常见的组织结构形式包括中央集权制、分权制、直线式以及矩阵式等。

公司或者部门采取什么样的编制和结构，要符合企业当前的实际情况，并要一定程度上满足企业的发展趋势。

部门负责人要保持"积极的、开放的、分享的"心态，成就一个"学习型组织"。部门编制是否扩大必须遵循两个原则——现有人员工作绝对饱和、现有人员企业文化绝对融入（朗玛信息的人才引进核心原则之一）。

部门职责

以市场部为例，它是一个企业中营销组织架构的重要组成部分。通常，企业的营销组织由市场部和销售部组成。按职能划分，市场部负责拉近产品与消费者的心理距离，销售部负责拉近产品与消费者的物理距离；市场部负责"推"，销售部负责"销"。

不要狭义地看待市场部，既要正确认识部门的当下，又要知道部门的发展远景，甚至要参照竞争对手的职责划分。

不搞"圈地运动"！不划势力范围！看问题的层次，上浮一级；干事情的层次，下沉一级！

岗位职责

岗位职责指一个岗位所要求的为完成某一类工作所包含的内容，以及由此应当承担的责任范围。岗位，是组织为完成某项任务而确立的，由工种、职务、职称和等级等内容组成。职责，是职务与责任的统一，由授权范围和相应的责任两部分组成。岗位职责描述不能模糊，我们期望采用SMART的描述方式，尽可能准确到位。此外，责、权、利必须与之匹配！

部门制度

小到部门的工作周报、每周例会，大到部门的年度KPI（关键绩效指标）、战略规划，都需要根据实际需要，不断建立和健全部门的管理制度，并做好宣贯和执行，监督与调整。

好的部门制度可以传承。换言之，即便部门总监离职之后，当初在职时制定的制度如果能继续坚持和发扬光大，则足以说明这个制度存在的价值和分量。

业务流程

一个部门长，要注意"管人"和"管事"之间的平衡。业务流程，就是"管事"中最重要的内容之一，甚至是部门流程制度建设中排在首位的重要事务。没有流程的，要白纸黑字地组织团队创建流程；流程需要优化的，要形成良好的更新迭代机制；部门内部流程，需要让部门内不同岗位彼此了解和掌握；部门之间的流程，需要明确接口人并做好相关手续报备。

由于不同的公司业务有所不同，导致了不同企业的市场部的职责范围有很大的差异，因此，业务流程没有统一的参考标准，适合当前并略微超前的就是最好的，各位朋友完全可以大胆地设计和推进。

绩效考核

它是企业绩效管理中的一个环节，常见绩效考核方法包括BSC（平衡计分卡 Balanced Score Card），是常见的绩效考核方式之一，KPI（关键绩效指标）及360度考核等。

考核第一步是工作分析，制订企业KPI（关键业绩指标）指标库；第二步是设定绩效考核表；第三步是对员工开展培训；第四步是试考核；第五步是公布绩效考核政策（政策的公布可采用签字法、公示法等）；第六步是外部专家导入；第七步是考核；第八步是绩效面谈与应用、改进措施。（详见本章"部门总监须掌握的绩效考核原则和方法"）

360度考核法是常见的绩效考核方法之一，其特点是评价维度多元化（通常是4个或4个以上），适用于对中层以上的人员进行考核。

360度考核法最早由英特尔公司提出并加以实施运用。该方法是指通过员工自己、上司、同事、下属、顾客等不同主体来了解其工作绩效，评论知晓各方面的意见，清楚自己的长处和短处，从而达到提高自己的目的。

360度考核法实际上是员工参与管理的方式，在一定程度上增加他们的自主性和对工作的控制，员工的积极性会更高，对组织会更忠诚，提高了员工的工作满意度。

素质模型

素质模型就是个体为完成某项工作、达成某一绩效目标所应具备的系列不同素质要素的组合，现代企业人力资源管理通常将其划分为内在动机、知识技能、自我形象与社会角色特征等几个方面。这些行为和技能必须是可衡量、可观察、可指导的，并对员工的个人绩效以及企业的成功产生了关键影响。通俗地说，"岗位素质模型"就是在企业里，一个具体岗位上人才优劣的标尺和准绳。它在一个员工入职的前期、中期、后期三个阶段，起到非常重要的作用——招聘选拔；绩效管理；人才储备建设；个性化培训；职业发展。

培训课件

做好"传—帮—带"，是每一个部门主管基本的内功之一。简单地说，"传—帮—带"就是部门的培训机制。培训的口号容易喊，培训的牛皮容易吹，但培训的课件不容易做！

如果没有规范的培训课件，则部门总监们的心得和体会就没有办法获得系统的传承，往往会伴随着职位的变迁，无从找寻，当然就谈不上传承了。因此，一个具有开放和分享精神的部门总监，应该有魄力和胸怀，更应该有能力和实力，为部门与时俱进地量身定制一系列培训课件，让打造"学习型组织"的雄伟计划能够"落地"。（详见P182"案例：如何编写培训课件"）

民主生活会

民主生活会是指党员领导干部召开的旨在开展批评与自我批评的组织活动制度。民主生活会制度是我们党在长期的革命和建设实践中形成的优良作风，是增强党的生机与活力的一大法宝。

综上，部门管理的9大"内功"，可以帮助部门总监构建一套全面的视野和格局，部门总监需要不断优化，不断弥补其短板，你的部门就会充满活力和斗志。

- -|我思我见|- -

所谓由内而外，在企业经营和管理中，就是先苦练好内功，才有能力走出实验室到外面广阔的市场和别人PK，和对手竞争！

为什么是上述9大内功？因为老银认为从这9个维度，或者说9个方面出发，部门主管可以迅速提纲挈领地找到部门管控的关键，而不是被问题推着走，而不是被问题员工牵着走，也不是单纯地被权力更大、地位更高的上级领导带着走。

记住，在部门业务上，你就是专家；在部门管控上，你可以是协助——协同兄弟部门，助力上下同人！

为下属设计素质模型

作为部门负责人，部门总监应当为下属设计靠谱的、专业的素质模型。有了这个素质模型，就相当于人才有了一个相对科学的度量标尺。然后，依照这个素质模型，才是任职资格的评审，才有薪酬调整的专业依据。

注意，部门总监毕竟不都是HR（人力资源）专业出身，因此，素质模型、任职资格之类通常是由一个公司里的HR部门发起，市场部配合完成。然而，市场总监一定要深入了解其中的逻辑关系和流程顺序，才不会流于形式。老银早年就犯过轻视HR部门那些花花绿绿表格的错误，直到有一天，工作调整为企业管理，才发现自己如果早一些重视那些来自HR的工具，该有多好。是的，谁会保证你一个岗位干到老，跨界有时候是给自己一个新的机会。下面，直接上实操"干货"！

第一步，业务模型梳理。

步骤	步骤详解	注意事项
确定部门职责（即回答公司为了解决什么问题而设置本部门；其工作目标是什么）	召开部门内部讨论会，充分讨论后得出结论	1. 自下而上； 2. 要能覆盖上下游需求
上下游参与梳理业务模型（即解决和验证部门职责是否能覆盖外部需求的问题）	1. 召开上下游、本部门主管、人力参加的讨论会； 2. 讨论依据是：本部门拟定的部门职责（如未覆盖外部需求，而该需求是必需的，则需要添加进部门职责里）； 3. 得出经讨论的部门职责	参与拟定的上下游部门代表一定是精通业务的人员（所谓高手）
经整理得出业务模型		

第二步，素质模型搭建。

步骤	步骤详解	注意事项
根据业务模型，部门内部讨论应具备的素质（即回答具备什么样素质和能力的人可以胜任这个业务，一般包括基本素质、基础知识、专业技能等方面）	召开部门内部讨论会，充分讨论后得出结论	自下而上
上下游参与梳理素质模型（即验证部门讨论的素质模型是否合理）	1. 召开上下游、本部门主管、人力参加的讨论会； 2. 讨论依据本部门拟定的素质模型（如上下游认为有需要添加的素质，而该素质经讨论是必备的，则应加入素质模型中）； 3. 得出经讨论的素质模型	参与拟定的上下游部门代表一定是精通业务的人员（所谓高手）
经整理得出素质模型		
模型分级	1. 初级——入门级，能够独立开展工作（不能独立工作的不能够入级）； 2. 高级——具备解决行业内出现的几乎所有问题的能力； 3. 介于初级和高级之间的中级	1. 视工作复杂程度，各级别仍可细分为1、2、3等； 2. 工作内容简单，重复性高的职位，也可分为二级（初级、高级）； 3. 保证目标，不必拘泥形式

1. 相同体系的职位，只需要做一套业务和素质模型，如核心技术和应用技术岗位。在梳理模型过程中，要提炼共性，高度抽象，不能一下进入细节。

2. 不能用现有员工的能力去设定未来的模型，应该在模型设定好之后去衡量人的水平（先做尺子后量人），再去培养团队及引进人才。

第三步，任职资格评审。

1. 会前准备要点；2. 评审会议要点；3. 会后改进要点。

内容	步骤	要求
员工申请	每季度第一个月的15日前，员工提交书面（邮件）任职资格评审申请给直接主管	任职资格评审申请每季度提交一次
	主管书面回复是否同意，如不同意，说明理由；如同意，则进入前期准备阶段	
前期准备	员工根据《任职资格评审表》内容准备书面自评材料，提交直接主管	模拟评审分数达到70分以上方可启动正式评审
	主管按照《任职资格评审表》内容，与员工进行模拟评审	
评审会准备	确定评审时间、评审地点、评审人员，指定专人员责会议纪要和表格收集	评审人员构成：员工所在部门的客户方、同级、人力资源经理、人力资源委员会
	主管按照约定时间，以邮件形式通知评审人员准时参会，评审表、员工自评材料、客观得分材料作为邮件附件一起发出	
	会议开始前，会议纪要人员把评审表、员工自评材料、客观得分材料打印出来，评审人员每人一份	
评审会过程	员工根据《任职资格评审表》各项内容自评，并陈述理由或案例	1. 各评委打分不必告知其他参会人员；2. 得分：自评20%＋上级50%＋同级20%＋下级10%
	评委根据《任职资格评审表》各项内容依次提问、打分和给出改进建议	
	各项目打分完毕，会议记录人员统一收走评审表，并统计得分	
会后改进 得分统计	总分数60分以上即为通过评审，评审结果发送人力资源委员会，抄送全体评委及员工本人	
	根据各位评委给出的改进建议，员工一周内出具书面的改进措施	措施需要符合SMART原则
	主管根据改进措施帮助并检查员工改进情况	

我思我见

无论你是业务部门负责人，还是人力资源部门负责人，为下属设计"素质模型"都需要你们联合行动——人力资源提供工具和方法，业务部门提供专业知识和业务技能。此外，对于有的特殊模型，邀请骨干员工一起参与设计，更有挑战性，同时也更有乐趣。

很多公司往往凭借部门负责人的经验和感觉，由部门负责人套用HR提供的表格，自行编写一个素质模型，就算大功告成。由于它缺少了关联部门，上下游岗位的互动和意见，属于典型的一厢情愿的错误做法。

本节中提及的表格本身，并不重要，相信任何干了几年HR的朋友都能找到一大堆类似表单！重要的是你及你的企业把它当成一回事，并且认真地对待——以此培训员工，以此标尺让员工获得提高，从而激发员工的组织活力！

部门主管带新的四个阶段

当团队里有新鲜血液加盟，部门总监如何带领新人快速进入角色，帮助新员工顺利度过实习阶段，需要经历以下四个阶段（下文"我"是部门总监，"你"是部门新人）。

第一阶段：我讲你听

这个阶段，由于新人刚进入一个新的团队，少不了"两眼一抹黑"。因此，对于新人来说，多观察，少发言；多学习，少点评；多适应，少排异。而对于部门总监来说，则应该我讲你听——把行业、公司、部门的主要概况告诉新人，让新人多听多理解。这个阶段的时间长短，根据公司和部门的具体情况，以及新人的领悟能力而定，具体问题具体分析，没必要黄鳝泥鳅一样长。

第二阶段：你问我答

随着新人对新环境的认识和了解的加深，这个阶段要求新人能够逐步发现问题、提出问题。对于部门总监来说，就是让新人多思考，一定要尝试着多问，自己随时答疑，从而形成良好的互动。不能提出问题的新人，相比那些能够得体提出问题的新人而言，融入团队要相对缓慢一些。因此，部门总监要能够做到启发新人提出问题以及表达自己的见解，给新人崭露头角的机会。

第三阶段：你做我看

本阶段新人已经相对熟悉了团队的基本情况和业务技能，并且对公司和部门的主要业务及流程制度也有了初步的了解。在那些相对"开放"和"分享"氛围浓厚的企业，新人甚至已经可以得心应手地跨岗位、跨部门合作了。因此，这个时候的部门总监，犹如一个教练，要大胆地放手，让新人多做（业务），自己在旁边多看（观察）。这个阶段，对于新人来说，相当于"断奶期"，需要快速地自我成长，找到突破口，完全进入胜任本职岗位的角色。

第四阶段：你说我评

这个阶段，从时间上看，新人已经进入实习阶段的末期。作为部门总监，要能倾听新人的意见和建议，要有足够的胸怀去接纳新的血液。这样，才能让团队充满活力；反之，如果打压新人异见，则对于团队而言，顶多只是增加了一个人手而已，并不能为团队带来新气象。对于新人而言，也要注意方式，坦诚地提出中肯的意见建议，接受团队以及部门长衷心的评价和指点。新人（包括新的空降高管），要尽量避免初来乍到就指手画脚，一副世人皆醉我独醒的救世主模样。

综上，部门总监"带新"的四个阶段采取了不同方式，本质上是来源于因势利导的"领导风格"变换和因人而异的新人特点。根据需要，我们也可以不按套路出牌，变换上述顺序，不拘一格"炼"人才。

- -｜**我 思 我 见**｜- -

培训新人，培养部下，踏踏实实做好"传—帮—带"，是每个部门主管应尽的职责！看似帮助他人，实则是帮助自己，所谓"教学相长"是也。如果说"教会徒弟饿死师父"，只能说这个师父水平和格局十分有限。

如果你是新人，正面、积极、主动是你应该拥有的学习心态！如果你能遇到一位负责任的且乐于教导你的部门主管，好好地珍惜吧！这年头，学习的代价，尤其是学到真本事的代价，你自己应该清楚的。

部门总监这样回复各类邮件

在互联网时代的企业里，部门总监每天要处理的电子邮件可谓不少。如何及时、专业、职业、得体、正确地回复邮件，其实这并不是每个部门总监都能掌握的工作技巧。以下，是部门总监经常会遇到的电子邮件往来的几种类型，大家可以参考如下方略予以回复。

部门周报类别的邮件

这是部门长最常见的邮件类型。部门同人通过统一的部门邮件群组发送例行的每周工作周报。

作为一部之长，必须回复员工的工作周报，以示尊重和掌控了解部门的工作进展。建议不要简单回复"收到""知悉"之类，毕竟部门总监的管理半径，就在部门之内。对于部门周报，必须重视！回复与否，回复的方式，可以轻松将你的重视程度表露无遗。

下级请示类别的邮件

下级请示上级，意味着需要从部门总监那里寻求支持或者获得帮助，以及决策。作为部门长，这种邮件必须回复！并且明确表明态度！

对于下级邮件不太成熟的方案或者建议，如果部门总监需要修订或者指示，邮件的文字描写必须遵循SMART原则，甚至部门总监可以视其需要，组织专门会议予以解决。

如果部门总监忽略、漠视，甚至不回应下级的请示类别邮件，则是懒政！更是无能！这种情况下，部下应该根据"上级不要越级指挥，但可以越级检查；下级不要越级报告，但可以越级申述"的原则，对你的部门总监进行投诉。不要害怕被打击报复，因为这样懒政的领导，跟他唯唯诺诺一辈子，也不会有什么好成就。

下级知会类别的邮件

下级知会类邮件，部门总监只需要从里面找两个部分，予以回复即可。

好的部分——可以点赞、表扬，甚至嘉奖；坏的部分——可以提醒、批评，甚至处罚。

分成两部分来看待和回复下级的知会类邮件，一是因为部门总监必须公正客观地看待问题，好就是好，不好的就要改正；二是下级的邮件里，可能本身就存在"好"和"不好"两部分。因此，部门总监要善于识别，区分对待和回应。否则，部分下级在知会类邮件中，就会存在侥幸心理或者浑水摸鱼。

同级沟通类别的邮件

这一类邮件，常见于跨部门之间的沟通。因此，部门总监在回复这一类邮件时，需要注意以下几点即可。

1. 正式：你的邮件代表部门态度，因此用语需要十分严谨。

2. 关联：你的邮件需要同步安排（抄送）给部门内关联的下级。

3. 宣贯：部门之间同步重要信息，部门总监视其需要可组会在部门内宣贯传达。

4. 闭环：你需要及时将跨部门之间沟通的结果反馈给同级部门总监，以形成"闭环"。

同级知会类别的邮件

这一类邮件，也常见于跨部门之间的信息同步。

与"同级沟通类别的邮件"不同，该类邮件可以不予正式回复（非邮件的收件人，或者并列多个收件人，可以不回复）。但是，部门总监不回复邮件，并不代表着你就不需要采取进一步动作——你需要将部门之间的重要资讯，及时分享给部门内其他同人。否则，这个同级知会类邮件，就没有什么意义和价值。

有的部门长不太重视"进一步动作"，有意无意地将自己变成信息瓶颈，不知不觉中将跨部门之间的重要知会信息，封锁屏蔽在自己的脑子里，从而人为地造成部门之间信息的不对称、不同步，给部门之间的正常合作制造障碍或者造成效率低下。故而对于这类邮件，一个负责任的部门总监，将不可不察也。

上级指示类别的邮件

对于来自上级的指示类邮件，必须立即回复！否则，部门总监就有轻慢之责！

如果理解并完全无异议，就要立即组织实施，并将实施结果按时回复报告上级，以形成邮件的"闭环"；如果不能准确理解，或者认识有偏差，要立即正式地问询上级，提出自己的认识和见解，并用十分准确的语言告知上级下一步具体的方案，等待上级重新优化方案，或是自己的提案等待上级决策。不得模棱两可！不得阳奉阴违！不得选择性接受！

上级问询类别的邮件

对于上级问询类的邮件，必须立即回复！既然是上级问询下级，则是因为下级在某些方面专业能力要胜于上级。因此，回复该类邮件，必须注意专业性。

此外，部门总监可以根据问询事宜的不同，先采用邮件回复，后跟进具体报告的补充形式。

一般情况下，对于二次回复均不能满足上级问询的邮件，建议不再采用邮件的方式。因为你们之间对于问询问题的理解估计是不在一个频道上。这时应该采用面对面或电话沟通等更加直接的沟通方式，而不应固守邮件形式。

全员通知类别的邮件

比如节假日放假通知邮件，比如公司行政制度类通知邮件，比如公司获奖类通知邮件等。这类邮件，原则上不需要回复。同理，不回复，并不意味着部门总监可以不行动——可以根据放假通知做好部门内务安排，可以根据行政通知做好公司精神传达，可以根据公司荣誉给员工打"鸡血"……

全员分享类别的邮件

部分富有互联网精神的企业，比较注重信息的分享，以及学习型组织的打造。对于这一类分享型邮件，部门总监不需要回复，可以视其重要性和部门职责的关联性，组织进行部门内学习和分享即可。

- -| 我 思 我 见 |- -

　　讲一个不是笑话的笑话，老银曾见过一家企业，CEO非常不愿意处理堆积成山的电子邮件，甚至还要求人力资源部颁布了一个特别的邮件管理规定，以防止那些不必要的邮件去打扰他。与此同时，很多本应该收到邮件的部门负责人，却收不到多少电子邮件，从而经常处于信息真空状态。也就是说，一个忙得要死，一个闲得要疯。原因何在？

　　我想不外乎以下原因，CEO不懂授权，事必躬亲，因此公司所有人都事无巨细地等他拍板和发号施令；没有养成及时处理邮件的习惯，导致事务和问题越积越多，问题比较复杂，一时找不到合适的回复意见；没有合理分工，员工不知道找谁，因此只有找CEO；没有行之有效的流程制度，导致了邮件满天飞或者绕着圈圈转，问题依然存在，进度停滞不前。

反思：例会为何越开越差

　　所谓例会，就是例行的会议。所谓例行，就是不会轻易中断或者破例。

譬如一个公司或者一个部门每周的工作周会，就属于例会。

规范的公司总是能够很好地利用例会，解决问题，布置工作，执行计划，推进目标，从而达成年度经营指标。

然而，我们也常常会发现，部分公司的各级例会，总是出现稀稀拉拉的乱象，甚至到了快要开不下去的境地。为什么你的例会开不起来？原因不外乎以下几点。

会议的组织者无德无能

如果会议的组织者无德无能，而大家又不愿意指出来，或者上层没有及时发现并进行更换，则参会人员的积极性会受到严重的挫伤。这样的会议过程和结果可想而知。

会议中"水货"太多"干货"太少

如果大家在会上，都避实就虚，避重就轻，避难就易，避近就远，各种"水货"或者没有太多价值的东西会充斥会议，一场又一场会议下来，没有什么"干货"可言，从而流于形式。这样的例会，自然而然就慢慢没有了效果。

会议氛围出现了偏差

譬如有的企业，往往流行形式上的"整风"，美其名曰倡导"企业文化"的正能量。这本没有什么错，错就错在执行和理解的人出现了偏差，把员工正常的反映问题当成了传播负能量，给员工之间正常的争论"扣帽子"。他们往往不愿意或者说没有能力实事求是地直面问题和解决问题，从而导致会议甚至工作氛围出现偏差。如果大家都有口无心地在公司例会上随意应付几句，或者违心地高唱赞歌，这样的例会自然不能走心。

问题老生常谈得不到解决

例会作用之一就是发现问题，推进解决问题。试想，如果一系列老生常谈的问题得不到解决，久而久之，员工就不愿意再提类似重复的问题。员工不提问题，并不意味着问题不存在或者已经解决，它只代表了大家的失望。问题不怕多，就怕不挪窝！推动并解决它，就会把例会的风气扭转过来。

没有后备队伍可以替代参会

尽管是例会，由于各种原因也偶尔会出现这个出差那个不在的特殊情况。遇到这样的情况，要想等齐一桌人再开会，当然是不可行的。比较好的做法是，不能按时出席例会的人，包括CEO或者VP，必须提前给会议组织者报备，并安排一名后备人员全权代表他参与会议。

注意，这名后备人员来代替你开会，并不是为了凑人数，他必须对你所辖的主要工作情况十分了解，并能代表你提出问题或者解决通常的问题。如果那些不重视后备队伍建设，甚至把各种权力和信息、资源牢牢掌握在自己手上的人越多，则因为他们不能参会，导致例会开不起来，一点都不意外。

一味自上而下，缺少自下而上

所谓自上而下，例会也一样，一旦没有最大的领导参加，这会就开不起来。其实，我们通常的例会，不见得都需要大领导来表态和拍板，部门之间，小组之间，需要同步的信息很多，需要讨论的内容不少，如果一个企业平日里做好了相应的分工和授权，哪里还需要事无巨细，都等着自上而下的指令呢？相反，常规的例会，完全可以自下而上地组织和推进，我曾经见过许多优秀的公司，其例会就是由一个训练有素的部门的小助理即可组织召开。

我思我见

上述情形，你的企业占了几条？你准备如何改进？造成那样的原因应该值得深思！

老银希望能够让你全面掌握会议组织和召开的一些技巧。无论你是部门负责人，还是普通一员，好的会议无疑能够推动问题快速解决，而差的会议无疑将让人十分反感。

几个小技巧：会议时间提前通知，会议议题适当展示，会场纪律大家遵守，你只负责开个好头，言之有理拒绝空谈，总结归纳统一步调，通过纪要跟踪结果。

部门总监须掌握的绩效考核原则和方法

本节以某业界知名企业的季度绩效考核流程作为真实案例讲解，希望大家明白：部门内绩效考核的本质和目标是什么？要注意的原则和方法是什么？

KPI考核：一定要用数据说话

KPI（Key Performance Indicators）即关键绩效指标。不要神话这些洋文，它的作用就是让大家不再跟着感觉走，做事和考核都有个标准，然后把要做的事情（计划和任务）的关键节点、核心步骤、重点结果尽可能SMART地描述出来。

部门总监考核部门下属，最核心的依据就是在这个考核周期启动之前，你和部下一起深入探讨、共同制订的那张目标责任书表格。在那张表格里，你们必须对KPI达成一致的理解和认同。通常，根据HR部门的指示，员工先自评，再交给自己的部门长考评，即可完成这个步骤。

271原则：忌平均主义分配

271原则是绩效管理中结果应用的一种方法论。所有的员工，每季、每年都要参加业绩、价值观等考核。然后部门主管按271原则对员工的工作表现进行评估：20%的人超出期望，70%的人符合期望，10%的人低于期望。

271原则应用忌讳平均主义分配，管理是严肃的爱，部门长不能当老好人；绩效分配的指导原则，换言之，就是部门里20%的人可以获得至少50%的"部门绩效奖金包"的分配权；部门里70%的人去分配剩余的50%；部门里10%的人是拿不到任何绩效奖金，甚至必须进入"限期整改"环节。

绩效考核的原则和要点：拿数据说话、不要平均主义、下放权力、强化改进、笑着离开

绩效考核的原则和要点

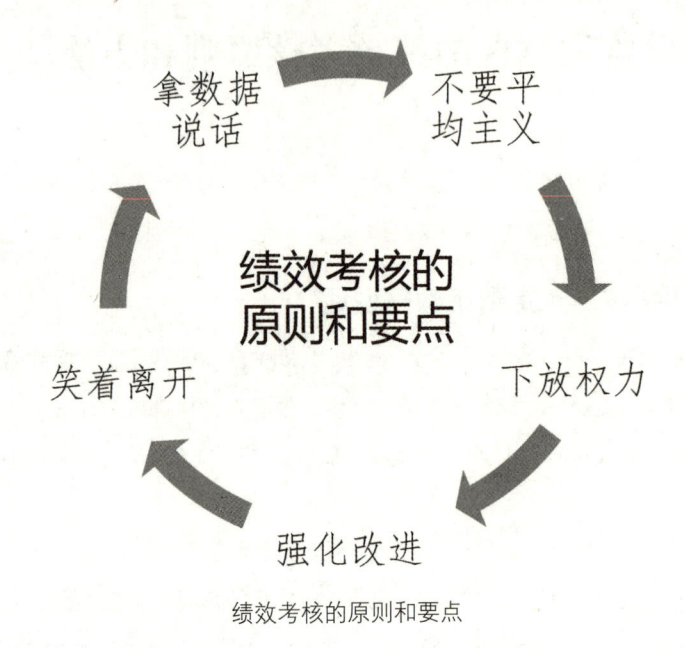

主管分配：公司要把奖惩的权力下放

在不少企业里，看起来是部门主管考核下属，主管为下属评分的多少，关系着部下的绩效奖金多少。但他们通常是部门主管评分完毕后，将表格交给HR部门就大功告成，这其实并没有把奖惩的权力真正下放给部门主管。

而例证企业的做法是主管评分完毕后，由主管根据271原则，确定本部门的绩效奖金分配金额（当然，主管自己的绩效奖金不参与部门内部分配）。需要注意的是，部门长必须在员工绩效考核的基础上，简要注明分配的理由（以及上述10%的员工不能获得绩效分配的理由），并同时将该理由报备给HR和财务部门知悉。

改进措施：不改进，无提高

根据上面的描述，部门长需要对部门内低于期望的10%的人员进行重点帮扶和整改。一个拥有良好企业文化的公司，非常重视这一步。

首先是组织跨部门的360民主生活会，让跨部门的同事给市场部提出建议和意见。之后是部门内部组织360，给部门内每个成员提出改进意见。改进意

见明确后，需要针对性地制订改进措施。注意，描述一定要遵循SMART原则。如果涉及上述10%低于期望的"整改"人员，对其的帮助和整改计划，一定要明确给当事人确认，绝不能搞什么背对背或者暗箱操作，并同时抄送HR部门备档。

笑着离开：擦干眼泪，擦干净"屁股"

本节重点说一下那些低于期望的10%的"整改"人员，在经过限期的帮助改进之后，依然不合格的人，按照之前大家约定的规则，他就需要离开这个团队了（也可以根据HR的规定，转岗、调岗另议）。这里，特别强调的是，一定要让无缘继续合作的人员，笑着离开部门，或者笑着离开企业。擦干眼泪的同时，一定要擦干净"屁股"。

我思我见

在员工的绩效考核上面，用人部门和人力资源部门一定要紧密联系，通力配合。用人部门熟悉业务和员工情况，人力资源部门擅长方法和管理工具。大家参照的统一标准是公司的薪酬绩效管理规定（含员工的申述机制）。

如果把绩效考核全部交给HR部门，则是对绩效考核的极大误读。资深HRD、知名培训师邓玉金先生认为：绩效管理是一种防止问题发生的时间投资，它将保证管理者有时间去做自己应该做的事。

案例 360度评估及实操问卷调查表

360度评估是常见绩效考核方法之一，适用于对中层以上的人员进行考核。其特点是评价维度多元化——自我评估、上级评估、下级评估、同级评估、外部客户评估。

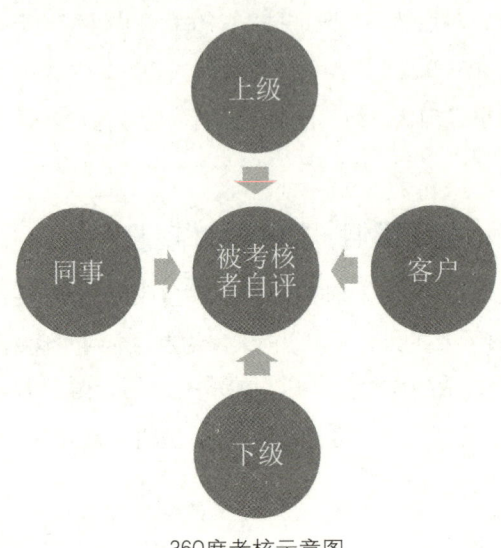

360度考核示意图

自我评估表

1. 我知道公司对我的工作要求；

2. 我有做好我的工作所需要的材料和设备；

3. 在工作中，我每天都有机会做我最擅长做的事情；

4. 过去的七天里，我因工作出色受到表扬；

5. 我觉得我的主管或同事关心我的个人情况；

6. 在单位中，有人鼓励我的发展；

7. 在工作中，我觉得我的意见受到重视；

8. 公司的使命/愿景/目标使我觉得我的工作很重要；

9. 我身边的同事们致力于高质量的工作；

10. 在单位中，我有一个要好的朋友；

11. 过去半年，单位中有人和我谈及我的进步；

12. 过去一年，我在工作中有机会学习和成长。

下级评估表（自下而上）

1. 团队管理的公正性；

2. 团队管理的民主性；

3. 管理和培养下属的能力；

4. 计划调控能力；

5. 组织能力；

6. 授权能力；

7. 沟通表达能力；

8. 原则性；

9. 责任性；

10. 品德和诚信。

上级评估表（自上而下）

1. 目标完成情况；

2. 工作质量；

3. 品质意识；

4. 基本业务；

5. 工作能力；

6. 领导能力；

7. 创新能力；

8. 沟通表达能力；

9. 原则性；

10. 责任性；

11. 团队精神。

同级评估表（部门内平级）

1. 全局意识；

2. 协作意识；

3. 服务意识；

4. 基本业务；

5. 工作能力；

6. 计划能力；

7. 创新能力；

8. 沟通表达能力；

9. 原则性；

10. 责任性；

11. 品德和诚信。

外部评估表

如果将公司内与你业务紧密相关的兄弟部门当成外部客户，则参考同级评估表即可；如果是公司外部，与你公司业务紧密关联的合作伙伴，可以根据企业关注要点，进行评估表的设计。

1. 业务流程；

2. 服务意识；

3. 学习创新；

4. 团队合作；

5. 组织协调；

6. 培养指导；

7. 市场敏感；

8. 反馈效率；

9. 沟通表达；

10. 诚信敬业。

我思我见

360度评估的最大价值之一，就是把人才评估从传统的、单一的上对下，改变成了上下左右360度视角。360度评估的最大价值之二，就是把人才评估从"定性"方式尽可能地引向定量的方式。360度评估的最大价值之三，就是改变了之前背对背的人才考评方式，让考评变成了面对面的开放氛围，从而有助于被考评人发现问题并及时改进。

关于员工考评的几点建议

本人非HR科班出身，大部分时间从事Marketing。但为什么最近谈得比较多的好像都是与HR人力资源相关的话题？道理很简单——作为部门长，对团队的管理当然包括管人的部分，HR人力资源部门只不过是提供一些工具和支撑。更何况，综合性跨界人才，也是一种趋势。

我们知道，一个企业的绩效通常分为三个维度，组织绩效、部门绩效和个人绩效。组织绩效，可以看成是整个公司的绩效，它需要对董事会或者股东大会负责；部门绩效，是组成组织绩效的基础，对CEO负责；员工绩效，是企业里绩效的最小单位，通常由部门负责人进行考核。

今天，我就从部门负责人的角度，来谈谈HR部门常常开展的"员工考评"。

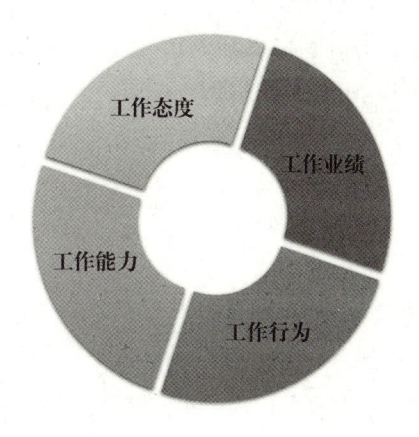

完整的绩效考核包括四大标准

考评的目的是什么

任何事情，目标—原则—方法，目标应该放在做事情的最前面。先确定考评的目的到底是为了什么，是为了让员工能力得到提升，还是为了进行所谓的末位淘汰，还是为了给某些骨干员工涨薪找个台阶——以弥补某些管理制度的缺失？

当考评的目的确定之后，要明确地告知员工考评的原则是什么。最后才是方法。所谓方法，也就是我们可以找到的各种评价表格之类。如果把这个逻辑搞反了，甚至以能拿出各种考评表格而沾沾自喜，只能说这个玩意儿很low（落后）！

谁负责谁评价原则

正是基于第一项所述的目标—原则—方法。因此，考评的第一个原则，就应该是"谁负责谁评价"。换言之，就是你的直接上级负责主持对你进行考评。原因很简单，只有你的直接上级最应该了解你的工作，他应该最有发言权，如果他不了解你的工作，只能说你们之间的沟通和配合存在问题。

实用和有效原则

没有人闲得无聊去搞员工考评，除非他是为了显示一下自己的权力和刷一下存在感。因此，员工考评的第二个原则是实用和有效原则。在考评中发现问题、解决问题；考评双方达成一致意见和解决之道，才能有助于实用和有效——是员工的业务技能需要提升，还是员工的工作心态需要调整？对被考评人员是奖励还是处罚？以及如何改进等。

科学和艺术要统一

既然考评的重要性大家都已经意识到了，那么，考评就绝对不能流于形式，更不能被某些有不良企图的人绑架。因为流于形式的考评，会让员工打心眼儿里瞧不起和不重视；因为不良企图的考评往往事与愿违，甚至偏离企业文化的主旋律。

这就要求部门的主管们，在组织员工考评的时候，要注重科学和艺术的统一。简单地说，就是尽量不要用一些模棱两可的艺术语言。对就是对，错就是错。哪些好，哪些不好，怎么个不好法，怎么个改进法……这就是科学。

自评、他评、可申述

由上可见，考评不但是一件艺术和科学高度统一的人力资源管理工作，更需要以严肃的心态去面对。

在我们日常的员工考评中，经常有单方面和背对背的形式出现。这毫无疑问脱离了员工考评的目标和初衷。自评既是基础，也是员工自我审视和复盘的一个重要仪式性的机会；他评更是需要，员工表现的优劣，需要通过领导的他评得到正式的反馈和修复。因此，为了保证公平性，必要的可申述机制和机会，必须留给下级员工。

开放性与面对面

企业里的考评不同于学校里的考试。学校里的考试方法——学生填写试卷，老师判断对错，然后评分。如果不是阶段性大考（如小升初、中考、高考），学生甚至还有获得老师点评试卷和改错的机会。

企业里的考评，尽管有的企业使用271等法则进行考评结果的运用——比如10%的员工淘汰等。我们依然需要考评的开放性和面对面——至少要做到一对一，就是上级主管与被考评人的问诊，这有点像医生，我们要的是发现和解决问题，而不是直接的评分——你低于60分，OUT（出局）！

改进措施与善后

这是很多企业最容易忽视的环节。这就好比上述例子中，某人去医院看病，各种检查化验诊断之后，不拿药就径自离开医院——尽管这样的情况存在，但的确是少数现象。

所以，针对被考评员工的改进措施是什么，考评主管和被考评员工需要好好地坐下来，一起制订一个可行的改进方法和计划表，这才是负责任的态度和应该有的方法。即便对于考评结果需要进入比较残酷环节的员工——降职、降薪，甚至末位淘汰，也一定要做好善后工作——让员工笑着离开！

--|我 思 我 见|--

作为部门主管，如果你还不了解考评的深层含义，只是简单地从"上下级"关系和"权力"大小的角度去看待员工考评，则是严重的失职！

案例 员工绩效管理实战三部曲

Step1.在每个绩效考核周期之前，与员工一起制订《员工绩效计划表》。

部门工工作表现考核表

本人评价日期： 年 月 日	直接上级评价日期： 年 月 日			
一、基本信息				
被考核人姓名：		部门：	岗位：	
考核人姓名：		部门：	岗位：	
二、工作表现评价				
评价标准说明： E——显著不足：表现出严重背离该项评价指标的具体行为（0分） D——有所不足：表现出背离该项评价指标的具体行为（5分） C——一般：未出现背离该项评价指标的具体行为（10分） B——良好：有具体行为证明在该项评价指标中表现良好（15分） A——优秀：有具体行为证明在该项评价指标中表现十分出色（20分）				评分说明： 1．可以打A-、B+、B++等，每个+、-号代表2分； 2．打B（含）以上和D（含）以下时，要在上级说明栏中写明具体事例； 3．如果本工作表现总分低于50分，将直接进入末位淘汰环节（整改/调岗/离职）。
评价指标	典型行为或事件举例（参照标准）	自评	直接上级评价	最终得分
诚信负责	E：他答应做到的事情，极少能如他所言完成，并经常找客观理由推卸责任；			
	D：他答应做到的事情，能够如他所言完成的不多；			
	C：他答应做到的事情，基本上能够完成，但在时间上有所拖延，但能给予及时解释；			
	B：他答应做到的事情，总是尽力去做到，对于做不到的事情，他从不许诺；			
	A：他严格履行自己的所有承诺，尽自己最大努力去做，总是能够如期完成。			
务实认真	E：由于不严格、认真，导致工作出现疏漏，没有及时补救；			
	D：工作出现问题，本着务实态度但能够积极补救，不推卸责任；			
	C：基本上能够按照本岗位要求做，踏踏实实，未出现大的疏漏；			
	B：认真、务实履行岗位职责，未出现工作上的疏漏；			
	A：严格认真地履行岗位职责，发现隐患，并预先采取措施避免问题发生。			
主动高效	E：被动执行安排的工作，遇到困难被动等待，对工作中的问题视而不见；			
	D：反映工作中的困难和问题，但没有改进建议；			
	C：工作中主动发现问题，提出有价值的改进建议；			
	B：提出切实可行的改进方案，并推进实施；			
	A：主动调动各方面资源以达成目标。			
团队协作	E：不与团队成员沟通，完全按照个人设想工作；			
	D：告知团队成员自己的设想，不响应对方提出的建议或要求，固执己见；			
	C：能够认真听取对方意见，修正个人的工作设想；			
	B：发生分歧时，认真听取对方意见，而且提出有价值的建议；			
	A：在协助对方获取成功，并达成团队整体目标的同时实现个人目标。			
工作创新	E：工作中没有创新见解；			
	D：作中新见解少，只能照章办事			
	C：在工作中能够有一些新办法，取得一定效果；			
	B：在工作中经常想出新办法，取得了良好的效果，在同业中达到先进水平；			
	A：有独到见解，能提出新思路或新技术路线，在解决问题中运用新方法，并取得重大突破。			
职业道德（减分项目，如发生则扣减相应分数）	1.违反制度流程或未能保守本职位的工作机密，但发现及时，没有给公司和部门造成损失。-发生一次，扣除当季度工作表现考核表总分的30%；			
	2.违反制度流程或未能保守本职位的工作机密，给公司和部门造成相应损失（无论是财务损失还是其他损失）或给其他员工的工作带来困扰或增加麻烦。-发生一次，则当季度工作表现考核表总分为零分；			
	3.拒绝工作任务，或不愿意承担公司和部门交代的其他工作，经主管沟通后仍不能接受工作安排的。发生一次，扣除当季度工作表现考核表总分的50%。			
评 分 合 计			×××分	×××分

chapter 2 | 初探部门常规内务

095

Step2.在每个绩效考核周期结束时，组织员工填写《工作表现考核表》。

×××部员工工作表现考核表

员工姓名：×××　　所在部门（小组）：　　　　考核时间：　　年　　月　　日

序号	本期关键工作任务	关键业绩指标(KPI)	权重	计划达成目标与考核标准	数据来源	实际达成效果	自评	上级评定	备注或KPI解释
1	在（依据）×××资源支持下，做×××，达到什么目标	任务完成的及时性、质量		任务完成的时间点；完成任务的结果是什么或者说这项任务达到什么状态等					
2									
3									
……									

计划确认签字：　　　　　　　员工：×××　　　　　直接上级：×××　　　　　部门主管：×××

考核评分说明：
1.量化考核指标以考核准定义为准。
2.非量化指标评分依据：每项任务评分的满分均为100分，其中任务完成即时性占50分，完成任务质量占50分。
  (1) 任务完成的即时性评分标准：S—提前完成（50分）；A—按时完成（40分）；B—基本按时完成（30分）；C—延误（20分）；D—严重延误（0分）；
  (2) 任务完成质量评分标准：S—创造性地、完全超乎预期地达成质量目标（50分）；A—达成质量目标（40分）；B—基本达成质量目标，但有所不足（30分）；C—与目标存在较大差距（20分）；D—基本未进行此项工作（0分）。另，可评A+、B+等，一个加号代表5分；或A−、B−等，一个减号代表5分

制订计划填写说明：
1."本期关键工作任务"指员工所承担的主要工作；
2."关键业绩指标"指任务完成时间、质量等；
3."达到的目标与考核标准"指该任务完成的结果或所应达到的标准；
4."自评"指员工对此项任务或指标的评价；
5."上级评价"指直接上级对此项任务或指标的评价；
6."备注"指可列出相应的计算过程或其他需要说明事宜；
7.本表既可用于工作计划指导，也可以用于月度回顾检查

Step3.根据员工的工作表现，与员工面对面进行谈话，填写《绩效面谈表》。

×××部绩效面谈表

被考核者姓名		所在部门		岗位	
考核者姓名		所在部门		岗位	

| 工作业绩（绩效）得分：＿＿分　工作表现得分：＿＿分　总分：＿＿分 |
| 注：工作业绩得分×70%＋工作表现得分×30%）　　直接上级签字：××× |

工作量评价（按绩效管理规定中的五档评定）：

被考核人工作体会：

直接上级总体评价与建议：

被考核人培训需求：

面谈日期：＿＿年＿＿月＿＿日 面谈结果：□完全或基本达成一致　□存在分歧 达成一致点：   分歧点：   被考核人签字：×××　　　　　直接上级签字：×××

间接上级或分管领导意见：

建模——让人人都训练有素

企业管理，就是要不断为每个部门、每个岗位提炼出业务模型——建模，并与时俱进地不断优化和升级。这样，你的团队才会训练有素，你的产出才会更加高效，你企业的好习惯、好传统才能得以传承和发扬。

随着小白撰写各种市场方案（计划书、策划案）越来越多，小白逐渐找到了其中的窍门和捷径。所谓窍门，就是小白理解了策划一场营销活动的方法论；所谓捷径，就是小白每次都可以又快又好地给老板交作业的套路。

小白为这个捷径和窍门设计了如下市场推广方案参考模型。

市场推广方案模型示意

×年×月—×年×+N月	市场调研	用户需求
		竞品调研
	核心策略（5M法则）	任务（Mission）
		信息（Message）
		媒介（Meida）
		资金（Money）
		衡量（Mesurement）
	执行计划	新闻传播计划
		广告投放计划
		线上活动计划
		线下促销计划
		数据库营销计划
		新媒体营销计划
		口碑营销计划
		联合营销计划

市场计划书可以很全面，即所谓的全案策划；也可以是其中几个模块，比如新闻传播（月度）计划书、线上活动方案、新媒体营销方案。市场人员要学会配合甘特图，这样才能对市场的全局战略战术有所了解，才能够找到具体模块的组合战术。

当我们给BOSS（老板）讲解整体市场规划方案时，主线和脉络一定要十分清晰，即要有全局观（讲解要有一定的技巧）。上表的格式可以直接拿来用。当然，为了BOSS们不同的阅读风格，你可以适当变换成其他形式。记住，无论形式如何改变，核心内容不能省略。

请记住上表所示思维路径，这并非八股文！很多小白一上来就大写特写执行计划，无视核心策略，只字不提市场调研，实则本末倒置，不得其要领。上表表示其中一个月的市场方案，可以有两种变化，一是把月度单位变成季度等其他时间单位；二是把每个月度串起来，即为整个推广周期的市场计划。

如果推广方案的时间跨度超过一个月，建议每月执行完毕后，要立即撰写月报告，并分享同步给相关领导和同事！

我思我见

不仅要知其然，更要让领导知其所以然。大胆地给你的主管展示你的思维逻辑，有助于你的方案得到支持，以及更好地推行。

注意，不要换一拨人，就迅速换一套玩法！这样，你的团队很有可能一直在60分左右徘徊，而不是企业领导人所期望的越换越好。

推陈出新，稳步改进，对于成熟的企业更加实用和有效。当然，全面颠覆和革新是需要的——当它的确需要的时候，请果断出击！

快速定位市场营销活动中的败笔

任何一套市场营销方案，在执行过程中，都会出现这样或者那样的不足甚至败笔。出现问题后，你是否根本找不到问题出在哪里？或者是无从得知哪个环节掉链子？或者你的执行上下游之间彼此推诿，让一场本可以更加完美的营销活动多了不少遗憾？

找不到营销活动中败笔出现的关键节点，你甚至连"打板子"都找不到合适的对象！这就需要市场总监具有一种快速"定位"问题点的能力！

精细化

精细化就是把整个营销环节进行更加精细化的区分，并确定对应的责任人和执行（交接）标准！要做到精细化，必须熟悉整个公司的主营业务流程，并对过程中的关键节点了然于胸。可见，不深入了解业务，精细化只能成为管理人员的口号，完全没有办法落地。

老银曾经见过国内某些优秀的公司，把一个看似简单得不能再简单的写新闻、发新闻PR事件，分解成了难以想象的若干个环节和交接标准小模块。

这就是精细化管理的魅力！这就是快速定位营销败笔的前置条件！当你具备这种快速定位失误或者不足的能力，你就可以准确地知道改进和提高的方法！

书面化

很多营销活动之所以失败，甚至失败后没法追溯问题点，没法追责问题人，就在于没有形成书面化的习惯。随便喊一嗓子，口头打个招呼，懵懵懂懂地回应，都会为市场营销活动埋下败笔和隐患。

因此，对于活动中的重要环节和关键节点，必须要有书面文字（如电子邮件）的东西。一是突出其重视程度，二是必要的过程证据。否则，你的成功无法复制，而你的失败则是必然。书面化需要我们重视两个技巧：邮件沟通技巧、"闭环"思维——也就是通俗的"完事之后说一声"。

科学化

科学化是相对于艺术化而言的。主要讲的是沟通或者描述营销活动的语言方式。东方人喜欢艺术化的语言，其特点是定性较多，让人自行领悟较多。因此，一旦执行起来，不同的人就有不同的理解，不同的人就有不同的版本。西方人喜欢科学化的语言，其特点是定量较多，让人不需要太多的思考就可以直接执行。因此，一旦执行起来，与预期的方案就没有太多的差别。

本书中讲过，如何科学化，如何平衡市场营销中科学和艺术的语言差异，其实就是SMART原则的应用。

人性化

按常规而言，市场营销活动就应该是严肃的、无情的、理性的、一丝不苟的。然而，多年的营销活动经验告诉自己——必须在营销活动的项目管理中，加入必要的和适当的人性化元素。

所谓人性化，就是要走心！内部成员，关联单位，方方面面，活动的策划和组织者，必须要想方设法让大家理解并尽量认同：这是一场有血有肉、充满感情，甚至有着伟大梦想的营销活动；这是一场与企业的愿景、使命、目标充分结合的重大活动。一句话，你得让一群跟着干活儿的兄弟姐妹们觉得做这个事情很有价值、超有意义，而不是行尸走肉般地例行公事。

有了上述走心的人性化管理，营销活动中一旦出现败笔，则人人相互补台、个个勇于担当。OK！祝朋友们在今后的营销活动中，尽量少败笔，更加完美！

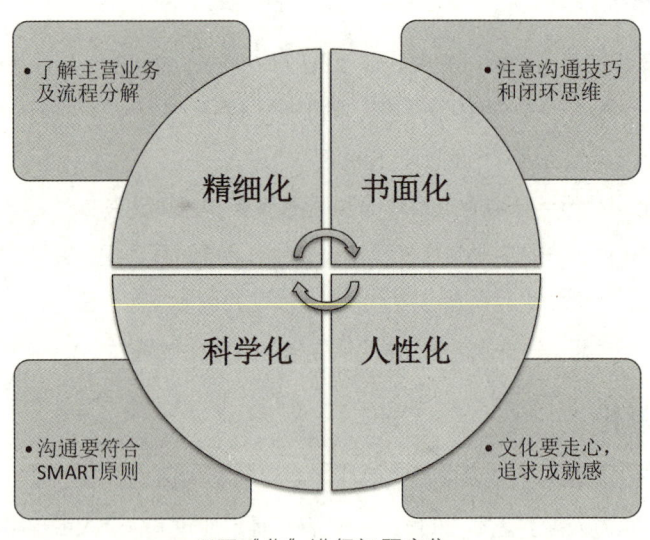

- 了解主营业务及流程分解
- 注意沟通技巧和闭环思维
- 沟通要符合SMART原则
- 文化要走心，追求成就感

精细化　书面化
科学化　人性化

用四"化"进行问题定位

我思我见

如何做到精细化？它一定是来源于业务一线，来源于业务一线同人们不断地深入思考和经验积累，尤其是追求完美、追求卓越的心态。

无论是市场营销，还是企业管理，我们常常因为过于粗放、流于口头、艺术化语言、缺少人性化等原因，而导致一件事成功后，大家都想着利益均沾；一旦失败，都可以巧妙推脱。

老银曾经见过一个比较极端的例子，某公司的CEO，因为不愿意白纸黑字给人落下所谓的把柄和口实，因此，常常凭借CEO的特殊地位优势，凡事都通过口头传达。对于下级的请示，也几乎不愿意正面用邮件回应。该CEO看似聪明自保的做法，在他履职期间，下属只能是敢怒不敢言——因为只要某件事情有问题，该CEO自然而然地把责任和罪过推到下属身上。是的，这样当然不能定位CEO的问题所在。然而，好景不长，该CEO几乎没有过试用期就被清理出局。

chapter 3

训练通用管理思维

所谓通用，就是老银希望职业经理人都能掌握的一些共通且常用的技能，无论你在哪一个部门，无论你在哪一个行业。这些共通性的管理技能、工作方法、思维方式、游戏规则、职业习惯、成功特质都是可以跨平台适用的。

正如那个"卖糖水"的可口可乐CEO，可以自然而然地成为某著名跨国IT企业的CEO一样。我想，正是因为他们对通用管理的理解已经超越了常人的高度。

老银之所以当年止步于市场总监，没能取得更大的成就，就是因为在那风华正茂的岁月里，依然享受着市场营销冲锋陷阵的快感，没有重视这些职业经理人更应该花力气精心打磨的通用管理之道，没有及时地构建适应于企业的通用管理思维。

绝不厚黑：部门总监识人8字诀

作为一个部门长，尽管部门总监在识人和用人方面，不可能都像HRD（人力资源总监）那样"科班出身"并且"阅人无数"，但也是所在部门（用人部门）的最高负责人。

通常，部门总监需要在新员工入职前进行准确的识别，在员工成长过程中进行科学的判断，在团队职业发展规划中进行系统的设计。

老银在多年的工作中，历经多次部门组建，团队扩展，甚至空降救急，逐步总结出下面8条识人和用人标准，供各位参考。

人品正不正，头脑灵不灵。胸怀大不大，思维清不清。

委屈受不受，压力顶不顶。耐心有没有，寂寞忍不忍。

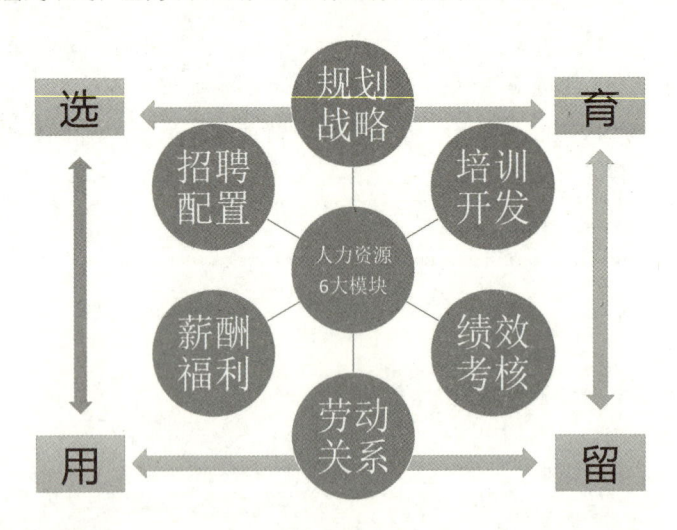

人力资源6大模块

- - |我 思 我 见|- -

　　选人、育人、用人、留人，并非只是人力资源部门的事情，更是用人单位自己分内的职责，甚至是部门总监行使"管人"角色中的一项重要内容。因此，用人部门的部门总监们，一定要形成自己的人力资源管理方法论。

　　此外，在很多知名的企业部门长的KPI（关键绩效指标）中，通常有一项内容：部门骨干员工流失率，并占据整个KPI中不少于5%的权重。道理很简单，如果你所领导的部门骨干员工，在一个年度下来流失殆尽，你这个部门负责人能说自己管理成功吗？

两个规则让部门总监具有工匠精神

　　干一行，爱一行；学一行，精一行！

　　如何才能做到精通一行，有人说这需要"工匠精神"。而我常常开玩笑说只需要知道两个规则——明规则+潜规则。

　　为什么不少人干一行很久了，却长进不大？原因就在对"规则"两个字的研究功夫不够。为什么有的人在一个行业里，走着走着就偏了？因为他的目光所及，往往偏颇于规则的两端。

明规则是什么

　　明规则就是你所从事的行业里，那些可以白纸黑字写出来的法律法规、政策条文、规章制度等，也是必须遵守的规则。明规则就是准绳，就是让人明明白白学习的规则。如果不了解、不尊重明规则，就只能凭感觉蛮干，这是不行的。

　　比如说，你要开一个小饭馆，你得知道工商税务、消防安全、食品卫生等的明规则，还得符合明规则，否则，就会沦为不法商贩，或者受到各监管部门的处罚。有媒体报道过一位做上海生煎包的大爷，尽管他手艺了得，包子做得色香味俱全，立足街头数十年，但终因不符合明规则，在媒体曝光之后小店便关张了。

潜规则是什么

潜规则就是你所从事的行业里，那些潜伏在阳光之下，往往因各种原因还存在的不正常现象或者规则。依然用小饭馆作为例证，潜规则都有什么呢？譬如有的小饭馆用鸭肉冒充牛肉，有的用地沟油替代食用油，有的把坏了半截的土豆削掉一部分后继续使用……诸如此类，就是潜规则。

再譬如，微信公众号所谓的营销，明规则就是好好写，多写干货，多跟读者互动，逐渐增加公众号的活力。其潜规则是什么呢？据说有专门点赞、阅读、加粉的营销号。尽管微信一直努力在打击这样的潜规则，但这种潜规则还是时有发生。如果你从事市场营销，不知道这些潜规则，就很容易被骗后还站在那傻乐。

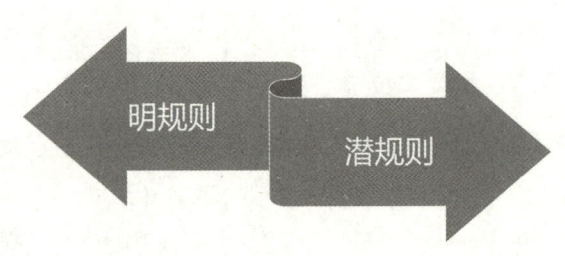

两大规则让边界和方向更加清晰

底线思维和边界思维

知道两个规则，才有底线思维！知道两个规则，才有奋斗方向！知道两个规则，才知道一件事的边界！

一个人，如果眼里只有潜规则，无视或者忽视明规则，就容易走偏或者进入死胡同。反之，如果你心里重视明规则，熟悉明规则，知道明规则所指引的趋势和方向，那么你就知道如何正大光明地把自己的公司或部门经营得更好。可以说，知道这两个规则，尤其是明白潜规则的局限性和失败必然性，就可以树立牢固的底线思维，不会偏离正道！

品牌总监如何面对企业荣誉

身在职场，往往离不开面子、圈子、杯子。杯子有两种——茶杯和奖杯，这一节我们谈谈奖杯。

都说金杯、银杯不如用户的口碑。然而，很多情况下，口碑比不上奖杯！比如去竞标，去比稿，去写企业简介，去招聘新人……才陡然发现：如果没有几个实实在在的奖杯，从哪里才能展现你的口碑？

那么，咱们现在就冷静下来，看看你的公司到底该拿多少个奖杯。

如果可以靠口碑过日子，就忘掉奖杯吧

这样身边的例子很多，我就不举例说明了。如果反其道而行之，也会有意外的收获——大家都不重视奖杯时，你去拿了一堆奖杯，就可能改变行业里的游戏规则和竞争秩序。譬如，大家都卖白牌鸡蛋，你升级为×××品牌鸡蛋；当各种品牌鸡蛋眼花缭乱、自吹自擂的时候，你升级为×××奖杯获得者。然后，你"反常"（违反常规）的创新之举，会让你获得成功。

如果奖杯可以让口碑更有底气，你就去拿吧

奖杯，其实就是颁奖单位为你的商誉（信誉、荣誉）在背书；颁奖单位自身的信誉好坏，很关键；奖杯一旦泛滥成灾，甚至成了某些行业的标配，就失去了"奖"的价值和性质。

奖杯也有性价比，拿之前看看到底值不值

免费的、具有公信力的奖杯，赞！需要付出代价的，具有商业交换条件的奖杯，慎！

从市场营销角度来看，企业有时候争取的奖杯行为，可以当成一次广告投放，看看ROI（投入产出比）如何，再行决定。

没有含金量的奖杯，其实是一坨自欺欺人的垃圾

含金量高的奖杯，常常被当成努力的方向或目标。譬如奥运会金牌，各

国健儿都在拼命争取！没含金量的奖杯，犹如家长哄孩子的玩具。你若当真，便是输了。

看看行业领头羊的奖杯，或许那是你奋斗的方向

为了不掉价，行业领头羊的奖杯，通常有些价值，这应是你的参考；如果你在市场阵营里属于"挑战者"，需要精选一些奖杯，多了不便消化；如果你在市场阵营里属于众多"追随者"甚至偏后，建议先不要去想什么奖杯。当然，如果你的实力不差，可以找几个有差异化的奖杯，以表示你的与众不同。

说说奖杯的专业性、权威性、影响力

专业性——隶属于某个专业领域；权威性——主管部门对其认可度（最好有相关条文支撑）；影响力——看对用户和大众的影响程度。

能够同时兼顾上述三个方面的奖杯，将会更有价值。否则，就犹如小朋友们考了一大堆对升学没有直接帮助的证书一样，没有实际价值。

奖杯也有副作用

奖杯犹如营养，需要管理，频率、类别、潜在用途，要有计划性和前瞻性；奖杯犹如标签，要看看这个标签是否符合企业的文化和精神；奖杯犹如磁铁，他们会吸引一些你不愿意看到的合作商机，譬如八竿子打不着的某个赞助。

--|我 思 我 见|--

　　品牌总监一定要慎重对待奖杯，冷静看待荣誉；科学规划，合理取舍。既不能来者不拒，照单全收，也不要拒人千里，一毛不拔。平常心，心常平！

多组织团队成员写读后感

打造学习型组织，其方法多样。比较可行的办法之一就是组织团队一起阅读当下成员们都需要或感兴趣的好书，然后一起正式提交读后感，有条件的甚至可以组织团队一起进行讨论，以强化这样的学习风气和氛围。

下面，是老银在多年前担任易宝支付市场部负责人时的"作业"之一，CEO唐彬送给每个部门长一本书——《三双鞋》。书是CEO自己掏钱买的，免费获得CEO赠书的"回报"就是每个部长都必须认真地阅读并提交读后感。

读《三双鞋》有感
——兴趣是最好的老师

作为团队的负责人，如何因材施教、因人而异、因地制宜、因势利导，在工作中激发员工的兴趣与斗志，让兴趣和工作的交集变得更大，这样的团队才更容易出好成绩。

初期追求物质财富（金钱），后期追求精神财富（幸福）

一个人随着自己的年龄、阅历、生活环境的变化，在人生不同阶段的追求也不一样。初期对于金钱的追求是无可厚非的，甚至在某种程度上可以提升自己的学习和工作能力；后期，尤其是当金钱积累相对充足的时候，有关幸福指数等精神追求变得更加重要。

随着团队的壮大，企业文化会加速稀释甚至面目全非

如果把企业文化当成一个企业的基因的话，那么，在人员引进方面，哪些共性是我们必须坚持的——正如链接交换在早期几乎以把所有朋友关系都用尽了的方式引进人才；哪些人因为某些特质是应该拒绝的；哪些人是应该退出团队的。这个原则应该很清晰、态度应该很坚决、行动应该很果断。反观我们目前的末位淘汰，虽然已经起步，但还不够迅猛。

满足客户的需求，才会为企业赢得最终的发展和壮大

为什么是三双鞋，而不是一双或者两双？正是由于考虑到用户购买时会遇到的问题，从而一次给用户快递"三双鞋"，以便用户选择，这看似运营成本增加了，但赢得了用户的口碑和信赖。信赖是买不来的。为客户服务不能停留在口号上，而是要不断落地和逐步改进，并且是不遗余力地改进。我们的很多产品和服务，问题找到了，对客户的需求也明白了，客户的重要性和观念也接受了，但为什么还是做不到卓越，我想是缺少执行力。

商机有时候是灵光一现，创新则是有一整套机制支撑

现代企业，法子比点子重要。事实上，一个有法子的公司，即便在营销上朴实无华，最终也能把事情办好。相反，那些看起来很酷、听起来很棒的点子，如果没有一套很有法子的班子和机制去支撑去执行，基本上什么点子都就无法实现。法子在我们企业里是什么？是流程、是制度、是团队的彼此配合！

立志高远，才能激情似火

混日子的，得过且过的，没有目标和想法的，或者说想法初衷严重偏离企业文化的——正如"链接交换"在卖掉前夕，很多人也充满了激情——但它追求的是迅速的金钱回报和权力体现，工作几乎是不可能充满激情和忠诚的。工作没有激情，这个团队就绝不可能卓越。团队没有忠诚，这样的企业不可能梦想伟大！

无私，才能无怨无悔，才能百折不回

心底无私天地宽。只要明白了自己的追求，明白了自己为什么要这样做，人才会变得高大和无私，才会百折不回、无怨无悔。比如最近我们部门发起的×××银行白金信用卡自愿办理活动，起因很简单——为团队成员谋一些福利，并结合推广公司品牌。这个事情KPI里没有，组织起来也相对烦琐，还不一定成功，并有可能被持阴谋论的同人说三道四。但只要本着最初的目的，即便遇到困难，也会不断推进。反之，我们部分同事觉得一是KPI里没有这条内容，因此即便做了也没业绩体现（单纯追求利益导向）；二是抱着多一事不如少一事的心态；三是遇到困难就推脱；四是没有敬业的精神，没有为同人付出的纯真心愿。试想，这样的人能做好这件事情吗？抱怨不断、遇到困难就恨不得马上放弃——这就是我们之前反复说的习惯性拒绝。团队里如果这样的风气占了上风，那些无私冒险的人就会被当成白痴和笑话。

OK，我的故事和读后感已经讲完，问你几个问题：

1. 你最近都读书了吗？
2. 你多长时间没有组织你的团队一起读书了？
3. 你注重读书的"仪式感"吗？譬如读完之后一定要交作业——读后感。
4. 你是否认同送书给你的同事（包括上下级），是一种很赞的思想交流方式？
5. OK，Just Do It！

我思我见

"西山无尘埃，正是读书时！"读书可洗涤心灵的尘埃，手捧一本好书，哪里都是西山……

还记得当年在易宝支付的时候，几乎每个周五下午，同事们喜欢的"易宝支付大讲堂"都会如约而至。这个大讲堂由人力资源部组织，每周邀请业内各个方面的高手到公司和同事们分享经验与心得。大讲堂对所有员工开放，只要你能够合理安排好时间，都可以参与，都欢迎参与！我曾在这个大讲堂里，听田涛老师讲解华为的文化，听某游戏行业大佬分享《发现优势》，听产品部的同事讲解产品设计，听某监管部门的领导解读支付条例，听银行专家讲解金融趋势……

"打造学习型组织"，需要分享的企业文化与之匹配。因为，一个动辄就强调"保密"和"安全"的企业，人为地设置了许多条条框框，刻意制造信息"瓶颈"，这样的环境和氛围，"打造学习型组织"只能是一句骗人的空话。显然，员工在这样的环境里，如果学习不到他应该学习的东西，就得不到应有的成长。当员工某一天醒悟过来，就会毫不犹豫地选择离开这样的环境，去新的平台学习。

请勿漠视职业习惯

> 播下一个行动,你将收获一种习惯;播下一种习惯,你将收获一种性格;播下一种性格,你将收获一种命运。
>
> ——威廉·詹姆士(美国心理学之父)

小白在市场部工作如鱼得水的一个原因,除了他勤奋学习、努力工作、与人为善之外,还以"手快"著称。

当然,小白的手快不是键盘打字速度快,如果不动脑子地看着一篇文件,单纯比赛打字速度,小白一定会被街边打字店里的小妹们甩上几条街。小白手快的原因,其实来源于脑快;而其脑快的原因,来源于小白有一些好的职业习惯。

感谢小白!让我现在才明白性格决定命运的前奏曲,竟然是习惯决定性格。如果依据威廉先生的说法再往前推,你就能得出行动决定习惯的结论。

于是,我们将威廉先生的话,通俗地转换成东方的教条式公理。

排列起来是这样的:行动决定习惯;习惯决定性格;性格决定命运。

串联起来是这样的:行动—习惯—性格—命运。

首尾相连是这样的:行动—命运!!!

哇,这居然和咱们中国孔夫子的"思而不学则怠"有着异曲同工之妙!因为"光是胡思乱想,而不去学习行动,就自然会懈怠",人的精气神一旦懈怠,其命运自然可想而知!

我们国人还有一句俗语:"习惯成自然。"简单剖析一下,就是如果养成一个好的习惯,就会自然而然地萌生觉悟。老银认为,人一旦开悟,则离成功就不远了。

按照威廉先生的推理,一个人的命运并非由老天注定,要想改变命运,就得先改变性格;要想改变性格,就得先改变习惯;要想改变习惯,就得先改变行动。所以,改变命运的不二法门,就是——现在开始行动!

由上可见:东方的孔夫子,艺术地为后辈指点了一个需要觉悟的未来方向；西方的威廉先生，则科学地为学生们开启了修炼现实的路径。

绕了一大圈，顺便也给大家熬了一大碗儿"鸡汤"。既然习惯的意义如此重大，下面我们就一起说说市场营销人员或者职场中各级各岗的朋友们，都各自应该养成些什么样的好习惯。

还是拿小白举例，假设小白是市场部的传播主管，那么他每天、每周、每月、每个季度都应该有哪些"习惯"？如何确定其"习惯"是否正确？从哪里提炼出这些习惯？小白的职业习惯多多益善吗？

我们倒着顺序来回答上述问题。

好习惯数量不用多，7个足矣

Why？"开门7件事"，有家庭主妇都知道的"柴米油盐酱醋茶"，还有鸡汤女神于丹为文人们总结的"琴棋书画诗酒花"。所以，好习惯的数量真心不需要多，多了就累，累了就忘，忘了就失去意义！

习惯从岗位职责提炼而来

譬如小白习惯在西装里面套T恤衫、习惯晚上临睡前喝点红酒、习惯饭后嚼一块口香糖而不是喝一口苏打漱口水，这些是生活习惯，与小白的工作习惯关系不大，况且那是人家8小时之外的事情。所以，小白的工作习惯，要尽可能地从其岗位职责里逐条分析、逐步优化得出。

符合其岗位职责、满足其目标绩效、立足其职业素质，就是好习惯

譬如小白的岗位职责之一是负责媒体关系拓展与维护，那小白的习惯之一，就可以是将媒体关系按照A、B、C分级，定期沟通；小白的岗位职责之二是策划组织稿件撰写，那小白的习惯之二，就必须随时关注市场热点，才能策划新闻；随时与撰稿人队伍沟通，才能保证文章稿件的组织有序。

清晰和丰满你的习惯

再结合部门主管的角色定位——管事的两个维度——规划者+运营者；管人的两个维度——教练+领袖。每个角色下面，都有对应的事项。这样，小白的习惯就逐步清晰、丰满具体了。

⊢ ⊢ 我 思 我 见 ⊢ ⊢

过去未去，未来已来。来日不再方长，请珍视你的职业习惯！

市场总监如何平衡东西方市场思维差异

身在职场，人与人之间的沟通，因信任导致的成本异常之高，因思维方式差异导致的成本同样居高不下。因此，值得关注。

小白刚进入市场部一年后，由于工作相当卖力，表现相当突出，老板特批小白公费参加了一次为期一周的所谓精英广告人的强化培训班。

授课讲师来自惠普和奥美，前者代表着当年IT行业最牛的广告主之一，后者代表着当年最风光的4A广告公司之一。他们的组合，非常资深、绝对前沿。这算是小白进入市场营销领域，第一次接受比较正规的外部脱产培训。

这远比现在的"总裁班"要实在，因为当年的培训，鲜有急功近利的色彩，甚至还有浓浓的学院派风格，小白很喜欢和怀念那样的培训和学习氛围。

科学VS艺术

课上，惠普的G老师演示的一张图——关于东西方市场文化（思维方式）的差异，至今还让小白记忆深刻——G老师说，东方的市场偏艺术，西方的市场偏科学。由于时间关系，G老师并没有仔细展开讲述东西方市场之间的种种差异。

小白后来才逐步知道，由于近代市场营销起源于欧美，后传至港台，再到大陆，基本也就是近几十年的事儿。因此，如果要说到近代市场营销（Marketing）的鼻祖，的确还得去西方找师傅。因此，老银在这里，倡导国内市场营销人员，应该深入思考其来龙去脉、起源传承；如有条件，则可以看些市场营销西方专家们的原著，或者中西对照观之，或得其要。

师傅领进门，修行在各人！这张图印在小白的脑海里，却是需要后来若干年的理解和验证……

理性VS感性

正是由于西方市场营销相对注重科学的特性，导致了东西方市场营销文化的差异之一就是"理性VS感性"（西方VS东方）。

所谓科学，就是在市场营销各个环节中，西方人更加注重数据、分析、逻辑、实现方法、可理解和可传承……因而它是偏理性的，并有一定的标准可以参考和到达。

所谓艺术，就是在市场营销各个环节中，东方人对于数据、分析、逻辑、方法、理解，甚至工具等方面，无意中淡化甚至刻意艺术化，导致后来者要学得其法门，相对比较困难——因为偏感性的东西没有大致的标准，只能仁者见仁、智者见智。

训练VS觉悟

咱们经常会听到老板说"小伙子，好好干！""认真一点！""这件事情尽快完成！"等诸如此类的话。

到底如何"好好干"？如何"认真"？什么样的时间叫"尽快"？只有靠各自的理解和觉悟了。西方的市场营销思维则不然，他们倡导一种可以通过系统训练从而理解、领悟、掌握、运用的方法或者工具。

譬如，某公司的产品卖得不太好，东方人习惯开个大会，头脑风暴一下，大家往往从各种角度，各种维度，各种深度，七嘴八舌，莫衷一是。西方人则只会"傻乎乎"地按图索骥，似乎他们只认同一种方法——必须先谈什么（如企业使命、目标、愿景等），后谈什么（如SWOT分析等），再谈什么（如年度目标任务、KPI分解等）。

开个玩笑，之所以东方人认为西方人"笨"，估计也有上述成分——的确，西方人除了擅长使用那些训练有素的工具，他们对觉悟之类的没头没脑的头脑风暴真心只能抓狂。

此外，西方人的"笨"，还体现在他们居然把那样的工具编成课程，对外传授——譬如惠普商学院、IBM的咨询机构等。据传，华为当年就是和IBM深度合作，通过IBM数百专业人员对华为员工无私的分享和训练，才有今日华为的如日中天。当然，华为此举也付出了很大的代价，并在IBM有难时"狠狠"地帮了一把。

形而下VS形而上

所谓形而下，可以简单地理解为工具；所谓形而上，可以简单地理解为概念。

东方人喜欢玩概念，追求形而上的东西。这本没什么不妥，这的确是人们多年的总结提炼，可谓精华所在。关键在于受教者理解和掌握的难易程度。因为如果没有多年的历练和丰富的阅历，或者没有名师指点，一般人就很难得其要领，或者各自领悟的精髓偏差极大。

对于市场营销，西方人常常直接设计成一系列工具，毕竟他们还没有咱们上下五千年的灿烂文明。对于那样的工具，常人只需要稍加专业培训，即可运用自如。因此，对于常规市场营销，建议初学者尽可能多地熟练掌握工具，适当深入钻研概念，并在实践中不断归纳和总结，则会进步神速。

神的人性VS人的神性

神的人性——西方的诸神，如维纳斯、宙斯，他们也有七情六欲，是以神的世界来隐喻人的世界。所以当初的我们，一开始接触西方的神话故事，看到他们的诸神中间居然还有"坏人"，就觉得别扭不理解。殊不知，这是西方文化里"神的人性"使然。

人的神性——东方的牛人，例子不少，就不列举了。凡人一旦得道升仙，则鲜有七情六欲，就连屁股上也无任何瑕疵。这样的牛人一旦捧上神坛，则不食人间烟火。东方讲究"人的神性"，其实代表着一种完美梦想的追求！

市场营销跟这个有什么关系吗？当然有！

"银校长"希望大家既可以适当追求"人的神性"，某些时候要把理想看得重一点！同时，也要客观看待神的人性，不要把那些大师和专家们看得那样神乎其神！少一些莫名崇拜，多一些理性平常，则市场营销工作就不至于那样棘手和神秘。

如何训练

老银从多个角度讲了东西方市场营销的科学与艺术的区别。鉴于市场人员的确艺术成分偏多，科学推理偏少。"银校长"在此提供一个方法论——

SMART法则，希望市场营销人员在平常的工作中多多尝试——无论是做方案，还是做调研；无论是组织开会，还是撰写邮件；无论是定目标，还是评绩效；无论是工作，还是生活……

具体的（Specific）；可测的（Measurable）；可达的（Attainable）；相关的（Relevant）；时效的（Time-bound）。

譬如某个人体重有些超标，于是给自己定了一个目标——我要减肥。这样的目标就特别艺术和感性，绝对不算科学和理性，不符合SMART原则。

什么才是符合SMART原则的目标描述呢？举例说明，可以这样说或者这样做——通过每天×××的方法，在×××时间内，达到体重减少×××的目标。这样的目标，自然使团队的目标清晰了很多！

再比如，老板指示小白"尽快把×××事情办好一点"，如果不是老板为了让小白去"觉悟"的话，则符合SMART的说法大致可以这样——小白，请你在×××时间之前，把×××事情，按照×××标准完成之后，再请你发封电子邮件给我即可。

西方　　　　　　　　东方

科学	艺术
理性	感性
训练	觉悟
形而下	形而上
神的人性	人的神性

SMART

东西方思维差异对照

— —｜我 思 我 见｜— —

破解和平衡东西方市场营销的科学与艺术之争的办法——SMART原则！

部门总监要善于给团队"打鸡血"

所谓"打鸡血",就是激励团队,提升团队士气。一个优秀的团队,需要持续地"打鸡血"。一个士气低落的团队,更需要一些精心炮制的"猛药",单靠一些心灵"鸡汤"是解决不了问题的。

杰克·韦尔奇把优秀的管理人员应具有的能力总结为4E1P:积极向上的活力(Energy)、激励别人的能力(Energize)、决断力(Edge)、执行力(Execute)和激情(Passion)。那么,"激情"是什么呢?老银认为就是所谓的"打鸡血"!

几年前,老银曾经空降一家知名企业,接手过一个濒临解散的团队。尽管之前的部门负责人还没有离开,但已经进入留待观察的环节。当时,团队的士气相当低迷,充满了负能量,刚好又遇到春节前这个特殊而敏感的时期,刚好公司里还有年终奖这样不错的优良传统。当然,我当时接手的团队,因为多次部门级绩效考核都拖后腿,其年终奖相对其他部门也就少得十分可怜。否则,也轮不到空降我去接手那样一个所谓"掉队"的队伍。

看到其他部门都在其乐融融地忙着年前聚餐、准备年会节目、按劳分配部门所得的相当丰厚的年终奖,我们团队的小伙伴们虽然嘴里没有说什么,但心里很不是滋味儿,那种部门之间的对比和反差让人感觉很不舒服。怎么办?当时大致有三种方案摆在面前。

方案A:给团队喝"鸡汤"

作为空降主管,我挨个儿地跟团队的兄弟姐妹们"交心",去发现问题和解决问题,甚至自己贴一些钱请大家吃吃喝喝……但是,我没有选择这个方案。

方案B:按照公司的管理规定,正常分配年终奖

先认真了解团队所有成员的基本概况,然后调取成员这一年里每个季度的绩效表现,然后召开一个看起来颇为民主的会议,然后按规定给每个成员分配平均每人几百元的年终奖……这个方案相对保守,也不会出错,但一定会让

团队成员觉得非常没面子，并且会挫伤工作积极性——因为其他兄弟部门的年终奖，远比自己多出一个或几个数量级。因此，这个方案也被PASS否决了。

方案C：公益捐赠"打鸡血"

最终，我们结合公司的某个公益项目，大家一致决定选择一个合适的受助人，把整个部门的几千元年终奖捐赠出去——去真心帮助一个来自内蒙古牧区的刚好需要帮助的患病小女孩！当我们在会上一起做出这个决定的时候，我看到所有团队成员脸上洋溢着兴奋、喜悦、骄傲的神情，一扫多日来自怨自艾、妄自菲薄的阴郁。的确，那本应是我们团队年终奖拿得最少的一次，也是全公司最少的一次，也是最悲情、最难为情的一次，但我们一起做了一件颇有意义、值得长久回忆的事情——救助陌生的患病小女孩！

时至今日，每当与当年的一些同人见面，大家还不约而同地想起那一年让我们记忆深刻的"年终奖捐赠"！自那以后，大部分团队成员的士气有了180度的大转变。

我思我见

当我写下上面的文字，我希望告诉大家，"打鸡血"并没有什么套路！了解你的团队，找到你的团队情感宣泄的突破口，走心——你就成功了一半！

让员工快乐地自己找事儿做

"领导，每天我都该做些什么呢？"

你有没有被如此初级的问题难住？你有没有觉得自己看似聪明实则敷衍的回答，其实是给新员工一种特别low（低级）的感觉？

如果把新员工的这个问题深入挖掘一下，我觉得以下回答方式，或许可以为新员工或职场小白们开启一段充满智慧的新征程。

第一，根据公司的使命、愿景、目标，凡是符合这三点的，都可以是每个员工努力的方向（听起来有点虚，但对于有理想、有悟性的员工，这招儿真心管用）。

第二，根据公司的战略分解，确定之后的目标再次分解到本部门后，就形成了一个部门或者一个岗位的目标责任书。从某种角度说，这就是KPI导向，就是工作的指挥棒（这个比较严肃，对于一板一眼，唯KPI之命是从的员工效果很赞）。

第三，领导自上而下的工作安排；员工自下而上的主动发现（好员工即便没有领导安排，也会自己找活儿干）。

第四，参考同行竞争对手公司里相应部门、相应岗位，看看他们都在忙什么（这句话，轻松地把员工的眼界引向同行的佼佼者，牛）。

第五，一定要走出去，了解你的兄弟部门、关联岗位，看看他们对你的期待是什么？看看他们需要你什么样的服务和支撑（打破部门壁垒，就从这里开始）。

第六，上级领导对你及部门的期待（描述越SMART，越利于新员工开展工作。同时，你也让员工一起担当本部门的重任）。

第七，知道行业的趋势和前景是什么，需要你为社会提供哪些积极的贡献（伟大的梦想，或许就得这样站在更高层次看问题）。

第八，根据公司对部门的职责划分，以及对员工岗位的职责划分，参考"开门七件事"（强调自发学习，培养职业习惯）。

第九，参考时间管理四象限图，分清所在岗位的石头、碎石、沙子、水都是什么；对工作的重要程度和紧急程度有一个非常清楚的认识（教给员工一些方法论！让他们学会自己判断）。

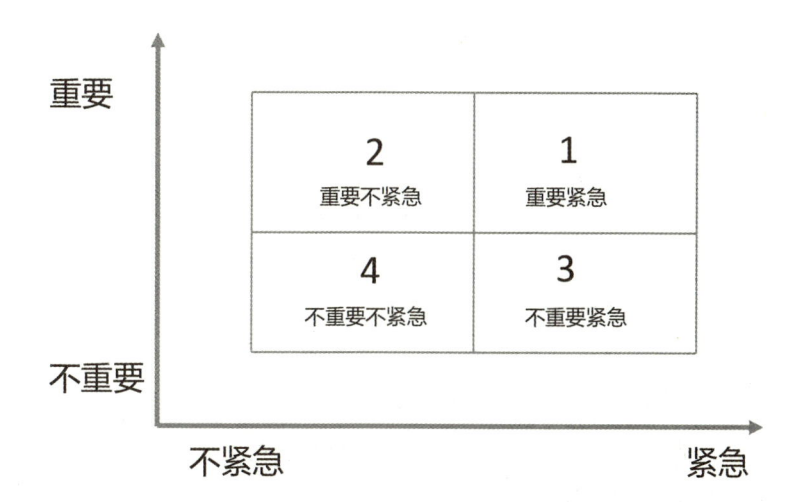

```
重要
        ┌──────────┬──────────┐
        │    2     │    1     │
        │ 重要不紧急 │  重要紧急  │
        ├──────────┼──────────┤
        │    4     │    3     │
        │不重要不紧急│ 不重要紧急 │
        └──────────┴──────────┘
不重要
        不紧急              紧急
```

时间管理四象限图

象限1——石头；象限2——碎石；象限3——沙子；象限4——水。

做事轻重缓急顺序：1＞2＞3＞4。

第十，最简单的办法，就是向你的直接上级主管看齐（看问题，上浮一级；干事情，下沉一级），根据你的主管管人和管事的对照表，看看都有什么"人"和"事"需要你做，或者需要你协助推进、解决（教给员工一些管理工具，指明员工成长的空间）。

对于新员工而言，如果能参照以上10个维度，把自己的工作职责，甚至职业发展规划，认真地思考和梳理，基本可以自问自答，就能明白每天应该干什么了。

对于部门总监而言，如果能够将新员工看似初级的问题提升到一个高度，则可以对照发现自己管理工作中的不足，从而促进自己的成长和进步。

— —｜我 思 我 见｜— —

授人以渔！开启智慧！每天，我都会抽出一个小时，回答部下有关工作的任何看似初级的问题。这种时间的投入，让我反而节省了团队更多的时间，并极大地提升了团队的工作效率。

人员扩编的两条铁律

随着公司经营规模的扩大，以及部门业务量的增多等情况，部门往往需要及时增补人手，也就是人力资源口中的"扩编"。

人员"扩编"不是小事。简单地说，它将直接导致企业经营成本增加。复杂地说，它将加大管理难度，打破既有部门之间的平衡，引发新老员工之间的融入或冲突，稀释企业原有的文化和工作氛围……

因此，很多企业，很多部门，在涉及人员"扩编"时，就如临大敌，或者"争吵"个没完。

现有团队的工作量绝对饱和！

现有团队企业文化绝对融入！

只要同时具备上述两个条件，你就可以判断你的部门是否可以扩编招人！

上面三句，是朗玛信息创始人王伟——我当年的老领导，在10多年前一次关于部门是否招聘新人时，非常郑重地告诉我的话。

它成为当年朗玛信息人员扩编的两条"铁律"。那种看似不成文的"简单"规定，其实已经深深铭刻到朗玛信息企业高管的内心。希望各位部门总监在计划招聘引进人才之前，脑子里闪现出上述三句话，面对复杂的人力扩编问题，你自己就会有简单的答案！

小贴士：华为新人180天融入计划

阶段	描述	时间段
1	新人入职，让他知道来干什么的	3～7天
2	新人过渡，让他知道如何能做好	8～30天
3	让新员工接受挑战性任务	31～60天
4	表扬与鼓励，建立互信关系	61～90天
5	让新员工融入团队主动完成工作	91～120天
6	赋予员工使命，适度授权	121～179天
7	为新人半年度总结，制订发展计划	180天
8	持续地全方位关注下属成长，成为习惯	每一天

扩编之后，新人的融入问题需要专业应对。否则，HR和用人部门费了牛劲选来的人才，还没等到"育"好，还没用上几个月，就跑掉了。上述华为的新人融入计划，值得我们借鉴。

我思我见

真正的高手，往往具有看穿事物本质并具有轻松化繁就简的能力！简单，因为它是原则，而不是方法！

你是否进了一家假的互联网公司

互联网时代，很多企业都标榜自己是一家如何具有伟大梦想的互联网公司。到底什么是互联网公司？互联网公司都具有什么样的特征？职场小白如何判断自己是否进入了一家假的互联网公司？

每当提到开放、分享精神，大家自然而然地会联想到互联网精神。没错！今天要谈的，即便不在互联网公司，作为一名市场总监，其开放、分享的精神都十分重要和必要！下面说说我们身边日常发生的，几乎每周、每月、每个季度都会遇到的与市场部紧密相关的三件事情。

工作周报

现代职场里，不需要或者说不上交工作周报的企业，应该十分少见。工作周报里，常见的内容模块，一是对上周工作进行必要的总结，二是对下周的工作计划进行合理的安排。

如果上交周报，交给谁？很多人会说，当然交给自己的顶头上司啦！这只说对了一半。作为部门的普通一员，你的工作周报，自然是交给你的部门长，抄送给部门全体同人。作为部门长，则应该在公司层面建立统一的部门长邮件群，所有部门长的工作周报都应该以邮件的形式发到这个邮件群里。这意味着，部门长之间、部门内成员之间才真正走出了彼此开放和分享信息的形式上的第一步。

没有这一小步，开放和分享就是扯淡！现实中，部分人员要么不明白开放和分享的具体体现形式，要么刻意制造信息不对称的瓶颈和现象，从而保护自己，实则害了自己和团队！

目标责任书

再说说目标责任书，很多人简称其为KPI（关键绩效指标），也就是所谓的绩效考核。同理，现代企业里，无论你用什么高大上的管理理念和管理工具，放任自流、一盘散沙、没有管控的管理模式，事实上是绝对不存在的。

那么，无论你作为部门内一员，还是作为部门长，你的目标责任书（绩效考核书）都交给谁？都向谁同步信息？都到哪里备档待查？这就是一门学问了。如果你的目标责任书，只是上交给你的上级领导，而你的同级伙伴都不知悉，那么你们彼此之间的配合和支持从何谈起？你们之间的关联和因果从何谈起？你们之间的监督和数据支撑从何谈起？

因此，结论很简单。无论是月度目标责任书，还是季度目标责任书；无论你是部门内普通一员，还是部门长中的一员，大家都需要发邮件到一个统一的邮件群，从而完成信息的第一步开放和分享。有了这一步，大家才有条件自发地去交流、切磋、PK和"争吵"，从而完成同级之间目标责任书的强关联和信息同步。

经营分析会

为什么要搞经营分析会？为什么不是由CFO（首席财务官）自己写个财务报告给CEO交差？其目的就是要让公司的经营情况（含经营规划）在一定层面上开放和共享。如果一个企业在经营情况上遮遮掩掩，何以能做到大家同仇敌忾？何以能做到彼此步调一致、目标统一？员工只能像一头埋头拉磨的驴。

信息需不需要保密？答案当然是肯定的！无论你的企业在保密方面有着什么样的管理规定，但我坚信如果各位总监有这种开放和分享的精神和意识，有开放和分享的境界和格局，自然可以判断开放和分享的程度。

互联网精神的核心内涵

综上，如果一个公司没有工作周报，或者只有单向给上司的周报；如果一个公司跨部门之间的目标责任书成了背靠背的秘密；如果一家公司的经营分析会没有实质内容，或者设置各种分享宣贯的障碍。毫无疑问，这样的公司一定称不上真正的互联网公司。因为，它不具备开放和分享的互联网精神。

- - | 我 思 我 见 | - -

以小见大，见微知著。看明白了，都理解了，再做决定不迟！

关键时刻，部门总监要学会"抛玉引砖"

抛砖引玉——抛出砖去，引回玉来。比喻用自己不成熟的意见或作品，引出别人更好的意见或作品，常常用于自谦和虚心的说法。

抛玉引砖——抛出玉去，引来"砖家"。比喻用自己较成熟的意见或作品，引发或者主导讨论，以寻求他人更好地支持或配合，常用于增加决策效率和效果。

为什么说"抛玉引砖"可以"增加效率和效果"？为什么说要"主导"？就是在必要的时候，市场总监必须当仁不让地站出来，主导诸如市场营销的策略、制订之事等。某位营销大师曾经说过，所谓市场经济，就是在时间、资金、人力、物力有限的情况下所产生的经济，老银深以为然！

在企业经营的很多情形下，人们往往忽视时间、资金、人力、物力有限的这些具体因素，动辄抛了半天砖，其结果也引不来几块玉，导致时间和金钱的极大浪费——能表态的不表态，能决策的不决策，能推进的不推进，能解决的不解决，能迭代的不迭代……为什么？因为必须谦虚和保守地将自己当成前面的"砖"，因为必须等着后面更高级、更权威的"玉"，因为必须等到后面的也许才会更完善、更合理、更科学……如此这般，既显得自己"虚怀若谷"，又显得自己"有容乃大"，反正"抛砖"没有一丝坏处。

上述情形，大家是否已经司空见惯，甚至于见惯不惊呢？

老银认为，市场总监作为经常配合业务部门冲锋陷阵的左膀右臂，如果不能彻底摒弃"抛砖引玉"的保守思想，也许兄弟部门或者公司同人找不到你做事的瑕疵，使得你能在竞争激烈的公司氛围中得以稳健成长。但是老银多年的从业经验告诉自己，老好人似的"抛砖引玉"，通常效率低下；在市场经济大环境下，是没有作为的；看似保护自己，实则因为"无为"害了自己和团队。

因此，如果你的方案基本可行；如果你的方法论相对靠谱儿；如果你的出发点是正确的；如果你站的高度没有问题；如果在某个领域你比别人相对专业……你就大胆地"抛玉引砖"吧！根据老银的职场心得，这些形形色色的"砖"，不外乎两种：一种"为你所用"，协助你成就事业时"添砖加瓦"，即便稍微差一点，也可以做成铺路之石或者地板用砖；另一种"为你所伤"，就是为了伤你所用的些许物件儿，所谓"不招人嫉是庸才"，所谓"但行好事，莫问前程"，想开了，也就这点事儿。

- - | 我 思 我 见 | - -

"抛玉引砖"更像我当年的性格写照，勇气可嘉，过犹不及！

优秀主管的"带兵"之道

老银回顾自己从业这二十余年的职场沉浮,被人带过,也多次带人,概括地讲有如下三种"带兵"方略,可以让队伍在不知不觉中快速成长。

有条件尽可能让队伍亲自体验整个过程

创造条件——就是要想办法创造条件,没有条件要营造氛围;

亲自体验——就是要上手实操,听老师讲一千遍,比不过自己动手做几遍;

整个过程——这属于奢望,很多过程不可能全部经历,要想办法将涉及的环节讲解清楚。

抓住身边当下发生的各种事情,让团队多维度进行角色扮演

身边当下——那些高大上与你关系甚远的案例,属于学院派,其实没多少价值。所以,我们要寻找身边那些冒着热气儿的案例,及时地给予点拨;

角色扮演——就是要坚持不懈地让团队从所在部门、所在岗位的上下左右级别、关系来针对某些典型案例,让员工自己谈谈感受、看法、建议,或者解决之道。这样可以不断训练团队看问题的多角度视野,以及换位思考的综合分析能力。

主管"带兵"三大方略

鼓励跨界+组织穿越，跨越时空放飞思维

鼓励跨界——是鼓励部下看事物的眼界和视野要能"跳"出去，如何"跳"出去？就要寻找那些跟自己关联性比较大的领域或者事件作为切入点，让团队的思维体系能够跃升到一个新的高度或切换到一个新的角度。

组织穿越——其实就四个字——历史+未来，看问题要学会追溯历史，寻找原因，同时还要学会展望未来，发现趋势。为什么要强调"组织"呢？因为，如果没有一定的组织方法，胡思乱想的"头脑风暴"也没什么用。

其实上面三个方法，都是让部下尽可能训练出一种"走心"的学习和思维习惯。假以时日，则事半功倍！

我思我见

不能，也不愿意培养下属的主管——low（低级）！

主管晋升的前提——必须培养一个能替代自己目前岗位和职能的下属！

优秀主管和平庸主管的差异——看看他们的下属就知道！

看似跨部门下属之间的PK——实则是跨部门主管之间已经有了嫌隙！

职业经理人必须掌握的10大成功法则

当你从一个普通市场营销人员逐步晋升为市场总监时，相信你的业务技能模块已经得到了相当的积累和长进。那么，如何尽快胜任市场总监这一新角色？老银的从业经验或可供参考——要快速完成角色转换，疯狂增加你之前相对较弱的"管理技能"模块。

"管理技能"模块说起来很复杂。因此不少朋友钱没少花，书没有少读，×××商学院没有少去，经历各种"镀金"之后，却依然收效甚微。原因

是没有在脑子里牢固树立原则意识。有了这些原则，为人处世、待人接物、举手投足，自然就有了市场总监的样子。

"管人管事"两手抓两手硬

管事		管人	
规划者	运营者	教练	团队领袖
建立或者梳理业务流程	确定目标任务	招聘合格员工	解决主要问题
进行岗位设计与描述	制订工作计划	训练团队新人	形成民主氛围
使人员与岗位相匹配	分配具体工作	实施在岗培训	主持高效沟通
建立工作标准和规范	监控工作过程	培养接班人	发挥团队活力
	考核工作结果	辅导问题员工	
		辞退不合格员工	

1. 衡量主管能力的标准，不在于主管自己的能力，而在于团队能力与水平。单靠自己做事是不够的，需要把优秀的工作方式复制给团队，从而提升团队的整体素质和业务能力。

2. 做好时间管理和要事优先，部门主管要知道管人比管事更重要，调动团队积极性更重要。

3. 基层主管30%的时间管人，70%的时间管事；中高级主管50%以上的时间必须用于管理人和团队。

建议部门主管不但要将管人和管事逐条牢记于心，更要时刻明白自己的四个角色——做事情的规划者和运营者，带领队伍的教练和负责人（Leader）。

请对照上述19条，检查自己所在的部门，哪些比较完善和正规，哪些有待加强，这就是本年度除了KPI要"自我"努力的方向！

在部分公司里有硬性规定，如果没有培养出能接替你的人，你是不能获得提升的。

"自我管理"才是优秀的管理

在任何部门，都要大力倡导企业文化，推崇"人人都是管理者"的理念。

管理之道	合格	优秀	卓越
自我管理	规定时间内保质保量完成工作	自发主动，勇于承担责任，能够换位思考	时刻反省自己，超越自我
服务	言出必诺	赢得客户的尊重而非好感	从客户角度考虑问题，超出客户期望
信任	培养团队，有效授权	勇于暴露自己的不足和弱点，开放心态	积极接受别人的批评，也能积极正确地批评他人，共同进步
分享	主动将自己的成功经验和失败教训和团队分享	积极参与并推动分享	从分享中提炼总结，推广最佳事件，并不断改进

老银认为，管理同时是每个员工自己的事情！因此，我们要倡导自我管理之道。

那些没有自我管理意识的人，需要先从想干—会干—能干的角度判断，不想干的，要尽快按照271原则予以清出队伍；在想干的前提下，要从KPI、周计划、职业习惯等多个角度，促使其养成自我管理能力。

人的分类	问题归属	对应方式
能干	德才兼备，创新问题	重点鼓励
会干	才——技能问题	业务培训
想干	德——态度问题	企业文化

"主动服务"才能有高度、重全局

服务级别	服务标准
第一级：做好本职工作	不给其他客户或同事留有疑问，满足客户的期望
第二级：多做一丝	将自己的工作做到最好，并为客户多想一步，超出客户的期望
第三级：换位思考	有愿意为别人服务的期望，制度和流程再完整，强迫执行也被动
第四级：前瞻性	从解决问题到未雨绸缪，并能举一反三
第五级：高度和全局	不时跳出本部门站在公司高度看本部门和自己的工作，才能有效提供针对性的优质服务

老银认为，"主动"是最好的老师，"主动"是晋升的阶梯。因此，我们大力倡导主动服务。

所有的努力，其实本质上是让自己更幸福！醒觉—突破—超越，只有自己开始觉醒，通过更好地认识自己，从而最终不断突破自己、超越自己，让自己变得更强大！

NORMS原则提升沟通效率

N（Not an Interpretation）——无须解释的。沟通中直观的表述，不需要做进一步解释。如"每一个月定期举行业务检查会议"如果表述成"管理业务要紧密"，这样就需要进一步的解释。

O（Observable）——可观察的。每人都可以观察到的行为，而非个人主观感觉的行为。如"开会准时开始，准时结束，同时有会议记录"，而不是"会议要有效率"。

R（Reliable）——可靠的。对同一种行为，大家的描述都一样，而非各说各话。如某人早上迟到了，却可以编造出一长串理由。

M（Measurable）——可量化的。行为的描述是可以评测的或有数据来源。如某件工作做了没有、做得有多完整、做的次数等。再如，PR经理安排文案，这周好好写文章，需要确定写几篇，写什么风格的，写关于产品的还是关于公司的，等等。

　　S（Specific）——明确的。对行为的描述尽可能有针对性，如某领导常说"大家好好表现啊"，这样的客套就不利于业务或者思想上的沟通。

SMART原则让目标少扯皮

　　S让目标要清晰明确，让考核者与被考核者都能够准确理解目标；M让目标要量化，考核时可以采用相同的标准准确衡量；A让目标要通过努力可以实现，不会过低和偏高；R让目标要与工作有相关性，不是被考核者的工作，别设目标；T让目标要有时限，时间一到，就要看结果。

　　在目标管理中，我们倡导SMART原则。其实，在任何管理过程中，甚至我们的日常生活中，都可以倡导SMART原则。

　　比如"我要锻炼身体"VS"为了×目的，我要通过ABC方式，在两个月内，成功减肥2kg"。再比如"晚上吃好点"VS"为了×目的，晚上要通过ABD方式，在今后一定时间内，养成好习惯，从而保证自己的晚餐丰富有质量"。

　　目标管理（MBO）与绩效考核（KPI）一样，都是现代企业常用的管理手段之一。目标管理是以目标为导向，以人为中心，以成果为标准，而使组织和个人取得最佳业绩的现代管理方法，也称成果管理，俗称责任制。是指在企业个体职工的积极参与下，自上而下地确定工作目标，并在工作中实行自我控制，自下而上地保证目标实现的一种管理办法。绩效考核是企业为了实现生产经营目的，运用特定的标准和指标，采取科学的方法，对承担生产经营过程及结果的各级管理人员完成指定任务的工作实绩和由此带来的诸多效果做出价值判断的过程。

271原则让团队动起来

　　271原则是绩效管理中结果应用的一种方法论，其应用有两个主要目的：第一，管理是严肃的爱，部门长不能当老好人；第二，作为绩效分配的指导原则，换言之，就是部门里20%的人可以获得至少50%的部门绩效奖金包的分配；部门里70%的人去分配剩余的50%的部门绩效奖金包；部门里10%的人拿不到任何绩效奖金，甚至必须进入改进措施环节。

人才CBA原则引入新血液

人才CBA原则就是团队新招聘的人才中，不断要形成互补，新人必须有某一方面的技能超过或者优秀于现有人员。这样，才能保证青出于蓝而胜于蓝，否则，就会形成弱化繁殖，一代不如一代。

此外，还有不少优秀的公司在人才引进方面有各自成功的宝典，也可以参考。比如，朗玛信息当年人才引进原则如下——现有团队工作量绝对饱和、现有团队企业文化绝对入。只有上述两个条件同时具备，需求部门才可以扩编招人。

角色、本色要分清、莫随意

本色做人，工作中，需要本色少一点，角色多一点。

角色做事，生活中，需要角色少一点，本色多一点。

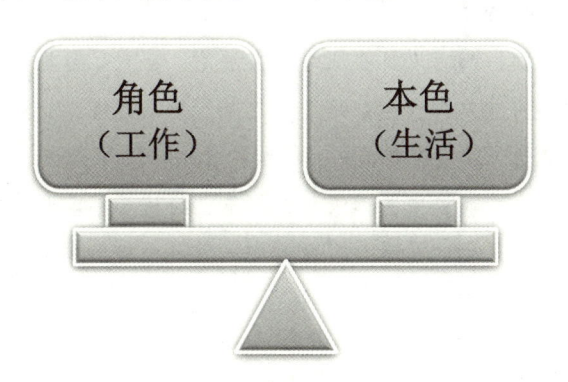

角色—本色的平衡

"角色做事，本色做人"是为人处世的智慧，是修身修心的总结，是职场生存的必备基本功。

上下级别巧沟通、有规则

下级不要越级汇报工作，但可以越级申述；上级不要越级指导工作，但可以越级检查。

上级通常需要下级支持、执行、提供信息、了解下属、为领导分忧；下级通常需要上级指示、反馈、协调、关心、理解、重视。

简单复杂从必然到自由

把简单问题复杂化，是一种能力！把复杂问题简单化，是一种境界！

正如上面的案例，招聘引进人才绝对是一个复杂的课题，但厉害的人就可以简化成两句话，并让所有部门负责人遵照执行，从而让该企业在人才引进方面，不但具有特色并获得巨大成功。

再比如，某个员工没有按规定请假，这个事情看起来似乎很简单但其实背后应该比较复杂！是该员工对企业的认可出了问题？还是OA流程的问题？还是员工自身要求不严格的问题？如果可能，早上迟到的员工可以"编"出千种合理的理由；而每天按时上班的员工从不迟到，却只有一个理由——就是我不能迟到！

我思我见

这些法则，或者说身在职场的方法论，让它尽可能走进你的内心！让它尽可能发挥作用！单纯记在脑子里，或者只知道一个简单的名词和概念，就没有想象中那样大的作用！

马云在一次演讲中明确表示，阿里已经从三年前开始，每年控制引进应届毕业生的数量，其原因之一就是引进应届毕业生不符合人才的CBA原则，会导致企业发展后劲不足。

企业品牌顶层设计的那些事儿

关于企业品牌，谁都可以谈那么几句。一旦聊到品牌的"顶层设计"就瞬间"高大上"了，抽象得让人有些困惑，能够陪你谈论切磋的人也就不多了。下面，咱们就一起来谈谈这个话题，以及老银的一些感受。

品牌的"顶层设计"到底是什么

答案是CIS（Corporate Identity System），也就是我们常说的企业形象识别系统，意译为企业形象设计。CIS是指企业有意识、有计划地将自己的各种特征，向社会公众主动地展示与传播，使公众在市场环境中对其有一个标准化、差别化的印象和认识，以便更好地识别并留下良好的印象。

品牌的顶层设计与企业的顶层设计之间关系

按照流行的理论，品牌的顶层设计就是CIS，一般分为三个方面。

1. 企业的理念识别 MI（Mind Identity）

企业理念是指企业在长期生产经营过程中所形成的企业共同认可和遵守的价值准则和文化观念，以及由企业价值准则和文化观念决定的企业经营方向、经营思想和经营战略目标。

2. 企业的行为识别 BI（Behavior Identity）

企业行为识别是企业理念的行为表现，包括在理念指导下的企业员工对内和对外的各种行为，以及企业的各种生产经营行为。

3. 企业的视觉识别 VI（Visual Identity）

企业视觉识别是企业理念的视觉化，即通过企业形象广告、标识、商标、品牌、产品包装、企业内部环境布局和厂容厂貌等媒体及方式向大众呈现和传达企业理念。

企业的顶层设计，客观上可以分为三个维度：

一级维度——使命、愿景、目标；二级维度——股东结构、资本性质、企业形式等；三级维度——组织架构、商业模式、关键业务流程、薪酬绩效、主营业务、核心产品、商标品牌等。通常，再往下面细分，就不能称之为顶层设计了。

企业顶层设计维度	核心内容	CIS企业识别系统
一级维度	使命、愿景、目标	MI（理念识别）
二级维度	股东结构、资本性质、企业形式等	BI（行为识别）
三级维度	组织架构、商业模式、主营业务、核心产品；关键业务流程、薪酬绩效等	BI（行为识别）
	商标、品牌	VI（视觉识别）

由上可见：

1. 品牌顶层设计中的MI（理念识别）部分，基本可以和企业顶层设计中的"使命、愿景、目标"对应。换言之，我们从企业顶层设计中的一级维度，可以抽象出品牌设计的MI部分；

2. 品牌的顶层设计中的BI（行为识别）部分，基本可以和企业顶层设计中的"二级维度"和"三级维度"中的那些标志性"行为"所对应；

3. 品牌的顶层设计中的VI（视觉识别）部分，则可以简单地理解为对应企业顶层设计中三级维度的"商标品牌"等视觉部分，尤其是VI的视觉应用部分。一套专业的VI系统，实际上VI的核心元素就那么几项，而VI的应用范围（如名片、店头、指示牌等）则可以十分庞大。

不能落地的品牌顶层设计只能高悬空中

这里说说品牌的落地。老银曾经在本书"6步助推企业文化落地"（P152）一节中，详细介绍了品牌与文化如何落地。因此不再赘述。毫无疑问，不能落地的品牌顶层设计只能高悬空中，没有什么用处！

品牌与文化一样，最终是消费者对你的感知

当你完成品牌顶层设计之后，就需要对大众（潜在消费者）进行系统的、持续的宣贯推广。无论是公司品牌，还是上述的企业文化，都需要落实和

落地,他们是来自消费者(对你的品牌)和员工(对你的文化)的真实感知。因此,从某种意义上说,即便你是企业的创始人,企业的品牌和文化却不是自个儿说了算——因为他们是由你的消费者和你的员工来进行内心的评价。

谁来操刀企业品牌的顶层设计

品牌的顶层设计,当然应该是企业的最高负责人牵头,尤其是创始人,他的初心,他的情怀,他的梦想,他头脑里或清晰或模糊的"使命、愿景、目标"。

当然,公司的相关部门,如市场部、品牌部、HR部门等部门负责人,则需要一起协助BOSS,将品牌的顶层设计,甚至企业文化的顶层设计,进行具化、细化、优化,再进行解读、宣贯、传播,从而使之不断得到丰富和传承。

- -| 我 思 我 见 |- -

无论是企业文化,或者是公司品牌,通常做比说好!通常说得越多,做得越少!如果你不需要做纯粹的理论研究,那么,Just Do It!(放手干吧!)

chapter 4
丰富实战管理工具

本章看似讲实战管理的工具，实则是管理的方法论。战略目标如何分解，商业画布的用途，闭环思维的妙用，管理行为的好坏，工作思路的梳理，人才的分级和序列，表扬与批评的技巧……

老银认为，对于"工具"的理解，必须上升到"方法论"层面，否则，知其然而不知其所以然，生搬硬套一大堆表格，只能被人嗤之以鼻，斥为案牍主义。

领导者就是看得比别人多、比别人远，在别人看到之前看到的人。

——雷洛伊·艾姆斯

部门总监必须掌握的战略分解工具

作为企业里众多部门长之一，你是否知道公司的年度战略目标从何而来，要达到什么目标，以及如何体现？你所在的企业，是否每次制订年度目标时，会因为没有一套切实可行的战略分解工具而只能"跟着感觉走"？那么，你和你的企业的确需要一套战略分解工具了！

诸如麦肯锡、德勤、IBM等大牛公司有类似的战略分解方法论，下面以惠普的战略分解十步法为例，供大家参考。

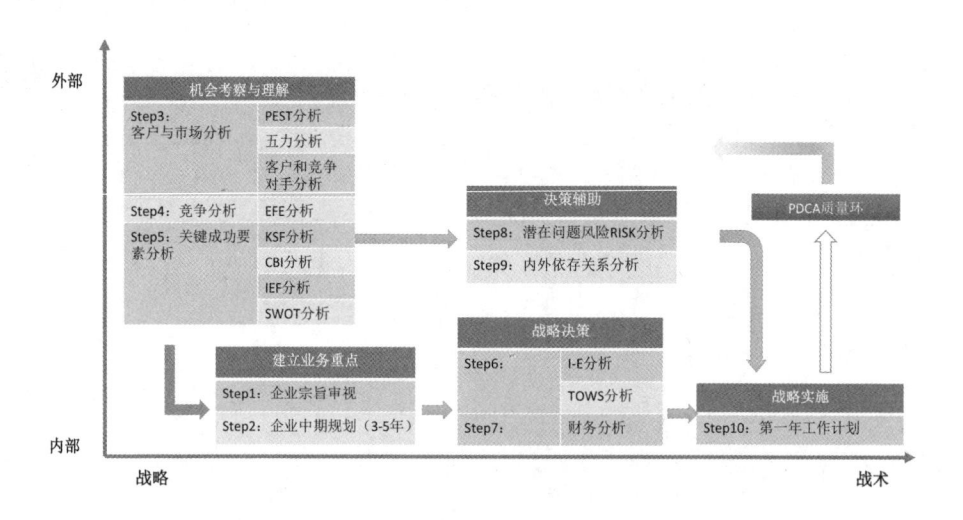

HP企业战略规划10步法示意图

下面，是整个思维的推导和分解过程，请结合上图的步骤来看。

建立业务重点，梳理顶层架构

愿景	宗旨或使命实现时的景象	
宗旨	你选择的市场及存在的价值	
使命	在宗旨所规划的方向，必须完成的阶段性任务，3~5年使命目标	
价值观	建立共识及愿景的核心基础	企业核心价值观
目标	完成任务的少数关键点	年度行动计划表

深入考察，全面剖析市场机会

1. PEST分析

政治法律环境（Political）	经济人口环境（Economic）
1	1
2	2
3	3
…	…
社会文化环境（Social）	**技术自然环境（Technological）**
1	1
2	2
3	3
…	…

PEST分析法是一种企业所处宏观环境分析模型，即Political（政治）、Economic（经济）、Social（社会）、Technological（科技）。这些是企业的外部大环境，一般不受企业掌控。PEST要求企业的高级管理层具备相关的综合能力及知识素养。

2. 五力分析

供应商 议价能力	消费者 议价能力	现有竞争者 竞争力	潜在竞争者 进入力	潜在替代品 开发力
1	1	1	1	1
2	2	2	2	2
3	3	3	3	3
4	4	4	4	4
5	5	5	5	5
…	…	…	…	…

该模型是迈克尔·波特于20世纪80年代初提出的，对企业战略制定产生了全球性的深远影响。它常用于竞争战略的分析，可以有效地分析客户的竞争环境。这五种力量的不同组合变化最终影响行业利润的潜力变化。

3. 客户分析VS竞争对手分析

客户分析	竞争对手分析
客户分类	主要竞争对手
分析并找出重点客户	主要竞争领域
重点客户现在及未来的需求分析	竞争对手有威胁的行动
其他	竞争对手下一阶段的动向
	其他

4. EFE矩阵分析

关键外部因素	权重 （B=0-1）	得分 （A=1-4）	加权 （C=A×B）
机会：得分4代表反应很好，3代表超过平均，2代表平均水平，1代表很差			
权重：			
1.			
2.			
…			
威胁：得分4代表反应很好，3代表超过平均，2代表平均水平，1代表很差			
A、B同上			
1.			
2.			
…			
总计	×××	×××	×××

EFE矩阵（External Factor Evaluation Matrix）即外部因素评价矩阵，它是一种对外部环境进行分析的工具，其做法是从机会和威胁两个方面找出影响企业未来发展的关键因素，根据各个因素影响程度的大小确定权数，再按企业对各关键因素的有效反应程度对各关键因素进行评分，最后算出企业的总加权分数。

EFE矩阵可以帮助战略制定者归纳和评价经济、社会、文化、人口、环境、政治、政府、法律、技术以及竞争等方面的信息。

5. KSF分析

KSF（Key Success Factors）分析法即关键成功因素法，是信息系统开发规划方法之一，1970年由哈佛大学威廉·泽尼教授提出。它是在探讨产业特性与企业战略之间关系时经常使用的观念，也是在结合本身的特殊能力，对应环境中重要的要求条件，以获得良好的绩效。

6. CBI分析

CBI分析是列举影响主要业务的主要问题清单，由业务部门和运营部门牵头，其他部门共同参与，坦诚地提出公司当前主要业务问题有哪些。不要回避问题和矛盾，必要时可以邀请核心渠道合作伙伴或者典型商户代表参加。

7. IFE矩阵分析

关键内部因素	权重 （B=0-1）	得分 （A=1-4）	加权 （C=A×B）
优势：A=4或3。（4分代表重要优势；3分代表次要优势） A得分以公司为参考基准；B权重以行业为参考基准			
1.			
2.			
3.			
...			
劣势：A=1或2。（1分代表重要弱点；2分代表次要弱点） A、B同上			
1.			
2.			
3.			
...			
总计	×××	×××	×××

IFE矩阵分析（Internal Factor Evaluation Matrix）即内部因素评价矩阵，是一种对内部因素进行分析的工具。其做法是从优势和劣势两个方面找出影响企业未来发展的关键因素，根据各个因素影响程度的大小确定权数，再按企业对各关键因素的有效反应程度对各关键因素进行评分，最后算出企业的总加权分数。通过IFE，企业就可以把自己面临的优势和劣势汇总，来刻画出企业的全部引力。

8. SWOT分析

优势（Strength）	劣势（Weakness）
1.	1.
2.	2.
3.	3.
机会（Opportunities）	威胁（Threat）
1.	1.
2.	2.
3.	3.

SWOT分析法也称道斯矩阵，即态势分析法。它是由旧金山大学的管理学教授韦里克于20世纪80年代初提出来的，包括优势（S—Strength）、劣势（W—Weakness）、机会（O—Opportunity）、威胁（T—Threat），经常被用于企业战略制定、竞争对手分析等场合。

进入决策阶段

1. I-E分析

	I-E加权评分		
	强（4.0~3.0）	中（3.0~2.0）	弱（2.0~1.0）
高（4.0~3.0）	1	2	3
中（3.0~2.0）	4	5	6
低（2.0~1.0）	7	8	9

I-E矩阵分析法即内部—外部矩阵，又称为I-E矩阵，由通用电气公司的业务检查矩阵发展而来。

a. 区间1/2/4应采取加强型战略（市场渗透、市场开发和产品开发）或一体化战略（前向一体化、后向一体化和横向一体化）或投资／扩展战略。

b. 区间3/5/7采用坚持和保持型战略或选择／盈利战略。如市场渗透和产品开发战略等。

c. 区间6/8/9应采取收获型和剥离型战略或收获／放弃战略。

2. TOWS分析

外部因素＼内部因素	S优势	W劣势
	S1.	W1.
	S2.	W2.
	S3.	W3.
	S4.	W4.
	S5.	W5.
	S6.	W6.
O机会	SO战略（利用优势抓住机会）	WO战略（消除劣势抓住机会）
O1.	SO1.	WO1.

续表

O2.	SO2.	WO2.
O3.	SO3.	WO3.
O4.	SO4.	WO4.
O5.	SO5.	WO5.
O6.	SO6.	WO6.
T威胁	ST战略（利用优势避免威胁）	WT战略（消除劣势避免威胁）
T1.	ST1.	WT1.
T2.	ST2.	WT2.
T3.	ST3.	WT3.
T4.	ST4.	WT4.
T5.	ST5.	WT5.
T6.	ST6.	WT6.

3. 潜在问题和风险分析RISK

问题描述	发生可能性 （B=0.1-1.0）	危险性 （A=1-10）	重要性 （C=A×B）	应对计划	主责人
1					
2					
3					
…					

首先，列举可能出现的问题和风险；其次，根据发生概率，确定可能性，0.1概率最低，1概率最高；再次，判断可能出现的问题对公司经营影响的危险性，1危险性最小，10危险性最大；最后，重要性=该问题可能出现的可能性×该问题对企业经营的危险性。

4. 内外依存分析

关系部门名称	详述急需什么支持	时间期限

逐一列举公司级重要任务所关联的核心部门，以及对应的支持和时间期限。比如新产品的推出，关系部门是研发部，需要支持是如期完成开发并商用，期限是某月某日。否则，该新产品不能按时进入市场，自然就会影响销售部门。

5. 综合损益表

运营收入	本年度（单位：万元）	上年度（单位：万元）
产品A		
产品B		
其他		

运营支出	本年度（单位：万元）	上年度（单位：万元）
人力		
行政费用		
其他		

运营利润	本年度（单位：万元）	上年度（单位：万元）
利息		
融资成本		
税项		
本期利润	×××	×××

正是由于有了上面各个表格所述的思维过程，才能最终推导出公司级年度目标。

目标分解

有了公司级年度战略目标及上述分解过程，各个部门就可以依次展开自己的部门年度、季度、月度工作目标规划了。

这就是战略分解的路径和方法！

─┤我思我见├─

　　为什么大型企业之间，尤其是跨国大企业之间，高管的角色转换相对容易？是因为他们用了几乎类似或者相同的战略分解思路及工具。这样，对于新一年工作目标如何制订，大家就有了统一的思维方式和路径，甚至推导出唯一可行的结论。而不会像那些没有使用战略分解工具的企业，做决策时只能拍脑袋，只能碰运气。为什么成功，不知道！为什么失败，也不知道！因此，成功可以复制，而你的失败继续在传承！

目标解析

　　Q：目标是什么？

　　A：射击、攻击或搜寻的对象；想要达到的境地或标准。

　　目——目光、眼光、视野；标——小"木"棍立起来后展示的标靶。因此，老银认为，目标就是视野所及的标靶！

　　Q："目标"作为一个现代职场的高频词，我们经常在哪些场合与目标见面呢？

　　A：Sorry对不起！不知道！

　　是的！学而不思则罔。如果不善于反思、归纳和总结，即便学了再多的东西，看了再多的书，听了再多的讲座，喝了再多的"鸡汤"，几乎也是没有什么用处的。

　　如果把每个知识点比作一剂药方，知识点越来越多，无数的药方就变成了药房。如果我们不能提升自己，变成会诊断、会开药方的医生，当病人进门寻医问药时，只能对人家说——不知道，抱歉，你自个儿看着办吧……

　　我们职业生涯中常见的关于"目标"的收获和启示如下。

企业文化篇中的"目标"

　　任何企业，都会自然而然地形成一定的企业文化，无论其是否喊出来或者把口号标语贴墙上，它都有目标、使命、愿景。

作为市场人员或公司的一员，如果不知道所在公司的企业文化，包括哪些是"喊出来"的，哪些是下面实际"感知"到的，或者混淆了上述三个概念，都是十分遗憾和要犯低级错误的。

小白知道，自从离开校园进入社会后，自己除了努力挣钱、买房、还房贷之外，就再也没有关注什么虚头巴脑的"目标"之类了。好吧，那我们就将小白"穿越"到他的高考前夕，来说说目标、使命、愿景三者之间的差别和关联——小白那时的目标自然是考上一所理想的大学；那时的使命或许是为了改善家庭的生活质量奔小康；而"愿景"或许是考上大学后穿梭于美丽的大都市、漫步在优美的大学校园，或许是大学毕业后获得了一份体面的工作，坐在整洁的办公室里，旁边是香气袅袅的咖啡……

如此看来，目标就是我们设定的大大小小的靶子；使命就是要担负的命运和责任；愿景就是心愿达成之后的场景！

再以家喻户晓的《西游记》来举例：目标——西天取真经；使命——普度众生；愿景——天下大同、社会和谐、国泰民安。

工作方法篇中的"目标"

行业各有不同，岗位各级有别，而我们居然要谈工作方法，能否HOLD住呢？

事实上，上升一个层次看问题，就清楚了！（就如在一楼看不清楚，或者看不见某个场景时，为什么不更上一层楼呢？）

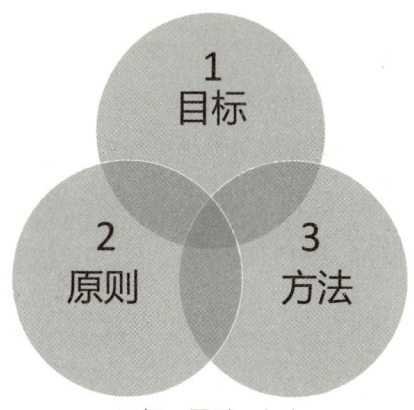

目标—原则—方法

所谓工作方法，就是"目标—原则—方法"方法论，希望大家多多训练这种思维模式，它会使自己看问题时更加具有逻辑性和条理性，更加深入和系统。

还是以《西游记》为例：每次遇到妖怪折腾，孙悟空的目标都异常清楚——搞定它，必须过关；而唐僧的原则很坚定——就是底线思维和红线原则。就说女儿国那段儿戏，唐僧的几个徒儿都忍不住奉劝师父，快快娶了人家公主、妥妥拿到通关文书、速速去西天取经。结果，唐僧的原则性很强，不愿牺牲自己顺从公主；猪八戒则是为了能吃好喝好这个小目标，什么大原则都可以不顾——高老庄的良家妇女他惦记着，荒郊野岭的妖精也凑合，就连天庭的仙女嫦娥，他也敢借酒调戏。

至于方法，一定要放到最后一个环节才去考虑，只要目标和原则清晰并确定了，方法就是HOW（怎么办）的问题。譬如，猪八戒可以变成壮士在高老庄英雄救美，孙悟空可以疏通天宫关系去天南海北搬救兵……此处按下暂且不表，这些就是方法。

营销法则篇中的"目标"

在营销法则里，有两处目标经常出现。一是市场营销活动的目标——打品牌、促销售；二是所有营销活动，都离不开5M法则，而目标居首。

之前讲过5M法则，此处不再赘述。事实上，除了市场部人员，建议其他部门其他岗位的朋友们，在开展任何业务时，也不妨使用5M法则来推演一下。因为，我们身处市场经济大环境，5M法则的普适性其实很好、很强大。

目标管理篇中的"目标"

目标管理——MBO（Management By Objective）。美国管理大师彼得·德鲁克于1954年在其名著《管理实践》中最先提出了"目标管理"的概念，其后，他又提出"目标管理和自我控制"的主张，建议感兴趣的朋友可以找来认真读读。置身现代职场，我们几乎是躲不过、绕不开目标绩效考核的。

德鲁克认为，先有目标才能确定工作，所以"企业的使命和任务，必须转化为目标"。如果一个领域没有目标，这个领域的工作必然被忽视。

此外，重要的事情，真的值得多说几遍！制订目标计划时，一定要符合SMART原则：必须是具体的（Specific）；必须是可以测量的（Measurable）；必须是可以达到的（Attainable）；要与其他目标具有一定的相关性（Relevant）；必须具有明确的截止期限（Time—bound）。上述五个原则缺一不可。

SMART
- S　Specific　具体的
- M　Measurable　可测量的
- A　Attainable　可达到的
- R　Relevant　相关联的
- T　Time—bound　有时限的

SMART原则

不符合SMART原则的目标可不可以？可以！但是模糊不清，不同的人有不同的理解！如果让一个团队为一个模糊不清的目标去奋斗，必将导致效率低下。

最后，谈谈目标在一定程度和范围内公开的重要性。

对个人而言，目标如果不公开，跟许愿有什么差别呢？对企业而言，目标如果一直躲躲藏藏，何以成为一个公众企业呢？何况，市场营销一个重要行为就是：公开目标（也就是"树旗帜"），让大家都知道你的目标甚至梦想是什么。换言之，那些让用户记住了你的目标市场营销行为，才可以称得上真正成功的营销。譬如支付宝的目标是"让天下没有难做的生意"；微软的目标是"帮助全球的个人和企业充分发挥自己的潜力"。

因此，请大胆地公开并说出你的目标，或许会得到一些好处：长期目标重方向，短期目标重执行；公开目标，让大家监督松懈的你；有目标才有方向和动力；目标相同，并肩同行；错，则改之，赞，则从之。

我思我见

写本节的时候，老银的脑海里反复出现易宝支付CEO唐彬先生的形象，很温馨。"目标—原则—方法"方法论，是那时候老银效力易宝支付的一个重要收获之一，它让我思考问题的时候有了简单易行的逻辑层次和执行思路。

6步助推企业文化落地

企业文化的重要性，很多人都十分清楚，也能说上几句。然而，如何下手，如何落地，如何让大家看得见、摸得着，如何打造健康向上的企业文化，还是有一些学问的。

近来网络上有视频爆料某家企业，推崇所谓的狼性文化，让员工相互糟践——扇耳光，隔着屏幕我都感觉到自己脸蛋儿火辣辣的痛。还有某个企业，声称自己推崇温馨家文化，据说每天早上公司全体男女员工都要轮流上前与CEO（男士）拥抱亲吻，隔着屏幕我就感到自己心跳加速了。

下文，将结合老银多年实践，来说说部门总监如何推动企业文化的落地和实操。

第一步，故事讲出来

通常，企业文化的最早萌芽，往往来自企业的创始人，或者说大BOSS。有的BOSS善于归纳提炼，有的BOSS不善言辞；有的BOSS能讲故事，有的BOSS注重实干。

市场部人员，得从BOSS那里，尽可能多地听其讲故事，或者创造条件让BOSS讲故事。然后，从这些故事里提炼、总结、归纳、升华……找到最适合公司文化的一些关键词。此外，市场部还要逐步整理修饰出一系列企业里创始人或者早期元老们的经典段子，把这些故事不断地通过各种场合讲出来——如公司周年庆典、BOSS专访、企业内刊、公司官网里的企业历程等。故事讲得越多，知道的人越多，大家对公司的企业文化理解就越深入。

第二步，口号喊起来

有了上面第一步，市场部就可以将公司的CIS（企业形象识别系统）搞出来了。CIS里面，最易于传播的，当然是公司的Slogan（口号）。

口号不但要喊起来，还要在各种场合喊，如公司的大型活动、团队建设、公司参加的公益行动等。可以把公司的口号，印上条幅（Banner），做成彩旗（Flag），甚至在各种员工服饰上面都印上鲜明的公司口号。

有的企业，甚至还有例行早会。早会开始前后，喊上几嗓子公司的口号，顿时觉得神清气爽，一整天精神饱满；有的企业，甚至还组织员工游街——办公室主任或者行政部领导看到员工有空，就带大家到街头巷尾去拉练，一边跑一边喊口号，生怕别人不知道！老银觉得，这种操作利弊兼备，部门总监们可以深思熟虑后再做打算。

第三步，行动跟上来

讲故事、喊口号，的确可以影响大部分人。但是，企业文化的内涵尽管只有几个字，但外延却是可以无限地放大。因此，市场部要联合公司相关部门，善于折腾出一系列行动。

譬如员工服饰，有条件的话，可以一年四季各一套；企业内部刊物，每月讲一个文化主题；各种论坛峰会，只要与公司文化里某些关键词沾边的，都争取拿几个奖杯；办公场所装修装饰，得拼命地往企业文化里靠——如果企业文化里讲的绿色有机，那公司的装饰风格千万别搞成了红色。

市场人员要充分发挥团队精神，不能一个人或一个部门埋头瞎想。而要营造一种氛围，让公司全体人员共同参与公司的企业文化建设。这样，关于公司企业文化的各种可行的行为或行动，就会多得让你数不清楚，甚至让你忙不过来。比如，给公司有车的员工发一个印有公司Logo和Slogan的汽车贴，给有孩子的同事组织儿童节亲子联谊会，征集公司司歌，组织员工生日会等。

充分调动全体员工的参与积极性，企业文化建设就成功了一半。

第四步，案例找出来

有了上述各种丰富多彩的企业文化行为和行动，市场部人员就要留意各种精彩案例，记录下来，挖掘出来，升华上来，然后推而广之，奖而赏之。该留下文字资料的要及时留下文字资料，该保留图片视频的就要保留图片视频，该口头表扬的就要立即在部门级或者公司级例会上予以肯定表扬，该结合年底评优的就要结合评优加分……

请注意，案例既然找出来了，一定要记得及时地、全渠道地、满怀深情地传播出去。譬如在当期公司内刊上、CEO的全员邮件群发、公司的微信公众号、公司的文化墙上……

为什么要满怀深情？因为，如果不能感动自己，又怎能感染别人呢？

第五步，团建定下来

通过梳理上面的各种企业文化案例和行为，有的事情就可以固化下来、传承下去。其中，团队建设就是一个重要项目。市场部可以联手公司的人力资源部（或行政部、办公室等），定期地组织各种团队建设。

同理，团队建设的形式很多——可以一年四季各种游；可以每个季度各种聚；可以下班之后各种嗨；可以每个周末各种训；可以每月生日各种趴……

老银之前讲过，做任何事情，都离不开"目标—原则—方法"，团队建设也是这样。只要提前和BOSS确定好企业文化中团队建设的目标和原则，方法则完全可以发动群众一起献计献策，自然也就多了。

但需要注意的是，团队建设虽然说不上是公司的关键流程和制度，但建议也要从制度上予以确定、从资金上予以保证、从时间上予以支持，才能有条不紊地开展。否则，有一搭没一搭的，弄得上上下下各种不爽，就可能事与愿违了。

第六步，民主活起来

"林子大了，什么鸟儿都有。"因此，即便你的团队建设丰富多彩，但团队之中并非总是一团和气，你的耳边少不了出现异样的声音。怎么办？

老银建议，适当召开民主生活会。所谓民主生活会，洋气一点的叫"360"，就是上下左右360度全视角来评价一个人或一个团队。关于民主生活会召开的形式，这里就不多讲了。一句话，要给具有不同意见的人一个充分的表达机会！否则，你的企业文化就只有自上而下的集中，没有自下而上的民主，就不容易得到大多数人的支持。没有大多数人的支持，自然就形不成一种健康的、主流的、民主的文化氛围。

此外，民主生活会还有一个好处，就是真正可以倾听来自不同方向、不同维度的声音，可以使企业文化的组织者、传播者能够更加全面地获得反馈、更加激烈地进行文化冲撞、更加生动地进行思想统一，从而果断行动。

"问渠那得清如许，为有源头活水来。"要使企业文化长盛不衰，就得不断通过民主生活会的形式注入新鲜空气。

- -| 我 思 我 见 |- -

思路决定出路，细节决定成败，落地才能生根。

闭环思维及其应用

我们常常说，某某事情一定要有闭环。那么，闭环是什么？我们常见的闭环思维有哪些？

"闭环"思维的来源

PDCA循环——又叫质量环，也称戴明环。是管理学中的一个通用模型，最早由休哈特于1930年构想，后来被美国质量管理专家戴明博士在1950年再度挖掘出来，并在日本的科学家和工程师圈子里得到发扬光大，而后被广泛宣传和运用于持续改善产品质量的过程。

PDCA质量环

PDCA即Plan（计划）、Do（执行）、Check（检查）和Action（处理或纠正），PDCA循环就是按照这样的顺序进行质量管理，并且循环不止地进行下去的程序。在老银看来，这就是现代企业管理理论中"闭环"的来源。

由此可见，如果PDCA循环中缺少任何一个环节，则不能形成一个完整的闭环。不能形成闭环，就是我们常说的掉链子！就是我们常见的没有下文！

闭环思维的应用

1. 营销计划——5M法则打造闭环

我们在制订营销计划时，离不开5M法则。如果我们的作战计划，没有这最为核心的5M，就不会为你下次制订营销计划提供完整的参考和依据。例如，做完广告投放之后，不去衡量广告效果，这样的营销计划是失败的，或者说是不完整的。

2. 360民主生活+改进计划表——有结果才是闭环

民主生活会，也被称为"360"，就是组织一个活动，让你和你的团队，倾听来自上下左右、360度全方位的"批评"，从而让你真正从内心完成自我批评的过程。如果我们的民主生活会议开得很热烈，但会后没有具体的跟进措施和整改计划，就是有头无尾和流于形式，也就是因为没有形成闭环。

3. 月计划+月报告——有始有终成闭环

在市场部里，离不开两大基础性文档——月计划（Monthly Plan）和月报告（Monthly Report）。月计划，就是部门长在一个月之初带领团队共同制订的工作规划；月报告，就是该部门在月底的工作总结。其实，任何部门都离不开计划和报告这两项基本任务，时间跨度可以是年度、季度、月度、周，有的行业里时间的最小单位甚至到日。计划和报告这是我们工作的最为基础的保障，两者缺一不可。否则，不能形成"计划—报告"的闭环，团队就是跟着感觉走，经营就是一团乱麻。

4. 周例会+周报告——有来有往才闭环

结合上面"月计划+月报告"，可以理解周例会就是每周制订工作计划的例行会议，常常在公司各级各部准点召开。周报，就是对当周的一个总结。个人、部门都需要撰写周报告。注意报告的阅读者，除了通过周报告来知悉相关情况之外，还需要反馈和回复周报告中提到的问题。如此这般，才能形成一个良好的闭环。否则，团队就会感到困惑，或者等待上级发布指示。

5. 目标+绩效——要有考核才闭环

对于部门来说，通常按照季度为单位，每个季度之初，需要认真制订季度工作目标。季度末，则要针对目标进行绩效考核。所以说，目标和绩效形影不离，才能形成闭环。绩效不好或者不达标，就可以召开民主生活会。会议召开之后，就要跟进一张改进计划表，这就是闭环。绩效如果连续优秀，就可以对相关人员和团队进行嘉奖表彰，这也是闭环。反之，干好干坏一个样、明知有错不改进、改了没人去检查，就会对团队造成伤害。

6. 商业模式+最后一公里——打通关节才闭环

为什么2010年常被称为互联网的"寒冬"？为什么当今线下各种商店里的电子支付可以遍地开花？就是因为商业模式中"最后一公里"得到了突破性的解决——移动支付。10多年前，在网上看到游戏不能马上充值、登录，看到商品不能立即购买下单，听到好听的音乐免费下载之后商家却收不了费……那样的场景，当然会造就互联网的"寒冬"，因为其商业模式中，由于支付的缺失，导致没有形成良好的闭环。

7. 责、权、利——三者匹配才闭环

在人力资源管理中，"责、权、利"三个字常常被提及。试想，如果我们强调其担责，弱化其授权，忽视其利益，在这样的"责、权、利"三元结构中，由于某个模块的缺失或者短板，就没有形成正向的闭环，这样的团队管理必然压抑甚至扭曲。

由此可见，闭环不仅是我们日常企业管理的一种工具，更是一种成熟的思维方式，还是我们应该掌握的一种成功的方法论。

--|我 思 我 见|--

事实上，闭环不仅是我们日常企业管理的一种工具，更是一种成熟的思维方式，还是我们应该掌握的一种职业习惯。而老银更愿意将它看成是一个好的习惯——比如上级安排一个任务，按要求完成之后，及时将进展情况回复告知上级，就是闭环！

绩效管理的过程通常被看成是一个PDCA循环，它分为绩效计划阶段（Plan）、绩效实施阶段（Do）、绩效评价阶段（Check）和绩效反馈阶段（Action）。

部门总监一定要重视6个会

作为一个部门长，或者说部门总监，如果开不好以下6种会议，就不会成长为一个优秀的部长。忙碌的部门总监们，既不能被会议拖累，也不能迷失在文山会海之中。根据老银的从业经验，部门总监应当重点掌握好以下6大基础会议。

部门周例会

毫无疑问，部门总监作为一部之长，检查所辖部门各位同人的周报告，及时给予明确回应，以便顺利推进部门工作目标和计划。

通常，由部门总监组织召开部门周例会是必不可少的环节。根据国外经验数据，一个部门如果超过3人，就必须按常规召开例会。

值得注意的是，周例会一定要与部门的目标绩效相结合；一定要发现问题并力争形成结论；会议成果要形成会议纪要发送全体与会成员；大部门召开周例会，还可以邀请上下游关联兄弟部门参与，或者指派部门同人，主动参与关联部门的周例会，以获得更为深入、更为翔实的第一手资料，这对于打破部门壁垒也非常实用。

公司周例会

稍微规范点的公司，通常会成立类似经营决策委员会的虚拟机构。即便"草根"一点，也通常由各部门长组建成为公司级别的例会层。

部门总监必须参与公司级周例会，以便能从公司全局的高度，同步了解公司层面及关联部门的重大动态。

为了提高效率，通常公司会在公司级例会层开通邮件群组，所有部门总监的周报告（它是代表部门，而不是代表个人），都发送到公司例会层邮件组。这样，各部门长对其他兄弟部门的情况可以及时分享了解，也可以自发自觉地在邮件中及时发现问题，甚至在召开公司周例会之前，就可以主动推进和解决。

经营分析会

老银在多个场合，多次强调公司经营分析会（通常，同步举行经营规划会）的重要性。因此，部门总监如果不能参与公司经营分析会，说明这个总监还不够格，顶多算个小小的市场专员。

通常情况下，公司每个季度必须召开一次经营分析会，系统地对公司当季的经营情况从财务角度出发，予以深刻地剖析。对应的核心参会人员，就是各个部门长。比较注重分享的公司，甚至可以邀请骨干员工参与。当年老银所在的易宝支付，就有这样开放的氛围，值得为其点赞！

如果以信息容易泄露等理由，公司不组织召开经营分析会，或者会议走过场，遇到问题蜻蜓点水，遇到数字遮遮掩掩，遇到争论一团和气，则失去了经营分析的意义，那样的经营分析会还不如不开！

如果部门总监的能力足够强大，还可以向上发展成为CMO（首席市场官），甚至公司经营分析会之上的股东会也可以有一席之地。这样，部门总监的苦日子，就算熬出头了。

新闻发布会

为什么老银将新闻发布会列入部门总监们必须谙熟的会议之列？因为老银的从业经验告诉你：如果一个公司连新闻发布会都没能举办过几次，则市场部的地位和影响力，基本可以忽略！

此外，新闻发布会，往往是检验市场部综合市场营销能力和业务专业水准的一个标志事件。无论一个公司自行举办的新闻发布会有多少，部门总监们都务必加以重视，所谓画龙点睛，成败常在一念之间。

作为部门负责人，参加新闻发布会，还可以对公司的品牌形象有一个感性的认识。不少部门负责人常常忽视新闻发布会，认为这只是市场部门的例行工作，这是不对的。新闻发布会通常可以调动公司全局注意力，形成阶段性的企业内外部热点。

行业高峰会

如果你足够幸运，你所在的团队经常能够参与或者组织上述4个大会，那么，恭喜你！你可以好好琢磨行业高峰会了。

所谓行业高峰会，也就是行业里的论坛、俱乐部、峰会等。你所在公司在行业里的地位和口碑，如何在行业高峰会上能够一决高下或者初露锋芒，就看部门总监们的表现啦。

部门总监们要善于利用行业大会，喝酒、吃肉、看SHOW GIRL（会展模特）不是会议的全部，要充分利用这类会议走出去、引进来，看看差距、争取荣誉、找到兴趣、寻找商机……

跨界交流会

这年头,"跨界"比感冒还流行,其实是很有其道理的。一个会唱歌的厨师,一个会写代码的网红,往往比奇葩还"牛掰"。

因为你所在的公司、所在的行业,发展到一定阶段,就容易碰到"天花板"或者说瓶颈,跨界可以让你出去寻找新的蓝海。

改变,可以靠顿悟、外力、刺激,然而,为什么不靠跨界交流会找找灵感呢?某位大师曾经说过,这世上还没有什么新生事物没有在历史中曾经出现过,你苦苦探寻的破局之道,往往一跨界就能迎刃而解。

综上,掌握好上述6个会,可以从由内而外、自下而上、多维度提升部门总监的高度和格局。

我思我见

为什么要说这6个会?有没有其他什么会议?当然每个公司一定还有其他的重要会议,譬如行政部总监或许关注的重点就是每月员工生日会;采购部总监重点关注的或许是招标会……

老银写这一小节的中心思想,就是希望各位部门总监们根据其部门职责和岗位职责,逐渐形成自己的职业习惯,从而搭建自己的会议思维框架,有目的、有计划地参与相应的会议。

部门总监管理行为的调查问卷

以下调查问卷,是部门下属对于部门总监的管理行为的评价表格(真实案例)。

之所以进行下对上评估,目的是让部门总监可以获得相对真实的反馈,从而更好地提升自己。

本次调查目的的在于促进部门总监的自我提升。

请根据被评者（部门总监）的日常工作表现客观评判。

感谢大家坦诚而中肯的评价，你的信息公司保证给予严格保密。

被评者姓名：×××

一、选择题

1. 你的主管是否在日常工作中积极实践并传播公司的价值观？（是/否）
2. 你是否信任主管的所作所为？（是/否）
3. 你的主管是否能够以身作则，树立工作榜样？（是/否）
4. 你的主管是否乐于把成功或失败的经验坦诚地分享？（是/否）
5. 你的主管把个人利益放在公司利益之上吗？（是/否）
6. 你是否清楚本部门每季度要达到的目标？（是/否）
7. 你的主管对你的工作是否有帮助？（是/否）
8. 你是否能在你的主管身上学到东西？（是/否）
9. 如果换一家公司，你愿意与你的主管再次合作吗？（是/否）
10. 日常工作中你的主管是否具备服务精神？（是/否）
11. 当目标未能实现，你的主管是否能够勇于承担责任？（是/否）
12. 你是否希望部门换一个新的负责人？（是/否）

二、填空题

1. 你最欣赏你主管的哪方面：_____
2. 你最希望他/她改变什么：_____
3. 整个公司层面你最欣赏的两位主管分别是谁：_____ 为什么：___
4. 你最希望本部门改变的是什么：_____
5. 你在主管身上获得的最大收获是什么：_____
6. 你的主管所做的事有什么对你最有帮助：_____
7. 你的主管所做的事有什么对你最有妨碍：_____
8. 你的主管在管理之道的哪方面做得最好：_____ 哪些最需提高：_____
9. 你给被评者打分是（1分表示最差，5分最好，3分是称职）

三、开放题

你对你的主管有何建议？越明确越好！

我思我见

必要的管理工具是需要的，深刻的自省是必需的，借助外力的他省是恰当的。祝大家更加卓越！

同样一张表格，放在不同文化氛围的企业里，效果一样吗？我想肯定不一样：在正能量相对较高的企业里，这张表格可以让部门总监的管理行为变得更加优秀；在负能量相对较高的企业里，这张表格或许会让团队雪上加霜，甚至土崩瓦解。

那么，问题来了！如何通过这样一张简单的表格，提升并优化部门主管的管理行为呢？所谓欲速则不达，先调理好团队的文化氛围吧！

一些貌似专业的HR揣着明白装糊涂，明明团队的氛围已经出现了严重问题，他不去想着如何先行调理，而是拿着几张表格走过场，请问专业性何在？责任感何在？良心何在？

空降部门总监如何梳理工作思路

部门总监空降一地，往往百废待举，千头万绪，容易眉毛胡子一把抓，要么恨不得马上将"三把火"烧起来，急于表现并证明自己的能耐，要么以不变应万变，上面怎么说就怎么做，下面怎么做就怎么看，完全没有章法可言。

其实，上述两种做法都是欠妥的。正确的做法是迅速梳理思路，按照你的方式，结合公司的需要，顺理成章地进入角色！老银提供一套工作思路梳理逻辑，可供参考。

第一，熟悉你的团队（见P223"空降主管如何顺利融入新团队"）；

第二，吃好三顿饭（见P223"空降主管如何顺利融入新团队"）；

第三，给自己找个好导师（见P191"快给自己找个导师！"）；

第四，重视并开好6个会（见P158"部门总监一定要重视6个会"）；

第五，梳理年度工作计划（见P60"制订年度工作计划的7大关键要点"）；

第六，为下属定素质模型（见P73"为下属设计素质模型"）；

第七，培养下属职业习惯（见P112"请勿漠视职业习惯"）；

第八，确定这样做事原则（见P128"职业经理人必须掌握的10大成功法则"）

第九，不要忽视阶段总结（见P62"部门总监如何写好年终总结"）。

- - 我思我见 - -

　　这或许不能成为一篇独立的文章，因为它顶多只算是本书中部分内容的一个简要索引。然而，当老银把这篇文章在线上进行分享时，很多读者惊呼这就是一份实实在在的高管空降指南！事实上，无论你是否是空降，当你需要整理部门管理工作思路时，这篇文章或许都能帮上你的忙。

　　同时，这篇文章的阅读方式也十分有趣，有趣得犹如我们的人生——该回忆时，不妨回过头去认真看看；该展望时，不妨大胆跳跃几步去未来穿越。

企业组织架构调整的原则和方法

　　职场中，公司几乎每年都会对内部的组织架构进行或大或小的调整，其原因，明面上一定有"为了满足公司业务发展的需要""更好地提升组织活力"等。

　　其实，组织架构调整的另一个更为接近真实的原因，就是"治乱"——治理之前相对混乱的架构或体系，梳理之前相对混乱的流程或制度，调理之前相对偏颇的战略或战术，整治之前相对涣散的风气或文化……

那么，如何调整？调整组织架构的原则和注意事项都有哪些？

老银近日阅读诸葛亮《便宜十六策》之"治乱"，乃有感悟。

治乱之政，谓省官并职，去文就质也。

夫绵绵不绝，必有乱结；纤纤不伐，必成妖孽。夫三纲不正，六纪不理，则大乱生矣。

故治国者，圆不失规，方不失矩，本不失末，为政不失其道，万事可成，其功可保。

夫三军之乱，纷纷扰扰，各惟其理。明君治其纲纪，政治当有先后。

先理纲，后理纪；先理令，后理罚；先理近，后理远；

先理内，后理外；先理本，后理末；先理强，后理弱；

先理大，后理小；先理上，后理下；先理身，后理人。

是以理纲则纪张，理令则罚行，理近则远安，理内则外端，理本则末通，理强则弱伸，理大则小行，理上则下正，理身则人敬，此乃治国之道也。

选文开篇第一节，就指出了组织架构调整的治乱方针——裁减冗员、合并机构、反对浮华、提倡质朴。此外，一定要从上到下先定规矩，企业的"三纲六纪"是什么呢？我认为就是企业的顶层设计，也就是企业的使命、目标、愿景。之后，才是组织架构和关键业务制度和流程等。

如果不按照这样的方针和原则来治乱，也就是组织架构调整，就会出现"纷纷扰扰，各惟其理"——状况纷繁复杂，大家各执一词、各行其是。

选文中指出了组织架构调整的方法论和先后顺序。如果结合现代企业，就会发现如下对应关系：

纲——顶层设计；纪——组织的架构；

令——制度流程；罚——奖惩和处罚；

近——近期目标；远——长远目标；

内——企业内部；外——外部大环境；

本——主营业务；末——周边小副业；

强——找出优势；弱——发现其短板；

大——重要紧急；小——次要不紧急；

上——经营战略；下——任务和计划；

身——企业自身；人——行业内对手。

我思我见

根据老银对国内外几大主流管理咨询顾问公司的管理导入套路的了解，他们正是很好地掌握了诸葛亮治乱的原则和方法，从而在为现代企业组织架构调整过程中提供咨询策略，达到了事半功倍的效果。（见P303"漫谈管理再造"）

对人才设置分级和序列的原因

现代职场的人力资源管理中，无论我们采用P序列（技术岗 Proficient）、M序列（管理岗 Manager）、还是S序列（销售岗 Sales），都会为这些岗位序列设置"三六九等"各个档位。

表面来看，这样设置的目的是便于对人才的优劣高低进行分类和定级，并且方便工资薪酬的对应关系和发放计算。

然而，这只是对人才的分级和序列比较低级和肤浅的认识，或者说并没有抓住人力资源中资源二字的核心。其核心是什么呢？就是要用相对科学的方式，深入地对人才从其本质上加以区分。而不是现代职场中HR们通常采用的工作经验、工作年限、工作履历、成功案例等流于表面但是便于操作的方法。

换言之，便于操作是现代HR们的偷懒心理在作怪，这是对人力资源的轻视。如果我们不能深入观察和甄别人才，那就是对人力资源的极大浪费和误导。

早在三国时期，诸葛亮在其《将苑·将器》一文中，对人才的分级和序列就进行了深刻的讲述，可谓现代职场HR们的工作指引。

将之器，其用大小不同。若乃察其奸，伺其祸，为众所服，此十夫之将。夙兴夜寐，言词密察，此百夫之将。直而有虑，勇而能斗，此千夫之将。外貌桓桓，中情烈烈，知人勤劳，悉人饥寒，此万夫之将。进贤进能，日慎一日，诚信宽大，闲于理乱，此十万人之将。仁爱洽于下，信义服邻国，上知天文，中察人事，下识地理，四海之内视如家室，此天下之将。

如果将三国期的战场对照现代职场，会发现如下好玩的东西。

十夫之将——相当于部门长；百夫之将——相当于事业部部长；千夫之将——相当于企业CEO，或者集团中一个公司的CEO；万夫之将——跨国公司或者大型集团CEO；十万人之将——跨国公司或者超大型集团主席（董事长）；天下之将——绝对的行业老大，近乎某领域的公众人物和头领，即行业领袖。

老银认为，无论企业里的部长或者总监序列高低，他能掌管的下属人数的多少往往跟他的胸怀成正比——如果你只能容得下几个人或者某一类人，你就只能当一个小师傅，找一个推崇你的小跟班儿跟你混着；如果你能容得下上百人，理解他们，尊重他们，用好他们，朝着同一个目标，求同存异，那么你就可以当一个事业部长……

我思我见

不同规格的"将"，其特质有所不同。规格越高，特质要求越高。从普通的十夫之将，需要自己做到为众所服，到天下之将，需要有四海之内视若家室的胸襟。

嘿！这就是市场总监的素质

我们经常说，某人的基本素质不错。那么，基本素质到底指的是哪些素质？写文章、做策划、玩转自媒体，这些入门基本功，算是市场营销人员的基本素质吗？

下面，我们一起来看看市场总监的基本素质吧。根据下文所述，基本素质有主动精神、服务、团队精神、学习能力、沟通能力、逻辑思维能力、组织协调能力、执行力、创新能力、团队管理能力10大衡量要素。

为了让这些衡量要素尽量具备可操作性，我们还通常需要从衡量指标、关键点、职位匹配三个维度，来进行相应的补充说明，以便彼此的理解取得一致。

主动精神

主动精神是个体按照自己规定或设置的目标行动，而不依赖外力推动的行为品质。由个人的需要、动机、理想、抱负和价值观等推动。主动沟通、大胆尝试、创造性地解决问题、不要害怕犯错误、从错误中学习是主动精神的关键。

衡量主动精神的指标有以下几点：

1. 主管要求做什么，就做什么；

2. 主动找主管，要求做什么；

3. 知道做什么，而且能够提前做好，从不或很少麻烦主管；

4. 能够把工作做好，而且能够提出合理化建议，帮助整个团队成长和提升；

5. 能够着眼全局，主动发现问题，提供解决方案，并能够推进执行及制定出流程，一劳永逸地解决问题。

服务

服务是自觉主动做好服务工作的一种观念和愿望。在与一切企业利益相关的人或企业的交往中所体现的为其提供热情、周到、主动的服务的欲望和意识是服务的关键。

衡量服务的指标有以下几点：

1. 做好本职工作，不给其他客户或同事留有疑问，满足客户的期望；

2. 注意细节，将自己的工作做到最好，并为客户多想一步，超出客户的期望；

3. 换位思考，有愿意为别人服务的期望。制度和流程再完整，强迫去执行也是被动的；

4. 主动服务是前瞻性的，从解决问题到未雨绸缪，并能举一反三；

5. 主动服务是一种高度和全局观，需要站在公司高度看本部门和自己的工作，这样就能更有效地提供针对性的优质服务。

团队精神

团队精神就是大局意识、协作精神和服务精神的集中体现。反映的是个体利益和整体利益的统一，并进而保证组织的高效率运转。通过坦诚而创造性地沟通，紧密地协作，形成一个相互尊重、相互帮助，勇于批评和自我批评的学习型组织，共同创造价值和辉煌是团队精神的关键。

衡量团队精神的指标有以下几点：

1. 团队活动缺席率不高于20%；

2. 能够主动向团队成员暴露自己的优缺点，主动承担能够发挥自身优点的工作，并主动请团队成员监督自己改掉缺点；

3. 工作以团队目标为导向，能够主动制订或调整工作计划向目标靠拢；

4. 为了完成团队目标，阅读每位同事的日报和周报，主动为同事提出建议，并被同事采纳；

5. 能够将自己的工作经验转化为知识，每个季度至少在部门内部分享2次；

6. 每季度至少向部门或公司提出2条流程和制度的改进建议并被采纳，主动维护部门及公司制度。

学习能力

学习能力就是学习的方法与技巧。主动学习与本岗位相关的一切职业技能，无条件完成分内和上级领导指派的一切工作，不找任何借口是学习能力的关键。

衡量学习能力的指标有以下几点：

1. 来学了（0分）；

2. 来学了，记住了（知其然）；

3. 来学了，记住了，应用了（通过实践希望知其所以然）；

4. 来学了，记住了，应用了，总结了（知其所以然）；

5. 来学了，记住了，应用了，总结了，分享了（学而时习之，不亦说乎）。

沟通能力

沟通能力包含表达能力、争辩能力、倾听能力和设计能力——形象设计、动作设计、环境设计。主动与相关部门沟通，在约定时间内完成部门间的协作工作，并使对方满意。沟通的关键是多听少说，坚持原则，换位思考，适当引导。

衡量沟通能力的指标有以下几点：

1. 出现冷场，不知道说什么；

2. 无知者无畏，什么都敢去说；

3. 会针对客户的特性去和客户沟通；

4. 让客户说，聆听；

5. 让客户说，聆听，并适度引导，达成预期目标。

逻辑思维能力

逻辑思维能力是在认识事务的过程中借助于概念、判断、推理等思维形式能动地反映客观现实的理性认识过程。能够灵活地使用逻辑，积极参与辩论和质疑，坚守真理，去伪存真是逻辑思维能力的关键。

衡量逻辑思维能力的指标有以下几点：

1. 能够将问题分解，找出直接的因果关系，确定问题的轻重缓急；

2. 根据当前情况与过去类似情况的类比，辨认出共同点、不同点及变化趋势；

3. 通过对复杂和不同数据的深刻理解而获得的基本原理来解决广泛的技术或业务问题；能发现产生问题的多种原因、一种原因导致的多种结果、事件的线性多重因果关系；提出解决方案；运用理论知识及过去不同情况的经验，分析当前情况，找出复杂事物之间的联系（举一反三）；

4. 能识别复杂的模式或不明确的数据和结论，解决复杂的业务和技术问题；将复杂问题拆分成多重因果链，提出（确定）多个解决方案并权衡其利弊；用易于理解的概念、方式诠释复杂的问题（深入浅出）；能够多角度考虑，判定问题的解决是否能产生足够的商业利益，提高客户或合作伙伴的价值。

组织协调能力

组织协调能力是根据工作任务，对资源进行分配，同时控制、激励和协调群体活动过程，使之相互融合，从而实现组织目标的能力。组织协调能力包括组织能力、授权能力、冲突处理能力和激励下属能力。

衡量组织协调能力的指标有以下几点：

1．沟通时，能够正确且全面地理解对方的想法需求；

2．能够归纳并提升对方的想法需求；

3．表达时，能够清晰且准确地表达，不给受众留下疑问；

4．能够解决冲突与矛盾，并使相关各方人员达成一致共识；

5．能够协调到合适的资源完成目标；

6．与内外部客户、合作伙伴、协作团队等均能保持良好的合作关系，有良好的评价。

执行力

执行力是贯彻战略意图，完成预定目标的操作能力。包含完成任务的意愿、完成任务的能力、完成任务的程度。执行力以完成既定的目标为终极结果。

衡量执行力的指标有以下几点：

1．对事情的计划合理，每周计划内的重要事情或项目可以全部完成；

2．对事情的重要、紧急程度把控，事情能够按此顺序在有限时间内合理高效地完成；

3．能够经常主动发现各方面存在的问题；

4．能够透过现象看到问题本质原因并提出2个以上的解决办法；

5．能够提出解决问题的最有效的低成本办法；

6．结果导向，能够克服巨大阻力推进执行并完成目标。

创新能力

创新能力意味着保持开放心态，永远不满足于现状，创造性地用更快和更好的方式服务客户。在精准抓住客户需求的前提下大胆创新。要敢为天下先，拒绝平庸，给世界带来惊喜。从不同角度思考问题，大胆尝试，挑战极限，超越自我，创造性地解决问题；不要害怕在创新中犯错误；勇于从大处着想，充分发挥主动精神，创造新的机遇。

衡量创新能力的指标有以下几点：

1. 经常主动地提出创新想法，并不断付诸实践检验；
2. 完成实际投入生产并有一定产出的创新项目。

团队管理能力

团队管理能力是在一个组织中，依成员工作性质、能力组成各种小组，参与组织各项决定和解决问题等事务，以提高组织生产力和达成组织目标的能力。建立共同的团队目标，营造积极向上的团队氛围，提升团队整体业务水平是团队管理能力的关键。

衡量团队管理能力的指标有以下几点：

1. 团队管理松懈，未对下属员工进行工作指导和工作计划；
2. 可不定期对下属员工进行工作指导和工作回顾，团队成员间可有效地进行配合；
3. 可定期对下属员工进行针对性的指导和制订工作改进计划，下属员工可以逐步成长；
4. 日常性地对下属员工进行针对性的指导、给予优势评价和工作改进计划，下属员工可以快速成长。

- -|我 思 我 见|- -

看完上述介绍，你是否对基本素质有了相对专业的新认识？你是否在评价别人素质好坏的时候，可以在基本素质前面加个定语？

本节选自易宝支付的《员工基本素质》。由此我想，易宝支付

chapter 4 | 丰富实战管理工具

推崇"一群人的浪漫",需要强烈的文化气息与专业工具,才能让梦想发芽、落地、开花……

Sales、BD、Marketing之间的关系比对

大约20年前……

小白在市场部混得久了,头发也逐渐白了。

从当初入司,小白一直专职写些小"豆腐块儿"文章,逐渐变得可以"走出去"和一些媒体的编辑、记者侃侃而谈,尽管有些脸红。甚至还可以偶尔和前来拉广告的小姑娘们"打情骂俏",尽管有些羞涩。

小白也不忘用刚从银校长那里学到的5M法则之类的问题,去"刁难"一下曾经用4P"刁难"过自己的小姑娘。

小白的"豆腐块儿"文章,逐渐在公司内部小有名气,公司里部分关系要好的销售(Sales)同人,逐渐开始用"大笔杆子"来称呼小白。甚至公司里做商务拓展(BD)的小姐妹们,对小白也开始变得温柔起来,她们希望借着小白做市场(Marketing)的专业文笔,可以为她们写的合作方案等加以修饰和润色——尽管小白心里明白,BD小姐妹们那几块儿巧克力的代价,实在是某种程度上对自己码字的侮辱。

小白乐此不疲地写着,从公司新闻到产品简介,从领导专访到企业文化,从活动方案到海报文案……小白很享受那样的忙碌过程。

一天,小白的大BOSS召开了一个比较正式的内部头脑风暴会,要求销售部、BD部、市场部三大部门的"长老"们一起参与。

鉴于小白文字功底深厚,被要求列席担当打字员——会议记录。小白很是珍惜和感激这样难得的机会——能在如此重要的场合,陪同各大部门领导参与如此重要的会议——尽管小白在会上没有一次发言的机会——尽管小白后来若干年才知道,那次"列席"打字员的宝贵机会是自己的市场部小BOSS苦苦争

取才得到的。

至于那次会议开的什么具体议题，小白早已忘却。但会议场景中某些片段，犹如电影般在小白脑海里翻腾——销售部老大底气十足、信心满满的男中音久久回响在耳畔；商务拓展部大姐大八面玲珑的"暧昧"眼神左顾右盼；市场部小BOSS思维活跃、略显卑微的肢体语言……

小白实在搞不明白，那次会议中高频率出现的"市场"二字，怎么就跟公司里销售部、BD部、市场部扯上了关系？这三个部门之间到底有什么关系和区别呢？

我们这就说说"销售—BD—市场"之间的关系。

销售（Sales）	BD (Business Development)	市场（Marketing）
承担业绩指标	承担寻找蓝海	承担花钱指标
挣钱	整合	花钱
通常很牛气	通常很"大神"	通常很纠结
面对最终目标B或C	面对潜在伙伴，常玩跨界	面对广阔市场，通过媒介
唯有"开放+分享"，才能打通三者之默契关联		

"销售—BD—市场"存在着上表所示的联系和演变。因此，市场营销人员必须要以"开放+分享"的心态来进行跨部门之间互助与协作。

市场部要时刻反思，能给BD和销售部门提供什么样的支持；反之，市场部能从销售和BD部门得到什么样的市场资源和推广素材？

销售—商拓—市场的关系图

从上图可见，Marketing所面对的外延（受众范围）和机会（潜在市场）比较大；BD次之；Sales更是集中在目标用户那里，直接完成企业的销售任务，三者之间的包含关系十分明显，特殊时候，三者既可以合一，也可以分开运营。通常，当BD已经形成例行工作的时候，要么转换成Sales，要么转换为Marketing。

销售——就是直接签单（合同）卖东西，挣钱的部门，通常放在公司的渠道部或者销售部。他们业绩的好坏，通常就是销售额的多少，对销售人员（Sales）的褒奖通常以提成来表示。

BD——就是可以"忽悠"更多更大的潜在合作机会，BD部通常存在于一个相对成熟的大企业里，因为只有大企业才有充足的时间去培养和耐心等待，只有大企业才有实力去整合资源。

一般而言，小企业不会设置单独的BD部，因为BD部通常不承担销售指标，其着眼于稍微远一点的未来和更大的商机。对BD的褒奖通常是能"忽悠"来一个庞然大物，能描绘一幅或许永远不存在的"蓝图"。

市场——这里指"小市场"，就是市场宣传推广的意思，通常由公司里市场部，甚至是简化版本的公关部来承担。市场工作通常以发布多少软文、投放多少广告、举办多少活动、协助销售和BD做了多少"大"事来衡量。对市场人员的由衷赞美就是——哇，你们公司的知名度和美誉度真心不错！

我思我见

上述市场、销售、商务拓展，实则是市场激烈竞争到一定阶段之后更加精细化管理的产物。老银认为，除了在应聘入职时，大家比较重视其功能划分之外，在实际工作中，真心不必这样的纠结，成王败寇，能者居之。

简单7招，将市场调研拉下"神坛"

没有调查研究就没有发言权！

我们知道，制订市场营销计划之前，往往离不开市场调研。市场总监的义务之一，就是要深入浅出地训导市场部，让"高大上"的市场调研走下神坛。以下，是老银多年来关于市场调研的一些心得和体会，整理如下，以飨读者。

首先重视公司内部调研

很多从事市场工作的朋友，常常忽略的调研对象就是公司的内部同人，尤其是跨部门之间的信息交流。在一个比较注重分享的企业，市场人员获得相关信息比较容易。然而在一个比较强调保密的企业，由于很多人掌握不了这个分寸，就借故形成一个又一个的信息瓶颈。

凡是与公司客户能进行直接接触的同事，都是我们很好的内部调研对象。比如客服部、运营部、销售部，他们往往都能获得市场最直观的反馈和信息。市场部的人员，要与之形成例行的沟通机制，形式上可以稍微正规一点，必要时可以形成书面的调查问卷，这样就可以引起相关部门的足够重视。

善用公司合作伙伴调研

公司的合作伙伴，比如销售渠道和下级分销商，常常以公司的半个"自家人"身份出现。尤其是他们作为直接接触市场一线的终端，从那里获得的第一手信息也是非常珍贵并具有参考价值的。

针对公司合作伙伴的调研，由于涉及跨部门作业，因此要注意方式，通常需要给公司的合作伙伴管理部门打个招呼，以寻求他们的支持。条件许可的情况下，可以和业务部门一起拜访合作伙伴，深入交流市场反馈。这样获得的信息，远比坐在办公室里通过各种搜索得来的资料要靠谱和生动得多。

留意竞争对手官网及动态

对于竞争对手的调研，不要一下子就指望拿到人家的核心商业机密。事实上，这些成文的商业机密，人家也不至于傻乎乎地直接拱手相送。细心的市场人员，只要长期坚持关注对手的官网及动态，再配合从合作伙伴那里得到的各种信息，进行综合分析，往往就可以明白竞争对手的市场策略甚至营销政策。

毕竟，在你的竞争对手眼中，下面的合作伙伴（通常越往下面，大家的渠道相通或者具有很大的共同性）是没有办法进行充分保密和防范的。比如同类产品的价格政策，用好你的合作伙伴，他们往往得到的信息最为接近市场的真实情形。

分析竞争对手公开的报道

我们的市场调研，往往在很多时候，就是直接针对竞争对手的调研。上文说过，对手的官网及新闻动态是相对公开的。除非人家用了专门的渠道管理后台。即便这样，对手也必须对市场进行适当的透明和公开。

媒体关于对手的公开报道，往往可以看出对手的市场营销发力趋势和方向。尽管偶尔也会出现对手故意扰人耳目、混淆视听的一些宣传。但只要市场人员长期留意，将一段时间的信息集中分析，自然可以看出对手的某些真实端倪。尤其是那些公众企业，他们的公开报道甚至公开财报是很值得认真解读的重要资料。

第三方调研机构免费数据

在IT或者互联网行业，有艾瑞、易观等比较知名的第三方调研机构。这些机构定期会免费公布一些时间稍微滞后的行业数据或者报告。这对于一个相对成熟的行业而言很有参考价值。

如果条件许可，可以购买上述调研机构的报告服务，这样可以更及时、更全面、更深入地掌握行业的大趋势和数据，以便企业从行业的层面把握大的方向和脉搏。

加入行业协会获取白皮书

很多行业，都有自己的行业协会。这些行业协会，通常会有各种组织交流，以及白皮书等资料分享。

如果你所在的公司，已经成为某行业协会的成员单位，则市场部人员就可以借机多与协会交流。对于通常关注的数据，是比较容易获得的，因为这些数据，主要是站在行业或者产业的高度，不涉及某个竞争对手的核心商业机密。因此，协会也可以算是为整个行业服务的机构。

参加行业峰会或者俱乐部

对于有条件的企业，可以适当参加那些有点干货的行业峰会或者更为高端的俱乐部。这里所获得的市场调研信息不但相对高端、私密、权威，同时，这些峰会或者俱乐部往往还可以影响甚至左右行业发展的潮流，甚至政策条文的制定。

小贴士：白皮书和第三方

白皮书是政府或议会正式发表的以白色封面装帧的重要文件或报告书的别称。作为一种官方文件，代表政府立场，讲究事实清楚、立场明确、行文规范、文字简练，没有文学色彩。白皮书已经成为国际上公认的正式官方文书。各国文件分别有其惯用的颜色，封面用白色的就是白皮书。

第三方指两个相互联系的主体之外的某个相对独立的客体。一般引入第三方的目的是为了确保中立、公平、公正，如第三方认证、第三方支付、第三方监理等。

- -| 我 思 我 见 |- -

一些企业，要么不重视市场调研，要么神话市场调研。还有的企业高级主管，为了拿到所谓专业的市场调研报告，从而作为推进自己的想法、印证自己意见的强有力的外部理论支撑，不惜花高价，甚至花冤枉钱去购买和定制，对上述最基本的调研渠道和方法弃置不用，实则舍近求远，舍本逐末。

市场总监常用的4种市场预算思路

我们多次讲过，市场营销离不开5M法则。5M法则里，其中一个重要因素就是资金（Money），也就是所谓的市场预算。因此，如何确定相对合理和科学的市场预算，对于企业里的市场部而言，是需要一些真功夫的。

对于相对传统的领域，市场预算通常有如下四种思路。

第一，根据承受能力来确定。

优点：量力而行、不会超支。

缺点：忽视了广告的作用和目的；没有宣传战略和延续性；没有长远规划；难以计划执行。

应用：适用于拿不准的情况下，先小范围或者小额度尝试，然后逐步得出一些经验数据后再行调整预算。

第二，按照销售额比例进行提成。

优点：通常做法，容易计划；按照与业绩挂钩来预算，容易通过批准；促使我们考虑回报率和结果。

缺点：内部驱动、一厢情愿，与市场状况脱节；缺乏长远规划；可能不会按照产品和地区特点来进行推广分配。

应用：适用于有可供参考的历史数据积累，以及财务模型相对清晰的情况之下的预算。

第三，根据竞争对手情况来确定。

优点：与竞争对手一样，不会丢失市场份额。

缺点：竞争对手的花费是否合理？公司的品牌/知名度/历史不一样；公

司的目标、资源、机会也不一样；有可能挑起广告大战。

应用：适用于市场变化很快，以及产品同质化程度较高，价格战比较常见的情况。

第四，根据经营目标和任务来确定。

优点：以达成公司的经营目标为目的。

缺点：无法科学确定预期的市场份额是多少；无法仔细确定市场覆盖率是多少，预期的目标用户是多少；公司内部对多种市场假设及计算方式能否达成一致？

应用：适用于公司管理程度相对规范的情况。

通常，上面四种模式并不绝对，有时候企业也综合应用。

对于互联网创新项目，由于它具有"创新"的特点，因此其市场预算可以参考的案例相对较少，上述传统领域的市场预算的办法或许就不再管用。这时，我们又该如何预估合理的市场预算呢？

根据老银的经验，互联网创新项目，其实在市场营销的预算设计方面，反而具有很多传统领域所不具备的优势——那就是透明度和可追溯。

透明度

由于互联网具有开放、分享、合作、共赢等特点。因此，从某种程度上说，如果捅破互联网那层半透明的窗户纸，则所有的数据（市场推广投放数据、产品运营数据等）自然而然就形成了强关联。有了这个关联，再采用小步快跑（快速迭代）的方式，就可以摸索出属于你的或许也是独一无二的市场预算决策方法。

举例而言，每个注册用户的成本是多少？每个付费用户的成本是多少？每个用户在你产品中的留存表现怎么样？每个用户的APU值是多少？甚至每个用户抛弃你的服务的理由是什么？

你可以采用合理合法的方式，获得非常透明的支撑数据。当然，你需要在进行市场推广之前，适当地对你的内部数据支撑系统进行一定的规划和设计，切不可等用户一拥而上或者一哄而散之后，还找不到数据之间内在的因果关系，以及来龙去脉。

可追溯

同理，由于互联网的上述特点，导致了所有的数据其实都是可以追溯的。它一方面取决于你们企业的内部数据系统设计，另一方面也取决于你合作媒体的开放程度。好在现在国内互联网的数据正在逐步走向开放，某种程度上已经出现合作、共赢的趋势。

举例而言，市场上各种打车App，如果放在10年前，这事儿肯定得"黄"。为什么呢？因为你得们企业做一个注册系统、得自己做一个支付系统、得自己做一个GPS定位系统、得搞定一切本不应该由你搞定的，那些你根本就不擅长的事情。而当你把本不应该属于你重点搞定的事情搞定之后，要么早就失败了，要么找不到重点迷失了方向。

现在好了，基于互联网"开放+分享"的思维和精神，各种打车App只需要做好自己最拿手、最核心、最有价值的服务，你可以把注册交给QQ、把支付交给微信或者支付宝、把地理位置定位交给GPS……而这样的结果，打车App火了、QQ笑了、支付宝赢了，当然，我们用户也成了受益者。这就是互联网新生态圈合作、共赢的典型案例。

--|我思我见|--

越是互联网创新项目，越是没有参照系的市场预算，越需要在你心里更加清晰地认识和呼唤——透明度！可追溯！

通常相对正规的公司，包括市场预算在内的各种预算，先做年度的，然后是季度的，有的企业还要求预算不能跨季度使用。财务部门需要至少一个季度反馈一次数据给其他部门，预算是否超标。预算可以调整，通常下半年开始前，可以随着经营目标的调整有一次小的预算调整。

为了让所有业务部门重视开源节流，重视预算，人力资源部门可以在各部的绩效考核KPI中，设置一项内容——预算控制在±10%（具体数字为举例，如果管理比较到位，可以控制在±5%以内）。此外，为了使各部门负责人在预估预算时不会信口开河，除了上述KPI扣分之外,下一年度的预算会受一定的影响——包括预算金额减少,以及预算审核更严格。

案例 如何编写培训课件

不会编写专业培训课件的部门主管,不是合格的主管!以下是某企业课程开发大纲实战案例,供参考。

×××课程开发大纲

填写日期:　　年　　月　　日

一、课程描述

课程范围	□部门级　□所属中心 □公司级　□跨部门		课程名称	
培训方式		培训对象		培训总课时	
最佳人数		考核方式			
一、培训目标				
二、课程大纲 (以下以《有效沟通》作为案例来展示课程大纲内容,实际课程大纲以课程内容为准) (一)沟通的功能 1.1 沟通的定义 1.2 沟通的功能 (二)沟通的陷阱 2.1 沟通的要素 2.2 造成沟通障碍的因素 2.2.1 主体　2.2.2 内容　2.2.3 媒介　2.2.4 客体 (三)沟通的技巧 3.1 听　3.2 说　3.3 读　3.4 写　3.5 看 (四)如何提升沟通的效果 4.1 认识自己　4.2 塑造自己　4.3 重视对象				

××× 课程开发大纲

续表

三、参考资料（如有需要请打√并且写明详细情况）
□书籍类　　□视频类　　□讲师手册　　□学员手册　　□其他
四、教学用具（如有需要请打√，特殊需要请列明）
□电脑（需要公司准备）　　□投影仪　　□白板和白板笔　　□白报纸 □双面胶（胶带）　　□彩色笔　　□其他

二、课程计划

以《有效沟通》为例，填写时需以实际课程内容为准。

一级标题	沟通的功能
单元目标	了解沟通的定义和功能
本章重点	掌握沟通的基本功能
本章难点	沟通的基本功能在实际案例中的应用
培训方式	面授+案例
课时分配	0.5课时

三、课程评审

课程评审表

课程名称		课程范围	□部门级 □所属中心级 □公司级 □跨部门
评审日期			
课程开发员责人			

课程类别：□理论知识类　　□技能技巧类　　□观念态度类
课程目标：_____
体现的易宝组织精神_____

（以上为课程开发员责人填写，以下由评审会成员填写）

评审内容和说明

评分说明：1分——远低于要求；2分——有待提高；3分——主要工作达标；4分——全面达到预期；5分——部分超出要求
培训方式选择：理论知识类首选阅读、讨论、自学；技能技巧类首选面授、示范、实际操作；观念态度类首选体验、演讲、讲座等

课程评审表

续表

项目	指标	标　　准	满分	评分
整体呈现 20分	目标	依据培训对象工作要求设定，符合实际工作需要；	5分	
	内容要点	围绕目标设计，重点突出，易于接受	5分	
	方法选择	依据课程目标和类别选择，对性强、易于接受和理解	5分	
	考核方式	能够有效达到对目标的验收	5分	
PPT文件 20分	整体结构	有首页、课程目标页、目录页、总结页 每部分的逻辑结构清楚，具有良好的提示作用	5分	
	文件质量	每张幻灯片紧扣教学要点，精练、明确，字数不宜过多	5分	
		文字、图片、色彩符合课程需要突出视觉效果但不夸张	5分	
		内容完整、详细、准确；所提供附件资料针对性强	5分	
考核方式 10分	考核方式	针对性强，与培训目标和实际工作需求一致	5分	
		考核题目或验收方式合理，能够有效地对培训结果进行验收	5分	
分数合计				
课程评审组意见： 评审结果（30分以上为通过标准） □通过　　　□返回修改 评审组代表签字： 日期：　　年　　月　　日				

- -｜我 思 我 见｜- -

做好"传—帮—带"，就需要做好员工培训！因此，每个部门负责人，都应该掌握培训课件的编写技巧。同时，课件做得好不好，还需要引入第三方的意见和看法，因此需要增加课程评审这样一个环节。此外，参加培训人员对培训讲师，以及培训课件本身的意见反馈，更是十分重要的，有助于培训讲师（在企业里通常就是部门负责人承担）在下一次培训中提升自己。

chapter 5
初入职场平稳起步

经过这些年职场打拼，老银才逐渐明白：如果说成功没有捷径，那就是笑话！出名要趁早，本章的职场基本功一定要练好！

希望初入职场的"菜鸟"们，一旦离开校园，就要开始在脑子里形成一套适合自己的职场学习方法。而对于职场"老鸟"们，本章或许可以为你提供某些个反思的契机，从而为你未来的职业生涯规划，以及部门管理和企业管理提升更多的增长空间。

本章将重点讲述如何认识职场关系，如何安排职业导师，如何取舍与拒绝，如何规划职业出路，如何管理会议，如何激发团队潜能，如何走出个人困境……与其说他们是初入职场的某些技巧，还不如说是一个过来人的深刻教训。

"趁早"的"出名"

张爱玲曾说过"出名要趁早",据说这句话影响了许多人。如果把它放在现代职场里,我认为是再合适、再励志不过的了。

为什么?因为大部分不在体制内上班的人,期望踏踏实实地工作到退休,基本上只能是一种善良的奢望。不信,你可以查一查周围那些企业的招聘要求,或者问一问身边超过40岁的大叔和阿姨们。很容易发现,多数企业在招聘启事的任职需求里,云淡风轻地给35岁拦腰画上一道红线——你已不再年轻!

因此,对于我们大部分人而言,留给我们拼搏的黄金岁月,仿佛也就15年而已!如果再减去初入职场那3~5年的青铜时代、白银时代,剩下的高产出年份,也就仅剩10年!那么,在这短短的15年里,如何趁早出名?就是我们必须关注的学问了!

趁早确定目标

身在职场,没有什么比缺少目标或者目标定位不清晰更令人难过的了。离开校园之前,我们的目标应该是清楚的——考上理想的学校,读满意的专业,找到满意的工作。然后呢,一些人离开校园之后,当初的目标一下就消失了,新的目标还没来得及确立或者说相当模糊。于是,我们很容易把初入职场前面那三五年光阴给荒废掉。

事实证明,越是优秀的人,早期目标越明确。因此,一定要尽早梳理出你的1年、3年、5年目标和规划。它们可以是你技能的增加、职位的获得、薪水的提升……目标要可行,要符合SMART原则。试着列举出来吧,并为这些目标制订出你认为切实可行的几条路径。

趁早学会方法

多年的校园生活，使我们养成了一套好的学习方法——课前预习，上课认真听讲，课后复习，及时完成作业，仔细修改错题……是的，那真是不错的学习方法！

可是，当你走上工作岗位，好的工作方法又将是什么呢？我想，估计没有几个部门主管能够像经验丰富的校园老师那样，认真、负责、系统、科学地传授给你，并让你用长达10多年的时间去领悟。即便有那么几个热心主管，他们也没有教学领域数十年的经验积累。因此，自己一定要善于尽快领会工作方法。比如闭环，比如"目标—原则—方法"，比如时间管理等。

趁早建立圈子

圈子是什么？有人说是人脉，有人说是具有相同爱好、兴趣或者为了某个特定目的而联系在一起的人群。老银认为，物以类聚，人以群分。建立什么样的圈子，不但考察你的眼力和眼界，更关系着你的职场和未来。圈子在你失意时雪中送炭，在你得意时锦上添花。

此外，一个良好的圈子可以极大地丰富你的阅历，拓展你的视野。圈子的价值，或许将在你工作10年之后，才显现出真正的威力。因此，择其善者而从之。注意，圈子不是越大越好，同时也要学会巧妙地拒绝那些无效社交。

趁早规划职业

很多年轻的朋友认为，自己既不是老板，又不是HRD（人力资源总监），如何能做到自己规划职业呢？干得好，上级提拔加薪就不错了；干得差，换个地方继续。身在职场，职业规划真心不能顺其自然！

其实，CDP（职业发展规划）是一个比较系统的学问，越早意识到它的存在，你就会更加正面、积极、主动地为自己赢得不少机会；反之，负面、消极、被动将让你坐失良机。CDP可以包括你的业务技能、你的职场角色转变，甚至包括你的性格调适等。

趁早看清人性

即便是职场小白,即便工作经验不够丰富,但也一定不能当"傻白甜"。要越早学会为人处事,越早学会看清人性,放在平时也许体现不出什么价值,但在关键时刻,它可以助你准确判断和抉择。

如何看清人性?就是要善于观察,静心思考,脑子里时刻多一根弦儿,看问题时学着系统并深入一点。在职场中,角色做事,本色做人。即便自己心里清澈如水,也要能鉴别面具之下的对方的善意与险恶。

趁早做成案例

低调做人,高调做事!所谓案例,就是成功案例!在行业里摸爬滚打几年后,一定要有拿得出手的几件得意之作。成功案例越多,你越加充满自信;成功案例越多,你越敢挑战新难题、新机会;成功案例越多,你越发吸引行业高手的关注。

须知,要打造一系列成功案例并非易事,它得符合顺天、因时、依人等多个要素。很多人工作多年,除了流水账一样的例行公事,没有几件让自己信心满满的成功案例,从而导致自己碌碌无为。如此低调做事,今后你再想高调都高不起来了。

趁早体会失败

职场,绝对没有一帆风顺的情形存在。因此,失败在所难免,跟头在所难免,低谷在所难免。因此,尽早体会并好好享受那些失败吧,它们会让你更强大!

职场早期,不要一遇到困难和失败就轻易改换跑道,或者一遇到挑战和无奈就轻言放弃!尤其是那些具有积极意义的折腾和开拓精神的失败,或许会在将来让你更加珍惜那些看似平凡的机遇,或许会在将来让你收获更大的成功!

加油!祝早日成名!早日成功!

我思我见

所谓捷径就是选择与靠谱的人同行——原则性强的人、三观端正的人、讲话注重科学的人、事后有闭环的人、愿意批评你的人、懂得授权的人、默默为你"擦屁股"的人。

也许你还不了解职场基本功

老银在职场打拼多年，但真正明白什么是职场基本功时已近不惑之年！

从事声乐工作的人，每天都要吊吊嗓子；爱好武术的人，每天都要扎扎马步；热衷舞蹈的人，每天都要耗腿、压腿、踢腿，台上台下都要讲究开、绷、直……那么，身在职场，我们的基本功又是什么？不同行业之间是否具有共通之处？关于基本功都有哪些正确的解读？

基本功是方法，不是技能

很多人把基本功当成了一种基础技能，认为只要学会了这个技能，就可以追求下一个新的高级技能。你看那些舞蹈达人，他们从小到大，新技能、新技巧在不断增多，而基本功翻来覆去就那些——天天都要耗腿、压腿、踢腿……犹如学生在校学习需要课前预习，课后复习，这是学生们学习的方法论，这才是学习的基本功。因此，职场里，要重点学会那些思维方法和工作方法，方法才是基本功！

基本功是意识，不是努力

为什么说基本功是一种持之以恒的意识，而不是努力呢？依然以舞蹈练习为例，只要一耗腿，就要想到延伸感；只要一踢腿，就要想到绷脚背；只要一上台，就要想到"开、绷、直"……这就是意识，强烈的职业意识，执着的完美意识。没有这样的意识，单靠下苦功，只能解决温饱问题，绝对成不了大气候。职场上，不少人很努力，条件也很不错，但取得的成就很一般，究其原因，就是没有强烈的成功意识！

基本功是标准，不是样子

职场里的基本功，还是一种标准，这个标准不是做事情的好坏和规矩，而是心态上的高标准，要求上的"多一丝"。依然以舞蹈来举例，样子对，动作也对，节奏也对，但如果心态上没有高标准要求自己，那就很容易"跑范儿"。我们欣赏舞蹈，看看他是不是高手，只要他一起"范儿"，不用看后面的动作，普通人就能看出来。身在职场，我们每天完成各种任务和工作安排，真心不是做样子，真心不是交作业，而是你是否借此锻炼超越了之前的自己，而是你是否意识到这样的高标准可以让你更加完美。

基本功是习惯，不是约束

估计很多人不会将习惯当成基本功。事实上，一旦养成良好的职业习惯，它就慢慢成为你超越常人的基本功了。习惯成自然，就会享受每天的吊嗓子、扎马步，或者别人看起来枯燥乏味的耗腿、压腿、踢腿……在他们眼里，这绝不是约束，至少不是来自他人的约束。当然，自我约束也是职场的好习惯，也是职场基本功。在他人监督之下才能工作，只能说明某些人职场还没有断奶。

基本功是基础，不是开始

还有一些人认为基本功不就是开始学的那点东西吗？既然开始职业生涯好多年了，我们已经学得了很多上乘的"武功"，谁还需要那些基本功呢？须知，基本功是基础，更是根本，还可立大功。譬如市场营销，文案写作就是基本功，无论职位高低，几乎天天需要见到用到，难道说咱们早在若干年前的小学就开始学会了作文，现在就可以全部还给语文老师？因此，基本功就是基础，犹如万丈高楼，只要高楼存在，坚实和强大的基础就一定存在——或许只是你已经遗忘了它的存在！

自勉，供参考！

基本功对照判别			
方法	✓	技能	×
意识	✓	努力	×
标准	✓	样子	×
习惯	✓	约束	×
基础	✓	开始	×

---- 我 思 我 见 ----

职场的基本功是什么？读完本节，依然没有明确的答案！呵呵，为什么要我给你答案呢？学会自己问问题，学会自己找答案。老银提供一种启发、一种思路，就是在与你共同寻找正确答案的路上……

快给自己找个导师

以前的职场很重视拜师学艺，很重视启蒙教育。现代职场，除了上级主管，多少人还能同时拥有一位优秀的导师？又有多少部门负责人真正起到了"传一帮一带"的师父作用呢？因此，老银呼唤那些师父（部门主管）们，除了自己要毅然决然地担负起培养下属的职责之外，还要真心给下属，尤其是骨干员工找到一个好的导师。

"导师制"的渊源

导师制是一种教育制度，与学分制、班建制同为三大教育模式。

据老银调研，导师制由来已久，早在14世纪，牛津大学就实行了导师制，其最大特点是师生关系密切。导师不仅要指导他们的学习，还要指导他们的生活。可见，现代职场中，导师制并不是什么新鲜事物。

现代企业里引入"导师制"的原因

企业导师制是培养员工、规划员工职业发展的重要辅助手段。企业希望核心员工和后备干部能够迅速成长、新员工能顺利进入工作角色并融入企业，而员工则希望获得更大的成长空间。从某种角度上讲，企业导师制是相对隐性的并行于正常组织架构的一种重要的辅助培训机制。

五张表，让导师制有章可循

新员工和导师职责表

时间	新员工	导师
新员工进部门报到	向导师介绍自己的情况：专业特长、工作经验等	介绍部门的组织结构、工作现状及周边同事，安排办公环境，介绍相关注意事项
新员工进部门一周内	熟悉环境，尽快进入角色。与导师开放交流，配合导师制订自己的辅导期培养计划	根据部门需要和新员工现实情况，制订《新员工培养计划表》，提交主管及人力资源部
辅导期间	在导师指导下，学习相关业务知识和产品知识。辅导期间，如发觉自己不适应培养计划，可向导师提出疑问，并讨论以决定是否需要修改	安排好新员工学习和工作，指定学习书目与文档、需参加的部门培训等；过程中注意考察新员工的培养效果，及时考虑是否需要调整培养计划
辅导期间	每月22日前需提交《新员工月度总结表》，及时提交给主管和导师	认真阅读新员工月度总结，做一次正式沟通，指出其做工作的优点和不足，帮助其进步；根据新员工的工作表现和试用情况进行考核
考核（三个月辅导期结束后）	对辅导期培训、学习、工作情况进行认真回顾和总结，及时提交总结，准备新员工辅导期培训报告，参加考试	提供必要帮助，填写相关表格。考试后，做好沟通工作

该表主要讲述新员工和导师的各自职责划分。

导师一般要从部门之外选择，尽管相对于部门岗位职责，导师制较为松散，但如果没有上述明确的职责表，这样的师徒关系就会流于形式，从而效果和意义就会大打折扣。

新员工辅导计划表

新员工		部门		辅导期岗位	
导师					
（以下栏目由导师在新员工到部门报到后填写，新员工辅导期的培养总体规划）					
培养目标		（辅导期总体培养目标）			
培养措施						
（以下栏目由导师在学员开始进部门辅导期一周内填写，按月制订培养目标和具体措施）					
第一个月	培养目标					
	具体措施					
第二个月	培养目标					
	具体措施					
第三个月	培养目标					
	具体措施					
拟制：		审核：		时间：	

此表由新员工的导师拟制，新员工所在部门负责人审核，人力资源部存档，如过程中培养计划有所调整，也要交人力资源部存档。

培养目标包括新员工经辅导期阶段后应具备的心理素质、工作规范及业务能力等，尽可能具可操作性。培养措施要具体可操作，包括指定参考书目、工作指导及工作内容、学习工作计划、进度安排等。

新员工月度总结表

填写时间：

姓名		部门		辅导期岗位	
导师					
培训、学习、工作月度总结	1.内容及成效： 2.问题/困难及建议： 员工签名：				
导师意见栏	对新员工的培训/学习/工作辅导期情况给出具体的指导和建议： 导师签名：_____				

该表是在员工所在部门工作月度总结基础上，补充增加的内容，要重点突出培训和学习。培训期间，采用导师制的员工，则可以双线汇报，即部门负责人、导师。

新员工辅导期培训报告

姓名		部门		岗位	
部门经理评语	签字：_____ _____年___月___日				
述职内容	1.目前岗位的职责和工作内容；2.本人工作完成总结；3.对目前岗位地位和作用的认识；4.对公司企业文化的认识；5.对公司内部管理方面的建议；6.其他				
述职报告					

此表用于新员工辅导期（通常3个月）结束考试时填写，请自附页。

凡事有始有终，既然为新员工配备了导师，三个月的师徒关系结束时，必要的结业仪式是需要的。有仪式，才显得重视。

新员工导师考核表

导师姓名		部门						
考核人		考核日期　　年　月　日						
考核项目	评价标准	考核评分等级					考核评分	
		优秀	良好	中	稍差	很差	人力资源部评分	部门经理评分
培养计划制订	及时制订培养计划、使其内容完善、可操作性强，针对新员工特点安排其工作、学习，使其尽快上岗	20~17分	16~13分	12~9分	8~5分	4~1分		
指导与沟通	主动与新员工进行交流、对其进行工作能力及工作方法、技能的指导	20~17分	16~13分	12~9分	8~5分	4~1分		
总结反馈	及时认真地对新员工的总结进行反馈，指出其工作中的优点和不足，帮助其进步	20~17分	16~13分	12~9分	8~5分	4~1分		
指导态度	主动热情地对新员工进行指导，认真解答其遇到的问题，大胆批评其不足	20~17分	16~13分	12~9分	8~5分	4~1分		
人员评估	在对新员工的考核中认真负责，认真评估新员工能力及表现，不掺杂个人因素	20~17分	16~13分	12~9分	8~5分	4~1分		
评语					总计			
考核最终得分=（直接上级评分×50%+人力资源部评分×50%）/100								

徒弟是师父的镜子，带徒弟的过程，也是对师父能力的一种提升和考验。不是谁都可以随便担当导师，导师是一种荣誉。尽量选择德才兼备的、略高一级的外部门同事担任导师。导师也需要接受人力资源部门的非正式考核。

─┤我 思 我 见├─

　　为什么在本节里老银花了比较多的篇幅来写导师制？甚至提供了几乎可以直接使用的参考表格和流程？原因就在于很多企业里，并没有把现代师徒关系这个导师制提到一个高度上来，因而只是简单地喊喊口号，不具备实操性。

　　因此，大家也就对它没有太大的期待。至少老银从业这20余年来，真正具有像样的导师制的企业，也就那么一两个。本节中的几个表格，几乎原封不动地借鉴和采用了当年易宝支付的导师制表格。作为支付界的"黄埔军校"，易宝支付的导师制无疑发挥着十分重要的作用。

　　部门主管犹如战场上的指挥官，而导师犹如你的政委，以及跨界高参。用好导师，事半功倍！

面对这9类人，请勇敢地Say No

人在职场，有许多情形，需要果断地Say No！（拒绝）

三观不正的人

所谓三观，就是世界观、人生观、价值观。大家观点可以不尽相同，但不能触及你的底线。触及底线，可以Say No！

充满负能量的人

那些充满负能量的人，会莫名其妙、不知不觉地把你的正能量带走。因此，面对这样的人，不要企图拯救他，更不必和他交朋友。遇到这样的人，大胆Say No！

爱搬弄是非的人

来说是非事，多半是非人。远离是非事，远离是非人。遇到这等人或事，果断Say No！

心里阴暗的人

这类人与充满负能量的人有所不同，他们或许看起来没那么让人生厌。然而，其内心却是险恶阴暗的。他们做事的初衷和出发点，往往见不得阳光。遇到这样的人，理智Say No！

八卦不断的人

这类人，一是酷爱传播八卦，二是自身就是八卦源头。他们的作用，看起来伤害不大，但扰乱视听，偏离主业。遇到这样的人或者场景，委婉Say No！

无视你时间的人

那些自己不会时间管理技巧，偏偏又喜欢大把占用你时间的人。遇到这样软绵绵状态的人，淡然Say No！

那些急功近利的人

与急功近利的人相处，一旦产生了功劳和利益，那一定都是他的。因此，遇到这样的人邀你组团组队去打怪和升级，毅然Say No！

一味索取的人

你不是雷锋，因此，对于那些一味索取的人，你实在没有任何义务继续供其索取。不要希望他们有所改观，遇到这样的人，礼貌Say No！

歪门邪道的人

不要指望每个人都是谦谦君子，但至少我们能够大致判断什么是邪门歪道。对于歪门邪道的人，他们做人做事没有任何底线，他们还会以多种伎俩突破你的防线。遇到这样的人，冷静Say No！

——|我 思 我 见|——

在职场中，要学会识别什么样的人值得交往和学习，什么样的人必须拒绝和远离……人生短暂，很多人注定只是匆匆过客。学会选择，懂得拒绝，才能有更多的机会与成功的人同行！

9种特殊情形之下的取舍之道

所谓取舍，就是采取或者舍弃，就是要或者不要，就是通俗意义上的选择。

孟子曰："鱼，我所欲也；熊掌，亦我所欲也。二者不可得兼，舍鱼而取熊掌者也。生，亦我所欲也；义，亦我所欲也。二者不可得兼，舍生而取义者也。"

上述千古流传的名言佳句，应该算是关于取舍非常精辟同时也是大家熟知的范本。身在职场，许多特殊情形之下，其取舍之道未必看起来像鱼和熊掌那样简单。或者，我们绝大多数凡人，不具备孟子那样的慧眼，在纷繁复杂中还不能够轻松辨别和判断：何为熊掌？何为鱼肉？

由此可见，没有判断作为前提，我们的选择就会困惑，取舍之道就无从谈起。下面是一些职场中的常见的或特殊的情形，让我们一起来看看高手是如何取舍的。注意，之所以选择特殊情形予以说明，因为人与人之间的高下分别，不在平时，而只在那些特殊的关键事件和关键节点。

舍先取后

有舍有得，不舍不得；大舍大得，小舍小得；先舍后得，后舍莫得。由此可见，舍得是一种人生智慧和态度。

舍得与取舍，两者不在一个层次，舍得强调先舍后得，犹如某人双手满满，若不先舍，如何又得？取舍强调先取再舍，貌似安全保险、掌握主动，然则双手满满，勉力取之，也将舍之。

舍易取难

人性使然，多数情况下，我们在遇到新任务、新挑战时，都会选择看起来容易的，放弃那些看起来困难的。

在职场上，请不要轻易放弃直面困难的机会！因为困难的工作，希望去做的人少；困难的任务，完成的可能较小；困难的计划，失败的风险更高。

然而，一旦攻克难关，就会成为获得成功的少数；就会进一步增强技能与自信；抗风险能力大大地提高了一个等级；视野也上升到了一个新的境界。换言之，具有困难的挑战，虽败犹荣！

舍巧取拙

投机取巧，在职场中并不少见。相信绝大多数的情况下，大家都能自行判别。

苦干干不过巧干？投机取巧的人总是瞧不上那些埋头苦干的人，并奢望自己好运常在，寄希望于机缘巧合。然而，一味地投机取巧，会让人在遇到问题时迷失自己和方向，会让人在平常工作中放弃精耕细作和脚踏实地的作风。

舍近取远

近期目标，远期目标；近期利益，远期收益；近期环境，远期趋势……

凡此种种，皆为不可得兼的鱼和熊掌，有时候真心没能力去做理想的平衡和中庸。因此，建议舍近取远！正所谓，知道了前进的方向，就不怕旅途的遥远。

舍快取慢

现代社会，发展速度很快。因此，很多人心里也一味地追求快，也有一些人让自己的脚步慢得跟不上节奏。

快餐与慢餐。麦当劳与全聚德——前者吃一个鸡腿立等可取，后者烤一只鸭子必须耐心等待。可见，慢工出细活，慢工还出快活——企业的发展速度不见得就慢。

舍安取危

安逸、舒适；危机、忧患。世上没有一成不变的事儿，更没有一帆风顺的事儿。一直待在看起来很安逸、很舒适的环境里，未必就真的没有危机和忧患来临。因此，适当地选取一些可控的危机和忧患，勇敢地磨炼一下自己的心智吧。

舍得取失

在企业的经营分析会上、在部门长的高级研讨会上、在小范围的民主生活会上……建议少说过往成绩，重点关注问题和不足。这样，自身和企业才能更加理智、健康、顽强。

舍进取退

在荣誉面前、在功劳面前、在聚光灯面前，进一步未必真风流，退一步未必不英雄。让出荣誉，你将收获赞美；让出功劳，你将收获帮助；让出风采，你将更加出彩！

舍简取繁

职场中，有很多看起来很简单、听起来很小的事。比如，某些人早上常常卡点儿来，不定期迟到三五分钟。作为管理者，如果你把这样的现象当成小事，从而简单处理，或者漠视之，就有些不对了。因为它可能反映了员工对企业的不认可，或者部门的工作安排有缺失，或者……

部门长如果不具备见微知著的能力，如果不能及时发现苗头，如果不能把看似简单的问题提升到一个高度去重视并采用相对复杂的手段应对，谁能保证不会"千里之堤，毁于蚁穴"？

- - | 我 思 我 见 | - -

多加留意，善于发现，关键时刻判断准确，就容易抓住成功的机会。

全面认识上下级关系

身在职场，因为企业发展和业务经营的需要，每个企业都会有一套组织架构，这就自然而然地产生了上下级关系。那么，如何全面认识上下级之间的关系？常见的上下级之间有哪些重要关系值得我们关注和正确理解？

同事关系

毫无疑问，只要在一个共同的企业里，你们之间的关系首先是同事关系。

所谓同事，往大了说，就是共同做一件事业；往小了说，就是共同做事。没有这个共同做事的基础，就不会成为同事，因此也就不存在上下级关系了。

上下关系

既然企业有组织架构，无论其采用传统的金字塔结构模式，还是互联网时代激进的去中心化网络结构，人有长幼先后，自然也存在上下级关系。

上级有更上一级的视野、资源、能力、信息、责任、义务等，换言之，当你的视野、资源、能力等提升到更高一级的时候，你也可以作为上级。从这个角度上说，上下关系，只是一个相对的概念。

公私关系

身在职场，人与人之间最直接、最显著的关系是上下级、同事关系。因此，必须以公司的规章制度作为行动参考和行为准绳，必须角色出演。

然而，职场并非生活的全部。除了工作，私下里可以是朋友、兄弟、姐妹，在生活中，你们可以适当本色出演。

注意，公私必须分明。工作之外的事情不要带到职场。

员工在组织中的上下关系

教学关系

既然是上下级关系，既然你需要叫你的上级一声领导，那么，你们之间还存在教与学这个关系。所谓领导，就是引领、指导。

前些年流行的说法，就是领导要做好"传、帮、带"的作用。身为领导，你必须有这个觉悟和责任。否则，上下级之间的这一核心、基础关系就有所缺失。

竞合关系

所谓竞合，就是竞争与合作。上下级之间，首先是合作，其次也存在竞争。合作，就是要求大家团结一心、思想统一、目标一致，一起完成组织交给你所在团队的任务。竞争，就是如果上级的成长落后于或者说不能满足于下级的进步（直白地说就是下级的能力和水平超过了上级），则下级可以取而代之。（任正非：华为的唯一武器是团结，唯一战术是开放！）

替代关系

替代关系，跟上述竞合关系中的竞争有所不同。它更多的体现是一个成熟健康的企业的人才晋升机制——只有当上级培养出一个完全能替代自己的下级的时候，这个上级才有被提拔的机会。

原因很简单，如果上级只注重自身，而忽略对下级团队的培养，甚至这个部门离开你就转不起来，那不能说明你很重要，而是说明你没有能力，也没有可能提升到更高的空间。

综上，六种常见的上下级关系，供各位职场小白们参考和老鸟们反思！

──|我思我见|──

下级：成就你的领导，更是成就你自己！

上级：培养下级替代自己，才能把自己送到更高位置！

当你了解了上下级关系之后，如何处理与上级的关系呢？

全面认识左右级关系

左右级关系，既可以存在部门内（如两个关联岗位），也可以存在部门之间（如几个关联部门）。如果我们看问题参照系放大一些，视觉自然与众不同。

平等关系

左右级关系与上下级关系之间最为显著的不同点，就是平等关系。这个平等指的是两者之间尽管职责分工有不同，其行政级别往往是相同的。如果是部门之间的左右级，按照通俗的说法就是一级部门（如中心）、二级部门（如部门）、三级部门（如小组）。这个一级、二级、三级之间的关系，也属于左右级平等关系。

协同关系

与上下级关系之间存在领导与被领导的关系不同，左右级关系的另一个显著特点就是协同关系。例如在市场部里，文案编辑与媒介公关两个岗位，他们在行政级别上是平等关系，但他们在业务链条上，属于协同关系——文案编辑负责文章撰写，媒介公关负责文章发布。二者协同完成稿件的撰写和发布这一个简单的工作组合。

上下关系

左右级之间的上下关系，不是上下级之间的从属关系，而是业务线上的上下游关系。上游环节的产出，作为下游环节的输入。只有将它们串联起来，才能完成一件或者多件工作和任务。仍然以上面市场部的文案编辑和媒介公关举例，文案编辑的输出是稿件，稿件作为媒介公关的输入，再次输出到外部媒体。

注意，这种上下游关系如果显示出强烈的主从关系，则可以演变而成真正的上下级关系。

员工在组织中的左右关系图

接力关系

跑过接力赛的朋友们应该知道，接力跑是田径运动中唯一的集体项目。接力跑运动员必须持棒跑完各自规定的距离，并且必须在一定距离的接力区内完成传接棒。正是由于接力跑是集体项目，属于典型的上下游关系，其交棒的手势无论是上挑传棒和还是下压传棒，无论这个团队多么训练有素，其跌棒的可能性都依然存在。

因此，在左右级关系中，要十分重视确认和反复训练：接力区——工作交接的过渡区间，传接棒——工作交接的标准动作。否则，就会出现各种掉链子的意外情形。

推拉关系

老家有句大俗话——妈懒儿勤快。这个用来比喻职场上的左右关系不很恰当，但却可以很好地说明左右关系之间的推拉关系。左右级之间，有时候需要使劲儿地"推"一把，才能让事情得到顺利启动，犹如启动不良的汽车，需要一些助力。有时候需要用力地"拉"一把，才能让你的同伴不掉队。

互评关系

互评关系主要运用于绩效考核里，各左右级关联部门或者岗位之间进行数据来源支撑，或者满意度的相互考评。注意，为了保证互评具有实际价值，左右级关系之间，一定是关联的，是彼此了解的，是互为因果的。

综上，六种常见的左右级关系，献给不再单打独斗的你！

多出去转转，就会转出境界和格局

身在职场，你是否总是有做不完的事情，导致你几乎无暇出去转转？你是否感觉到工作十分迷茫，不知道该如何提升自己？你是否觉得已经触碰到"天花板"，因而激情不再？其实，越是这样的状态，越表明你需要立即停下手上的具体工作，出去转转。

转转你的兄弟部门

有的人，即便在一个公司工作了很多年，但除了正常业务合作之外的跨部门的深入交流，却是很少的。这直接导致了你的视野受到严重的限制。部门的潜力，以及你自身的潜力，无法从兄弟部门那里得到挖掘和培养，从而更谈不上提升。

转转你的兄弟部门，其实是很简单的一件事。走出你的工作区，走出你的办公室，走出你每天习以为常的那些部门业务，也许会大有收获与发现。否则，一旦环境发生变化，你需要离开原有岗位、原有部门，甚至原有行业，你几乎寸步难行！

转转你的上游伙伴

条件许可的话，请去拜访你的上游伙伴。只要不是闲聊吹牛侃大山，相信你的上游伙伴十分乐意接待真诚的你。当然，你最好带着问题去请教，或者带着解决方案去落实。如果什么都没有，你至少要带着一颗感恩的心，坦诚地去与上游伙伴接触交流。看看在这个业务链条上，你自己、你的部门、你的公司，还有哪些值得改进的地方。

当然，那些相对强势的上游伙伴，有时候也不是你想去就可以去的。通常，你需要借助兄弟部门的关系，或者合力推进。

转转你的下游伙伴

作为你的下游伙伴，与上游伙伴相比，他们十分乐意你去和他们谈谈。无论你的公司在业务链条上处于强势或者弱势地位，毕竟你们目前还在一条船上。因此，大胆地走出去转转，直接面对并真诚接受你的下游小伙伴对你的意见和建议。

只要你和你的团队能为下游伙伴切实地解决一些实际问题。这不但会强化你们彼此的合作关系，同时也是双赢之举。某些时候，由于角度不同，资源有别，或许你天天忙得不亦乐乎的事情，也许你的合作伙伴一个电话就可以轻松帮你解决。

转转你的重要客户

一般企业，你的产品或者服务最终都将走向市场。那么，谁是你的客户，谁是你的大客户；谁可以为你提供成功案例，谁的案例可以批量复制……如果你一直待在办公室里，是无法获取这些生动的案例与资讯的。

你的重要客户，可以为你反馈市场最直接的动态和趋势。这远比你坐在办公室里看什么第三方调研报告要有趣和有料得多。也许，当你拜访完你的重要客户之后，你的脑子里就开始构建一套更好的方案。或者，你可以发现更多暂时隐藏着的问题或者危机。一句话，拜访你的重要客户，绝不只是商务人员的工作，远离大客户和市场的声音，市场部门会变得愚蠢和迟钝。根据公司的文化氛围，既可以和商务同人一起拜访，也可以独立的拜访。

转转你的监管部门

监管部门，往往代表着政策趋势，至少他们对政策条例的解读更为全面充分，以及更具有操作性。如果你想打造一家阳光、合规的企业，则需要与监管部门保持必要的正常联络。这可以让你的企业以及业务经营，不至于出现重大的政策方向误判以及战略投资风险。

转转你的管理咨询

行业内媒介或者咨询机构（行业里的第三方咨询机构或者调研机构），他们往往能从宏观上对你所在的行业有更为全面的认识。他们的大数据、分析方法论、市场调研成果等，可以为你提升对行业基本面的信息或者知识补充。

有条件的话，应当结交几个分析师朋友，或者意见领袖，甚至评论家。他们做企业经营或许没有你厉害，但做学术研究一定远胜于你。如果你的水平足够，反之，他们也会很欢迎你，他们也期待从你那里获取市场第一线的运营资料。取长补短，不妨试试。

转转你的跨界同行

这个话题分成两部分，一是同行，一是跨界。转转同行，同行选择比较巧妙。太近，有不好的嫌疑；太远，你的信息价值就不大。比如一些公开的同行报道，或者同行参加的一些大型活动（诸如峰会论坛之类），你是需要认真地对待的。

转转跨界，这需要一定的策划能力和资源整合能力。需要找到你们之间的联系以及合作可能性，这和那些大企业里的BD（商务拓展）部门的性质和任务很相似。否则，时间投入及成本上有些不划算。但跨界的视角，有望引领你的企业走出竞争的红海。

-—|我思我见|—-

久坐办公室，不是好事情！

据说，华为创始人任正非有一句职场名言——砍掉中层的屁股。这话通俗易懂，其中一个意思就是要逼着中层领导们多出去转一转吧。

实现明天理想的唯一障碍是今天之间的疑虑！心之所愿，无事不成！记住，用能力去匹配人脉！用事业去激活人脉！

成功加薪的妙招

加薪，是身在职场的小伙伴们都十分期待的事情，也是必不可少证明自己价值的一种方式。如何巧妙地加薪，老银为你支几招！

努力工作，干出成绩

或许你会说，这难道不是一句废话吗？

是的。如果不努力工作，如果你的努力工作没有带来成绩，加薪的确是一句废话。

参考制度，合理争取

这条适合于比较正规的公司，它们通常有比较规范的薪酬绩效制度。

根据这个制度，只要你的工作表现达到271法则里的前20%，通常都有一定的薪酬调整幅度。在这样的环境里，埋头苦干，HR自然会想着你的。加油！

不要职位，巧妙加薪

当你干出比较好的成绩的时候，往往有两条路摆在你的面前：升官（职位提升）、发财（加薪调薪）。通常，这二者不可得兼。如果你骨子里期待加薪，那么，你就委婉地拒绝职位的提升吧。

控制跳槽，直接加薪

这一招经常被大家用到，也是加薪效果最直接的方法之一。

注意两条，一是在你阶段性价值处于高峰时，跳槽加薪的幅度会大一些；二是要控制跳槽的频率——跳少了，加薪慢，经验增长慢；跳多了，HR会怀疑你的人品和稳定性。所以，节奏的控制，要好好掌握。

挑战压力，委婉加薪

这是至今我见过比较好的加薪理由——老板，请给我多一些压力，我想接受更大的挑战。

聪明的老板会明白你的心意的，你的言外之意，就是想现在加薪，或者在不太长的时间里做出成绩后，希望老板能够给你加薪。

以上，是常见的为自己加薪的方法。供参考！注意，加薪不等于增值，增值往往可以为加薪创造必要条件！

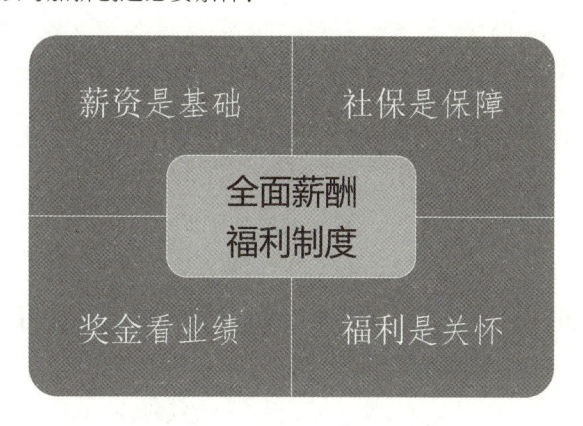

全面薪酬福利制度构成关系

我思我见

以前，我一直傻乎乎地认为，跟老板提加薪实在开不了口；也常常天真地想着，努力拼搏几年，薪水自然就水涨船高了；或者一如老板所说，等这个大项目成功之后……就这样，多年来自己的加薪就没有动静。

直到有一天，一个朋友直接告诉我：如果你的薪水连续3年没有增加，一定是你自己有问题，你就是一个Loser（失败者），呵呵。我才明白——不逼一下自己，你都不知道自己会有多优秀！

问题驱动：让问题推进问题的解决

近日，老银在整理BAT（百度、阿里、腾讯）的核心价值观的时候，发现百度"论语"（核心价值观）中有一条问题驱动。这让我有些感触。

是的，在企业的发展过程中，不可避免地会出现这样那样的问题。没有问题的企业是不存在的。无论你在企业里职位高还是低，都能看到各种各样的问题。看不到企业问题的员工也是不存在的。有的问题解决得比较好，大家就拍手称快；有的问题解决得不太好，甚至迟迟得不到重视，于是团队中就会出现抱怨的声音，甚至怨声载道；于是，各种推诿和扯皮，各种拈轻怕重，各种避而远之的现象就会出现。

老银曾见过有的企业负责人对于问题的认识或许失之偏颇。究其原因，实则是对于问题驱动不甚了解：他们常常认为，只要下面的员工反映问题，仿佛就是说自己的各种不足和不是，甚至认为部下在轻视他们。因此，时间久了，大家也就识趣地不再向他反映问题。

此外，员工一提到问题，很容易就被扣上负能量的帽子。在他看来，为什么其他人都一团和气，就你或者你的部门问题多多。可以想象这样的副作用是什么，那就是员工有了问题只能憋着，因为谁也不愿意被负能量这个标签给长期封印。

再者，该企业还有一个封杀问题的法宝，就是谁提出问题，谁就要负责提出解决方案。这句话粗看好像有些道理，但经不起仔细推敲。为什么？如果你提出一个HR的考勤问题，难道你就要写出一整套考勤制度吗？如果你提出一个产品的漏洞，难道你就要挽着袖子去写代码？如果你提出一个财务上的问题，难道你得转行去学习会计学原理……提建议，不等于提出解决方案。既然是问题，一定需要大家群策群力去面对和解决。简单地、粗放地把问题扔回给提出问题的人，让他自问自答，真心不好玩，也玩不好！

这个企业用了以上三大"绝招"后仿佛一夜之间解决了所有问题！大家见面都是有说有笑，感觉正能量满满，实则为企业的健康发展和稳健经营埋下了更大的"问题"——企业文化和氛围出现了偏差。

那么，问题驱动是个什么玩意儿呢？

老银认为，问题驱动其实也是一种方法论，犹如目标驱动一样。

目标驱动是什么？就是我们之前讲到的"目标—原则—方法"——遇到问题时，先提出并明确目标，然后确立原则，最后是寻找方法。这种方法论很实用，有兴趣的朋友不妨在日常工作和生活中去体会和演练。

问题驱动是以解决核心问题为主要目标，让团队围绕问题，寻求解决方案的一种管理方法。因为很多时候，问题往往比答案本身更有力量、更有价值、更有意义！

问题驱动有如下五个重要步骤：发现问题、提出问题、分析问题、解决问题、结果评估。

正如上面的案例，该企业的问题就出在提出问题环节。他们的三大"绝招"，把问题扼杀在摇篮，让问题再一次沉下水面，从而也就没有后面的分析问题等几个步骤了。因此，问题依然存在，问题永远得不到解决。

因此，各位朋友们，可以对照问题驱动的五个关联环节和步骤，看看自身乃至所在企业的问题到底卡在了哪个节点，从而找到对应的解决之道。

加油！

赋能才能激发团队潜能

最近几年，在HR（人力资源）以及企业管理领域，"赋能"一词甚为高频。

那么，什么是赋能？赋能到底能给现代企业带来什么？如此高大上的赋能与我们有什么关系？如何顺利地导入我们的组织之中？

赋能的缘起

"赋能授权"运动的起源，可以追溯到20世纪20年代，它是现代管理学理论预言家玛丽·帕克·弗莱特的研究成果。她憎恶"命令与控制"型的领导作风，她严厉地批判等级森严的企业组织结构，她认为，在进行企业决策时，应充分考虑企业第一线员工的经验和知识。这就是有据可查的现代"赋能授权"的思想萌芽。

20世纪90年代，哈佛商学院教授坎特所著《变革大师》一书不仅成就了坎特的名声，同时也为在企业中树立"赋能授权"的概念和使员工能够更多地参与企业管理奠定了理论基础。

"赋能"一词走进中国大众视野，据说最早由马云提及。马云在2015年出席美国某次全球倡议会议以及在上市后的第一份年报中，正式提到这个概念：赋能年轻人、赋能卖家。之后，善于引领风潮、制造热点的阿里巴巴进一步将赋能进行挖掘和深入解读——在未来组织中，最重要的功能将是赋能，而不再是管理和激励。

赋能的概念

尽管"赋能"是一个当代新创的概念，还没有被众多专家学者过分地解读——也就是说它还没有形成比较准确、权威的定义。然而，其基本的概念轮廓已经呈现：赋能授权（Empowerment）是近年来应用最多的商业语汇之一，意思是授权并赋予企业员工们更多额外的权力。因此，从本质上讲，赋能授权意味着为了追求企业的整体利益而给予员工更多参与决策的权力。

赋能的产出

第一，要对员工进行技能和能力的系统培训。

顾名思义，赋能就是为一个或某个主体赋予某种能力和能量。而我更愿意将"能"解读为技能和能力。因为这是一个组织能够正常运转的基础之一。同时也是当下很多部门负责人不愿意亲力亲为的事情——他们往往认为，培训是HR的事情，我找你来是工作的，而不是找一个学生来免费听课。

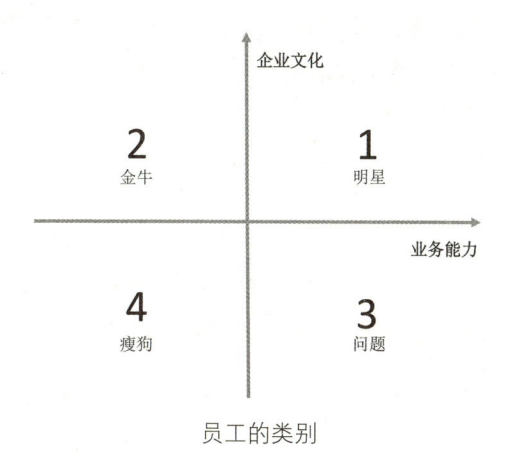

```
           企业文化
            ↑
    2       |      1
    金牛    |      明星
            |
 ───────────┼───────────→ 业务能力
            |
    4       |      3
    瘦狗    |      问题
            |
```

员工的类别

按照员工的业务能力强弱，与企业文化认同度的高低，我们可以简单地把员工分为四大类。对于业务能力强，企业文化认同度高的员工，也就是企业里的明星员工，要大力地提拔和给予上升机会。

第二，将赋能与授权相结合，使之能干。

海尔的CEO张瑞敏曾经说过，员工大致可以分为会干、想干、能干三大类。会不会是才的问题，也就是上述赋能的第一层次技能和能力的问题；想不想是德的问题，也就是态度问题，一个会干但不想干的员工，对企业没有什么积极作用；最后才是能干的问题，既会干又想干的员工，你就必须给予其相对充分的授权，使之能干！

授权三原则	授权三部曲
授权不授责	建立信任
权责均等	指派任务
避免多头	明确授权

注意，授权并非适用于任何情形。通常以下几种情况是不能授权的：下达目标、人事问题、部门间冲突的解决、培养部下、组织纪律等。

第三，赋能更高级的状态是能赋。

相对前面两项，都是上级对下级的一种培训或者授权，是一种自上而下的行为；老银认为，能赋强调自下而上，自发自觉，使之能够被赋予或者能够被授权。

第四，赋能会让你重视走心的企业文化。

赋能让企业文化再次被提到相当的高度。没有文化上的认同，赋能就没有生根发芽、开花结果的土壤。老银曾经在本书的相关文章里谈到，一个企业经营如果总是出问题，或者你的企业需要一名CCO（首席文化官）。

第五，企业顶层设计的支撑变革将让赋能走得更远。

无论是传统管理的"责、权、利"，还是上述赋能和授权。无论你通过企业文化奖惩，还是通过心灵鸡汤说教。老银十分赞同通过诸如事业部制度这样的顶层设计去介入，去支撑，去保障，这样才能让赋能有旺盛的生命力，并走得更远。

老银曾经和某些加入上市公司的同事开玩笑，说他们之所以能够在公司上市前后得到财务上的一些保障，并不是因为自己的老板有多么的大度和无私，而是其老板受制于一家公众企业应该有的财务制度，不得不对雇员做出必需的并且相对透明的保证。这就是顶层设计的保障魅力。

赋能的导入

第一，企业要为赋能打造主旋律文化牌。

由上可见，只有企业为赋能创造了一个好的舆论环境和文化氛围，赋能才有可能真正走进员工的内心。因为传统的激励偏向于事成之后的利益分配，而赋能强调做事之初，大家源自内心的兴趣和目标统一；因为传统的考核和激励更加依赖制度流程，而赋能强调文化认同与志同道合；传统的管理偏向于团队和组织架构，而赋能强调个体的灵活与授权。麦当劳和海底捞的用户体验为什么在餐饮行业相对较好，就是因为其对一线员工的赋能授权做得相对出色到位。

第二，部门总监要为赋能起好带头作用。

一个企业推进赋能的节奏，很大程度取决于部门总监认识的高度和执行的偏差。因此，部门总监在"赋能"方面的带头作用不可忽视。

杰克·韦尔奇的关于管理者的能力描述中，我十分认同其"4E1P"观点：第一个E是积极向上的Energy（活力）；第二个E是指激励别人的Energize（能力）；第三个E是Edge（决断力），即对麻烦和是非问题做出决定的勇气和能力；第四个E是Execute（执行力），即带领团队落实工作任务的能力；而1P是指Passion（激情），是对工作有一种衷心的、强烈的、真实的兴奋感。

第三，员工要为赋能寻求自我的突破。

关于这一条，老银只强调一句——员工要从心里认识到，赋能不只是公司、部门的事情，更是自己的事情。你是为自己工作，是为自己学习。你现在努力学习和工作，是为了将来有更多自由选择生活的权利。

小贴士：阿米巴

"阿米巴"在拉丁语中是单个原生体的意思，属原生动物"变形虫"。由于其极强的适应能力，在地球上存在了几十亿年，是地球上最古老、最具生命力的生物体。

1959年，稻盛和夫成立了京瓷公司，而且在1984年成立了KDDI。这两家公司一直保持高速发展，其原因就在于采取了基于牢固的经营哲学和精细的部门独立核算管理，被世人称为"阿米巴经营模式"。

　　阿米巴经营模式的核心，是以各个阿米巴的领导为核心，让其自行制订各自的计划，并依靠全体成员的智慧和努力来完成目标。通过这样一种做法，让第一线的每一位员工都能成为主角，主动参与经营，进而实现全员参与经营。

　　阿米巴经营模式的本质是一种量化的赋权管理模式，也是上文的赋能！

成功的人很在意这"七心"

　　平常心——不恨，不怨；不怨，不言。不言，则平静如水。
　　责任心——担责，担职；担当，担心。担心，则心系企业。
　　事业心——有事，有业；无事，无业。无业，则必生事端。
　　好奇心——爱好，好奇；奇巧，巧妙。巧妙，则获其原理。
　　好胜心——好胜，可胜；可胜，可败。可败，则心态豁达。
　　求匠心——能工，巧匠；精益，求精。求精，则无可替代。
　　持初心——初心，初衷；善始，善终。善终，则不留遗憾。

- - |我 思 我 见|- -

　　职场，需要有心人！带着如沐春风的微笑，做一个受欢迎的人！

如果说成功没有捷径，那就是笑话

都说成功没有捷径！事实上，这是很不正确的！这也许就是个笑话！

如果成功没有捷径，那么为什么同一拨人在同一个地方，花费同样的时间，付出同样的努力，结果和成就却大相径庭呢？

人生的工作结果＝思维方式×热情×能力

——稻盛和夫

人生的工作结果，我们可以简单看成是工作的产出，也就是世俗所谓的成功，或者失败。

所谓热情是指努力的意愿或热心等后天的努力。显然，我们很多人不乏追求成功的热情。

所谓能力是指才能或智能等先天性的资质。老银认为，后天的学习和培训也很重要！

所谓思维方式是指哲学、思想、伦理观等生活的姿态等人格因素。老银认为，这就是成功的方法论！

稻盛和夫认为，能力和热情只有0分到100分；但是思维方式可以从负100分到正100分为止。因此，影响一个人的人生工作结果，也就是成功与否的最为重要因素就是思维方式。

由此可见，对多数人而言，在同等情况下，正确的思维方式，就是成功的捷径。为什么这样说呢？因为大家都具有极度渴望成功的热情，因为大家都在拼命地让自己具备各种能力。

老银当年阅读稻盛和夫的《干法》与《活法》的时候，先是激动不已，热情满怀，接下来就不知从何入手，这样的感觉就是典型的鸡汤现象，相信出现这种情况的朋友不在少数。

直到2010年，老银才系统地接触到"目标—原则—方法"这个方法论，才发现它可以成为引导我们形成正确思维方式的一种方法——做任何事情之前,一定要先确定目标,然后确定原则,就是做事的边界和底线,最后才是思考各种达成目标的方法。注意,一定不要将顺序颠倒!

　　上述"目标—原则—方法"的方法论,对于部分职场新人来说,估计会有一个比较痛苦的过程。因为职场新人往往缺少经验的积累,往往缺少技能的熟练,所以他们一旦遇到稍微难一点的事情或者新任务,首先想到或担忧的就是自己的短板——方法。他们越是缺少方法,就越是到处找方法,从而把任务的目标和原则抛诸脑后!

　　这样的例子,无论是在工作上,还是在生活中,比比皆是,因此老银不再赘述。希望有兴趣并渴望成功的朋友们,在工作中多多尝试并锻炼自己的"目标—原则—方法"思维习惯,从而养成先进的思维方式,尽快找到成功的捷径!

chapter 6
职场风云宁静致远

滚滚长江东逝水，浪花淘尽英雄！

职场如战场。本章许多内容都是老银在阅读千古完人诸葛亮的《将苑》和《便宜十六策》之后的感悟和心得。

当我一遍一遍读完之后，陡然觉得，诸葛亮才是现代HR的鼻祖。如果现代HR们能按照古时候"天地君亲师"给开山宗师们立牌位燃香供奉的话，诸葛亮应该赫然在列！

不经管理的团队，是一盘散沙；不经整理的知识，是一盘散沙；不经领悟的智慧，是一盘散沙；不经由应用场景来串联组合的心得，即便贵如珍贝，亦是散沙。

时间如流水，心得似沙漏，是非成败转头空。适用于此情此景的灵丹妙药，移步换景或许犹如砒霜，故当随机应变，活学活用。

做好这四条，离优秀主管就不远了

作为一名优秀的职业经理人，到底需要哪些好的素质？是否需要经过各种专业培训？老银觉得，当你读完诸葛亮的《将苑·善将》篇，或许就会有答案。

古之善将者有四（古代善于用兵打仗的人，有如下四大带兵之道）。

老银说：现代职场上，善于管理的优秀职业经理人，是否应该参照而为之？

示之以进退，故人知禁（向部下明示什么是进，什么是退；什么可以，什么绝对禁止。这样，部下就理解了禁令）。

老银说：现代职场上，优秀的主管一定会准确告知下属应该遵循的组织纪律和职业道德，以及企业的红线是什么，让员工有一个绝对清晰而深刻的认识。一些企业在员工入职时提供的行为规范和职业道德培训，以及展示或签署的制度条文，就是一种不错的方式。

诱之以仁义，故人知礼（用仁义的思想对部下循循善诱，使之能够知书达理，脱离野蛮）。

老银说：现代职场上，一个负责任的主管，不但要培训员工的业务技能，更要在员工的三观的培养上担负起一定的责任。有的职业经理人认为，这是一个落后的甚至愚昧的想法，认为那是8小时之外的属于员工的私事。事实上刚好相反，优秀的企业都十分重视文化建设和思想统一。

重之以是非，故人知劝（郑重告诫部下明辨是非、让部下重视是非。这样，部下就会相互约束，规正过失，改正错误，勉励向善）。

老银说：现代职场上，如果不辨是非，不激浊扬清，不奖优罚劣，则好的员工就会失落观望，坏的员工就会逃避处罚，员工之间就没有正常的相互监督和正面激励。一个拥有较好文化氛围和精神面貌的团队，一旦有不和谐的声音出现，团队成员自己就可以抵制甚至消除那样的噪声。

决之以赏罚，故人知信（坚决地贯彻执行奖惩制度，严格赏罚会让部下明白将领言出必诺，讲究信用）。

老银说：现代职场上，为什么有目标绩效考核，为什么有各种职位序列和薪酬调整标准，为什么我们要重视荣辱观，为什么我们要对触碰企业红线的员工绝不手软……凡此种种，有法必依，执法必严，则团队上下就会讲信用，就会视诚信为珍宝，就会昭示团队领导人的威信。

禁、礼、劝、信，师之大经也（禁令、礼仪、劝勉、威信，这四大带兵之道，堪称大师的经典，也就是经验之谈）。

大师的经验和经典

老银说：禁令是企业的组织纪律（它可以通过制度流程来细化落实）；礼仪是企业的文化氛围（它可以通过行为规范来系统训练）；劝勉是企业的精神风貌（它可以通过民主生活来统一思想）；威信是企业的行事作风（它可以

通过奖优罚劣来展示态度）。

综上，作为一名职业经理人或者部门主管，在日常的工作之中，无论你是自己领悟，还是通过专业培训，紧紧围绕上述四大核心法则，不断思考和改善自己的带兵之道，你就离优秀不远了！

我思我见

还记得主管的角色转换吗？还记得晋升为主管之后管人与管事的比重调整吗？翻翻本书相关章节，再结合本篇内容，相信你一定有更大的启发和收获。

"进攻型"主管的几个显著特点

诸葛亮在《将苑》中说，将有五善四欲（善：善于、擅长；欲：追求）。

五善者：所谓善知敌之形势，善知进退之道，善知国之虚实，善知天时人事，善知山川险阻。四欲者：所谓战欲奇，谋欲密，众欲静，心欲一。

五善

敌之形势——敌人的形势，引申为竞争对手状态，以及行业发展趋势；

进退之道——进攻和防守，引申为市场竞争策略，以及市场防守举措；

国之虚实——实力和虚空，引申为企业综合实力，以及企业优劣强弱；

天时人事——天时和人心，引申为市场所处环境，以及团队精神氛围；

山川险阻——地势的险阻，引申为企业问题困难，以及企业优势资源。

四欲

战欲奇——打仗要出奇制胜，引申为市场营销要守正出奇，否则平庸无功；

谋欲密——制定计谋要保密，引申为制定策略要防止泄密，否则就会被动；

众欲静——大众喧闹要镇静,引申为能透过繁华看透本质,否则沦为浅薄;

心欲一——齐心协力要统一,引申为能感召团队鼓舞士气,否则思想混乱。

我思我见

这或许就是现代职场"进攻型"主管的几个显著特点吧——善于从竞争对手状态、市场竞争策略、企业综合实力、市场所处环境、企业现状资源五个方面进行严谨的分析和布局,从而追求出奇制胜、计谋周密、内心安宁、思想统一的良好作战状态,为企业竞争创造充分条件。反之,如果部门主管不具备这几点素质,就不能称其为一名优秀的主管!

再想想,PEST(政治、经济、社会、科技)、SWOT(优势、劣势、机会、威胁)等现代职场中常见的方法论,是否与诸葛亮的观点有着很多惊人的相似之处?因此,无论你习惯使用现代职场那些流行的方法论,还是喜欢中国古人的智慧,都是完全可以的——关键一点,它们要成为你充分吸收并彻底掌握的方法论!

空降主管如何顺利融入新团队

Q:空降部门主管如何顺利融入新团队?
A:3顿饭+9个问题!
以下真实案例,来自国内知名第三方支付机构——易宝支付的优良传统。

3顿饭

第一顿饭:部门员工欢迎餐

一般而言,在部门总监入职的第一天,所在部门员工即按照惯例组织一场部门员工欢迎餐(当然是公司负责埋单)。你可别小看这第一顿饭,在这次欢迎餐中，空降部门总监需要回答团队成员的任何问题，还真有点"真心话大冒险"的感觉。当然，部门总监也可以如法炮制地咨询团队成员的任何问题。这顿饭之后，大家的距离迅速拉近，团队成员之间也快速有了基本概况的了解。这种看起来简单轻松的问答，实则是一种平等交流的文化。

第二顿饭：同级跨部门长工作餐

通常，部门总监在入职两周内（要趁着热乎劲儿），公司人力资源部门就会组织与你同级的跨部门的部门长工作聚餐。同级——是为了对你表示足够的尊重；跨部——是为了迅速让你了解公司内上下左右部门之间的业务逻辑。这顿饭，大家都比较的职业和角色，氛围也相对多一些严肃和认真——让其他相关部门负责人了解你、认识你，逐步接纳你；同时，空降部门总监也要快速了解兄弟部门对你及你部门的期待。

同级跨部门长工作餐，目的是迅速打破部门之间的壁垒，让空降部门总监快速地建立工作关系纽带。运气好的话，如果这个公司的兄弟部门比较多，前几周中午吃饭基本不用你掏钱——都是其他部门长为你踊跃埋单了——因为公司文化鼓励这样的工作餐。

第三顿饭：CEO特别文化餐

部门总监入职一个月以内，公司CEO将腾出专门的时间，与你或者同期进入公司的其他部门负责人共进晚餐或午餐。因为有了前两顿饭的关系，加上部门总监入职时间接近1个月。此时的你应该有了一些对企业和部门的直观感受，甚至逐步融入了团队。CEO的出现，重点与你沟通对团队的看法尤其是对企业文化的理解和认可。如果这一个月你没有白吃白喝，你自然已经对分内之事有了自己的新鲜见解。CEO特别文化餐，将为你构建立体的"团队—工作—文化"企业三观。三观正了，大家认可了，你也就顺利融入了这个全新的集体。

如果你是空降的部门总监，祝你开启好运！如果你是团队老成员之一，供你换位思考！

9个问题

一个部门总监，如果空降到一个新的平台，如何快速踢好前面几脚，平稳"落地"，并做到"两眼一抹亮"呢？通常，你需要尽快组织团队，让团队真诚地告知你：他们最关心的和最想告诉你的9个问题是什么？

1. 想要新领导知道我们团队成员哪些信息；
2. 我们的团队最擅长做什么事，取得过什么成绩；
3. 我们团队需要在哪些方面有所提高；
4. 我们对新领导的期望是什么；
5. 我们对新领导的顾虑有哪些；
6. 目前部门最紧急的问题有哪些；
7. 我们想知道新领导的哪些信息；
8. 新领导面临的最大障碍将是什么；
9. 其他想沟通的问题。

好了，就这9个问题，建议您在落地的前3天就搞定，这可以帮助你快速地成功开局了！

我思我见

如果你是公司的HRD，你是否已经为各个空降部门总监准备了上述管理工具？上述9大问题，通常由HR部门组织，通过现有部门同人正式书面提交给空降主管。

如果你是公司的CEO，你是否足够重视企业文化，并为空降主管们准备了一个特别的关于企业文化的深入交流机会？

如果你是公司的员工，你是否能够以开放的心态拥抱变革，真诚地欢迎那些包括空降主管在内的企业新血？你是否可以专业、系统、职业地提出上述9大问题？

部门主管必须摒弃的8种弊端

人非圣贤，孰能无过？然而，身为部门主管，必须摒弃下面这8种弊端。否则，我们不但不能从优秀到卓越，甚至我们还会陡然止步于本应顺风顺水的职场晋升道路。

老银此处所用二字为"弊端"，就是一旦发现我们稍微露出这样的端倪，就必须正视。否则，当弊端进而发展扩大演变成为弊病时，我们就是真的生病了，甚至到了无药可救的地步，就悔之晚矣。

诸葛亮在《将苑·将弊》篇中如是说。

夫为将之道，有八弊焉（即便身为将帅，也常有八种弊病，这是将帅用兵的大忌啊）。

老银说：诸葛亮立意高远地指出了将帅容易犯的8大过错，当为现代职场人士所警醒。这8种弊端，也是部门主管们管人和管事的大忌。

一曰贪而无厌（第一个弊病就是贪得无厌，这里指对财物的追求永远不满足）。

老银说：现代职场，无休止地贪功、贪权、贪大、贪全也是一种不可忽视的病态的"贪"。因为这些"贪"，往往看起来似乎还有几分合理性。于是，贪全忽视了更新迭代；贪大忽视了小而美；贪权忽视了自下而上；贪功忽视了适可而止。

二曰妒贤嫉能（第二个弊病就是强烈地嫉妒和排斥那些比自己优秀的人）。

老银说：现代职场中，嫉妒远比近亲繁殖的危害还要大，它会使团队变得越来越弱，越来越小。这样的部门主管，完全无视人才的CBA原则，只能一代更比一代弱，一拨更比一拨差，只有那些被差选进来的人，才能在这样的环境里适者生存。

三曰信谗好佞（第三个弊病是听信谗言，亲近那些能说会道、巧言谄媚、曲意奉承的小人）。

老银说：这种现象在现代职场并不少见。因为各种原因，有的人离领导近一些，有的人离领导远一些；有的人说话比较直接不好听，有的人说话比较委婉更动听；有的人将名利看得重一些，有的人将名利看得淡一些。这就容易给上级领导造成一定程度上的选择性倾听和信息采集，从而决策上失之偏颇，甚至是非颠倒。

四曰料彼不自料（第四个弊病就是将领只能分析敌情，却不能正确认知自己的实力）。

老银说：所谓知人者智，自知者明，是为明智；所谓知己知彼，百战不殆。然而，现代职场中，部分主管对于外部环境了如指掌或夸夸其谈，对于内部情况，却浑然不知或装疯卖傻。还有一种情况，就是不能正确地以现实的自身条件和资源，来合理规划企业的经营。他们的通常借口或者口头禅是，你看外面人家如何如何，而不切实际地期望企业也如此。正确认识自己，才能不断进步。

五曰犹豫不自决（第五个弊病是遇到事情，需要将领当机立断时，将领犹豫不决）。

老银说：现代职场中，各种能拖就拖，能缓就缓，能延就延，都是犹豫不决的表现。这样的主管，需要好好补一补决断力、担当和责任这几门课。有了担当与责任，相信主管们自然而然可以形成自己的决断力。

六曰荒淫于酒色（第六个弊病是沉迷于酒色而不能自拔）。

老银说：身在职场，无论职位高低，少不了一些喝酒吃茶的商务往来。然而，如果不能控制自己的原始欲望，甚至借酒装疯，假戏真做，就不是酒能乱性那样简单了。《三国演义》中张飞就是老爱喝大酒，喝完酒后还喜欢鞭打部下，结果把部下惹火了，不仅人被杀了，部下还去投敌。董卓和吕布，都是好色之徒，就被貂蝉牵着鼻子走。诸葛亮之所以把"酒色"的弊病排在第六位，想必忘不了张飞和吕布的事故。

七曰奸诈而自怯（第七个弊病是为人虚伪奸诈而自己又胆怯懦弱）。

老银说：现代职场中，能够角色做事、本色做人的优秀主管并不多见。有的主管甚至将角色和本色混淆颠倒起来——在职场中玩本色，在生活中玩角色，这就必然给人以虚伪和奸诈的印象。他们之所以将角色和本色刻意混淆，骨子里就是内心的极度不自信，也就是胆怯和懦弱。

八曰狡言而不以礼（第八个弊病就是狡猾巧辩而又傲慢无礼，或者不按制度和礼法办事）。

　　老银说：职场中，这一类主管的智商和情商都相对较高。他们往往行动敏捷、反应机智、作风大胆，常常在会上以雄辩的口才"怼"得其他人无言以对。然则，明眼人如果拨开迷雾看本质，当能认清其凌驾于制度之上以及逾越礼法的本来面目。

　　综上，如果一名职业经理人能够不断摒弃上述八种弊端，克己达人，自然可以修得更高境界——也就是我们的职业发展规划CDP必将更上一层楼。

我思我见

　　现代职场中，如何系统地防范部门主管尤其是高阶公司领导的各种弊端？我想，诸葛亮为我们展示了8种常见弊端的特征，这些特征放在今天依然适用。解决办法呢？严把进人关——不合适的人不要勉强放进来，严把考核关——不合格的人一定要及时清理优化；严把监督关——监督内审机制要发挥作用不能成为摆设；严把文化关——不良文化和风气必须坚决打击；严把价值关——树立健康向上的企业价值观，三观不正不过关！

看看你的部门总监是否称职

　　Q：如何评价一名部门总监是否称职？
　　A1：每个季度看他的绩效考核和KPI结果啊！
　　A2：什么绩效考核啊？还不就是BOSS一句话！
　　A3：好不好，跟着感觉走呗……
　　似乎，部门总监是否称职，业绩到底好坏，成了一道典型的东方式艺术难题。甚至让部门总监自己来说说工作表现，也不见得他们有什么条理和头绪，只能把那些工作中所谓的亮点和成绩翻来覆去地罗列。

事实上，通过下面两张简单的表格，部门总监不但完全可以自查自纠，自己给自己把脉问诊，还可以对照梳理自己的部门管理思路，检查有无遗漏和偏颇。当然，如果你是员工，你也可以通过下面表格，看看你的部门主管水平如何。

一手抓管事

管事	
规划者	运营者
建立或梳理业务流程	确定目标任务
进行岗位设计与描述	制订工作计划
使人员与岗位相匹配	分配具体工作
建立工作标准和规范	监控工作过程
（负责部门构建）	考核工作结果
（参与公司顶层设计）	（优化改进措施）

一手抓管人

管人	
教练	团队领袖
招聘合格员工	解决团队当前主要问题
训练新员工	有效沟通机制、民主团结氛围
实施在岗培训	主持高效的会议
培养接班人	利用争论、解决问题
辅导问题员工	（领导的人格魅力）
辞退不合格员工	（领导的品牌元素）

综上，一名优秀的部门总监必须时刻牢记自己的两大任务、四大角色、两手都要抓，两手都要硬：管事——部门规划、部门运营；管人——团队教练、团队领袖。

绝不要轻易倾斜，以至于造成自己的职业发展畸形！往往业务型的部门总监，容易忽视管人；往往管理型的部门总监，容易忽视管事。这都是极其不妥的！

好了，请对照上表，偷偷地逐一对照，开始给自己来个震撼心灵的自测吧。记得当初老银第一次看到这两个表格，才发现自己之前的工作的确忽视甚至遗漏了那么几条内容。因此，这个表格曾经在老银的办公桌上贴了整整一年，直到我已经将这些内容完全铭记在脑子里，并得心应手地使用起来。

我思我见

所谓纲举则目张。无事人不立，无人事不成！部门主管脑子里时刻有了上述管人和管事的纲，就会自然而然地依据这个纲去开展工作，就会珍惜和重视来自HR部门的各种管理工具——否则，业务部门常常会视HR部门的各种要求为枷锁，从而自觉不自觉地给予无情抵制。什么岗位责任表、目标计划表、培训课件、会议机制……HR部门的工具即便再先进，如果业务部门负责人自身不能在一定高度上称职，当然会觉得是干扰和累赘。

部门总监不可逾越的7条红线

在现代职场中，身为部门总监不可逾越的7条红线是什么？或许有人会说，谁知道呢？因为每个企业的情况都各不相同，每个公司的规章制度也各不相同。

诸葛亮在《便宜十六策·斩断》一文中，就对以下7类行为画了红线。之所以命名为"斩断"，就是这7类行为基本上够得着"处斩"的严厉程度，否则就会"当断不断，必受其乱"。

斩断之政，谓不从教令之法也，其法有七：一曰轻，二曰慢，三曰盗，四曰欺，五曰背，六曰乱，七曰误，此治军之禁也。

【轻】蔑视军令（8种情形）

期会不到，闻鼓不行，乘宽自留，避回自止，初近后远，唤名不应，车甲不具，兵器不备，此谓轻军。

【慢】怠慢军令（5种情形）

【慢】怠慢军令（5种情形）

受令不传，传令不审，迷惑吏士，金鼓不闻，旌旗不睹，此谓慢军。

【盗】贪赃枉法（8种情形）

食不禀粮，军不省兵，赋赐不均，阿私所亲，取非其物，借贷不还，夺人头首，以获其功，此谓盗军。

【欺】欺上瞒下（9种情形）

变改姓名，衣服不鲜，旌旗裂坏，金鼓不具，兵刃不磨，器仗不坚，矢不着羽，弓弩无弦，法令不行，此谓欺军。

【背】背道而驰（12种情形）

闻鼓不进，闻金不止，按旗不伏，举旗不起，指挥不随，避前向后，纵发乱行，折其弓弩之势，却退不斗，或左或右，扶伤举死，自托而归，此谓背军。

【乱】军容乱散（12种情形）

出军行将，士卒争先，纷纷扰扰，车骑相连，咽塞路道，后不得先，呼唤喧哗，无所听闻，失乱行次，兵刃中伤，长短不理，上下纵横，此谓乱军。

【误】误人误己（9种情形）

屯营所止，问其乡里；亲近相随，共食相保；不得越次，强入他伍；干误次第，不可呵止；度营出入，不由门户；不自启白，奸邪所起；知者不告，罪同一等；合人饮酒，阿私取受；大言警语，疑惑吏士。此谓误军。

职场如战场！在现代职场中，依然存在着上述"轻慢盗欺背乱误"的各种情形，建议HR们可以参照上述方略，为企业管理制定出切实可行的规章制度，并让上述红线原则和思想深入每一位部门主管的心灵深处。

- - |我 思 我 见|- -

HR可以此修改成现代企业的员工行为规范！也可用来梳理企业文化的正反案例！

学会知人性、识人品

尽管现代职场有远比之前更为方便的工具和渠道，譬如互联网、社交媒体、猎头公司、第三方背景调查公司等。然而，要真正做到相对全面且深入地了解团队成员的人性，还是有着相当的难度。何也？因为我们通常如此：

重形式，轻内容

现代职场的一些HR们，对于各种调查表格甚至流程非常熟练，至于要深入调查了解什么，或者说什么才是值得仔细考察的，老银就只能"呵呵"了。不少公司对于候选人的背景调查，要么委托所谓的专业第三方机构，要么自己进行调查，看起来仪式感十足，却提供不了多少干货。

重外延，轻内涵

人性包括的内容，尤其是比较有内涵的东西，远比外延和外在表现更为重要。譬如常见的HR背景调查，问某某某工作如何，同事关系如何，有无受过什么嘉奖和处罚……看起来很职业很专业的模式化问卷，其实连人性的门都没有找到。

重渠道，轻方法

此处的方法，是指HR背景调查或者我们识别人性的方法论。没有正确的方法论，对于人性的调研和考察，要么蜻蜓点水，要么浮于表面，要么失之偏颇。因为方法论出了问题，譬如你调查某人之人性，刚好电话问到此人的死对头，则你得出的结论非但不能供参考，甚至是与本来面目大相径庭。

重工具，轻策略

如上所述，正是因为现代职场，有不少看起来很好用的人力资源类测试工具等。于是，大家就一窝蜂地扑上去，拿来便用。殊不知，这种没有策略作为理论原点支撑的调研或者评测工具，往往连出发点都有着巨大的问题。

综上可见，无论是HR在对候选人进行背景调查之时，还是我们的BOSS

们在日常对部门总监或者骨干员工进行人性考察时，的确存在不少的误区和挑战。

然而，老银一直推崇并认为：堪称古今完人的诸葛亮，应该算是当今HR（人力资源）管理的始祖。他对于如何知人性，早就有如下相当完美的描述。

夫知人之性，莫难察焉。美恶既殊，情貌不一。有温良而为诈者，有外恭而内欺者，有外勇而内怯者，有尽力而不忠者。然知人之道有七焉：

一曰问之以是非而观其志，二曰穷之以辞辩而观其变，三曰咨之以计谋而观其识，四曰告之以祸难而观其勇，五曰醉之以酒而观其性，六曰临之以利而观其廉，七曰期之以事而观其信。

通过上述7种考察方法，我们就可以对一个人才的以下7大方面有了非常深入的接近人性的认识：

志趣（可以引申为"价值观"，看看它是否与你的企业文化相匹配）；应变（随机应变能力、市场反应能力）；见识（见解、学识；引申为知识、技能）；担当（责任感、勇气、抗压能力）；性情（"本色"的潜在的性格）；清廉（贪财或者廉洁）；信守（守信、诚信）。

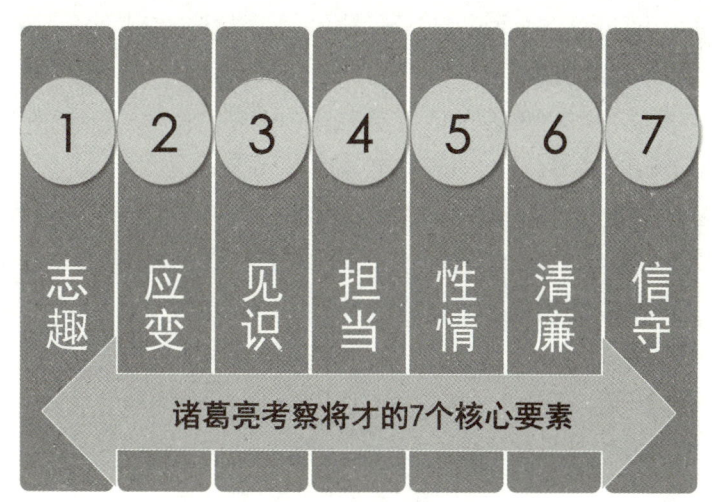

诸葛亮考察将才的7个核心要素

1. 志趣
2. 应变
3. 见识
4. 担当
5. 性情
6. 清廉
7. 信守

将才的7个核心要素

看到这里，我们似乎已经找到了知人性的锦囊妙计。

然而，真的要实践，你却会发现一个大大的问题——考察人自身水平的高低！如果考察人本身就不辨是非、口才不佳、缺计少谋、不知危机、不了解业务，看不到行业以及企业的趋势和风险……可以想象，这样的考察人（主考官），能够真正运用诸葛亮的知人性策略，并为企业找到或者甄别出优秀的将才吗？这也是为什么我们身边部分HR装模作样，不得要领，让人轻视的原因。

我思我见

工具和方法再好，也必须用到对的人那里，才会发挥作用和价值！所谓职场捷径，就是选择与靠谱儿的人同行！

且行且珍惜，不要轻易进行道德审判

曾经，我的BOSS对我说："身在职场，大家业务能力或许各有高下，彼此之间人品却是难分高低。"

这句看似不太具有哲理的话，老银当初一直不以为然，甚至一厢情愿地认为是BOSS在"和稀泥"。直到最近，好像明白了……

近日，多次看到关于因车上让座而起冲突的各种新闻，让人比较闹心：有小朋友未及时给老人让座被踹的，有女生来了大姨妈未主动给老人让座而被骂哭的，有身体不舒服未给老人腾地方的年轻小伙子被拐杖敲的……

我只想说，大家都不容易，你所看到的也许只是一个侧面甚至假象：现在，多少小朋友周末各种培训班远比赶场还累，多少女生辛苦地工作比男人还男人，多少年轻小伙子其实努力打拼着也在透支着他们的疲惫的身体……他们只是看起来年轻而已，他们并不是大家想象中的那样轻松！

如果我们轻易地给这群并不轻松的年轻群体贴上某个道德标签，想当然地认为他们不知礼节、不识时务、目无尊长，就真是不对了！

身在职场，一个企业与一辆行驶中的巴士或者地铁惊人的相似：行色匆匆的过客都以各种看起来合理的缘由希望得到他人的关照，每个人都两眼冒光地希望尽快找到自己的座位，相互之间都把他人有意无意假想成轻松的可以进行指责的那一撮少不更事的年轻群体……

我思我见

在不轻易进行道德审判的心境之下，身在职场的同僚们才真正有了可以换位思考的条件。所谓"佛看众生都是佛，众生看佛是众生"，也许就是这个道理吧。

稻盛和夫的选人之道

对于人才的选拔，尤其是企业里的高级职位（如总监以及VP级别以上）候选人的选拔标准，稻盛和夫在数十年的经营管理之中，逐步参透并得出如下心得体会和成功法则：人格第一，勇气第二，能力第三。

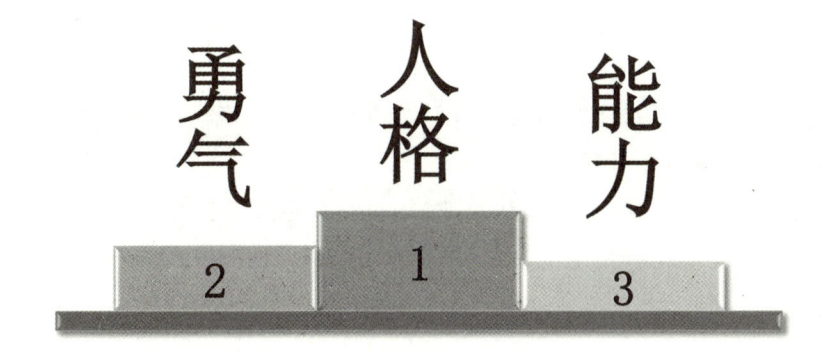

人才选拔标准及关系

他指出，热爱是点燃工作激情的火把。无论什么工作，只有全力以赴去做，才能产生很大的成就感和自信心，而且会产生向下一个目标挑战的积极性。成功的人往往都是那些沉醉于所做事情的人。这种稻盛和夫所说的由衷的热爱是什么呢？就是一个人骨子里的人格，它会激发你的勇气，从而最终增进你的能力。

很遗憾，现代职场中，由于通常水平的HR甚至CEO们，对于候选人的人格判断相对困难——既没有专门的考核工具，更没有时间和耐心去观察发现，从而导致部分高层管理人员在人格上出了问题也久久不能发现。或者，在人才引进之初的关键节点，也没有办法用专业的背景调查进行准确的拦截。须知，级别越高的人，其掩饰和隐藏也往往更深，面具通常也非常人所能够识别。企业一旦误用这样的具有人格缺憾的高层负责人，破坏力不小，对企业造成的损害也是相当大的。

至于勇气，尤其对于那些多年闯荡职场的职业经理人们，他们往往具有一些相对丰富的经验和成功案例。因此，他们如果乱拍胸脯，一定会给你胸有成竹、勇挑大梁的感觉。其实，判断他们勇气的方法并不难，不是听他们过往有多么能干或者多么优秀，而是要给他一个相对艰巨的任务，看他是否勇于接受？看他有什么系统的应对方法？推演他们面对失败的心态和处理方式等。

至于能力，按照现代职场比较通行的方法论，一个就是管人的能力和管事的能力。什么叫管人和管事，老银本书相关章节里有比较详细的讲解，有兴趣的朋友请自行查找跳读。另一个就是所谓的领导力，关于领导力的解读的书籍也是汗牛充栋，老银认为，解决问题的能力，是领导力最为重要的能力。否则，一个部门主管的领导力模型再好，中看不中用，或者没有什么产出，也是对企业没有积极作用的。

此外，还有一种值得关注的现象，就是有的企业往往出于某些短期目的，或者是关注短期利益的追求，高薪聘用一些能力很强但人格很低的人员加盟，这无异于饮鸩止渴——这是异常危险的行为！

我思我见

无论你采用稻盛和夫的选人之道，还是诸葛亮的用人策略，还是现代企业里的人才CBA原则。一是要让全体员工理解并遵守；二是要不断细化并落地；三是要作为企业文化去传承！否则，各执己见，莫衷一是，或者换一拨人就换一个论调，换一拨人就换一套规矩，这都是对企业用人之道的伤害。

马云曾说："小公司的成功，靠招人——招到合适的人；大公司的成功，靠开人——开除不合适的人。"想必他是深谙此道的！

小心企业中的9类蛀虫

现代职场中，隐藏着各式各样的变形蛀虫，这些蛀虫都有哪些表现？让我们一起来看看诸葛亮在《将苑·军蠹》篇中，对三军之"蠹"（蛀虫）进行的分类描述。

夫三军之行，有探候不审，烽火失度（侦察不细致，报警失误）。

老银说：如果做不好市场调查，误报甚至谎报军情，尤其是谎报的性质十分恶劣，此为职场"蛀虫"之一种。

后期犯令，不应时机（违约迟到，违犯命令，坐失战机）。

老银说：职场如战场，如果不按时间节点推进，随意找个理由推诿或者草草应付了事，从而导致企业经营计划失算，此为蛀虫之一种。

阻乱师徒，乍前乍后，不合金鼓（阻挠队伍，忽前忽后，不依号令）。

老银说：看不得别人好，恶意竞争，或者为同人人为地设置种种障碍，完全不按照规矩和计划出牌，任性妄为，此为职场蛀虫之一种。

上不恤下，削敛无度（上级不体恤下级，随意剥削搜刮）。

老银说：随意指使和奴役下属，随意处罚或者克扣下属。让企业文化和工作氛围受到严重伤害，此为职场蛀虫之一种。

营私徇己，不恤饥寒（谋取私利，一心为己，不关心下级温饱）。

老银说：只想着一己之私，对下属漠不关心，甚至踩着下属往上爬，利用权力和信息不对称，将下属的功劳据为己有，此为职场蛀虫之一种。

非言妖辞，妄陈祸福（危言耸听，蛊惑人心）。

老银说：与公司的主旋律背道而驰，台上台下言行判若两人，对企业经营思想阳奉阴违，甚至刻意散布不利于团结协作的言论，此为职场蛀虫之一种。

无事喧杂，惊惑将吏（造谣生事，迷惑将士）。

老银说：这一类人，与其职位高低无关。他们往往喜欢八卦和无中生有，甚至刻意搬弄是非，制造紧张气氛和享受混乱，此为职场蛀虫之一种。

勇不受制，专而陵上（勇悍专横，不受管制，藐视上级）。

老银说：这一类人往往居功自傲，目中无人，错把企业平台和资源当成个人能力强，从而搞特殊、要特权、走捷径，此为职场蛀虫之一种。

侵竭府库，擅给其财（侵占公物，擅拿财务）。

老银说：这类人往往自以为是，喜欢耍小聪明。常以本位主义和部门小团体利益为借口或诉求，侵占公物，私分公物，或者建立小金库，大搞独立王国，此为职场蛀虫之一种。

此九者，三军之蠹，有之必败也。

老银说：上述9类现象，就是企业的9种蛀虫的衡量标准，如果不及时地发现、识别、清除，任由这样的蛀虫行径野蛮生长，企业就一定会遭受失败。事实上，现代职场中，与上述9类蛀虫性质有些类似的行为并不鲜见，只是程度略有差异而已。因此，企业负责人和各级主管们一定要重视并时刻警惕它。因为，这9类蛀虫或许就在你我身边！或许不久就能长成大老虎！

我思我见

企业文化，有时候比企业制度流程更具有约束力，尤其是当一个企业绝大多数人已经形成一种相对默契和坚韧的文化特质的时候。记得当年在易宝支付效力时，该公司员工早晚考勤从来不需要打卡——如果你早上9点之后到公司，你只需要自己在前台签字，员工根据自身的情况，适当延长相应时间下班即可；如果你晚上6点之前有特别的安排需要提前离开公司，同样在前台签字即可。

易宝支付之所以考勤不需要打卡，原因之一就是它的企业推崇诚信的文化——试想，如果你的考勤我都不相信，那你上班在电脑面前做什么我能相信吗？那你离开公司去外面谈合作我能相信吗？如果大家在一起，这个基本的信任基础都做不到，还能一起做事吗？

在我看来，本节的9类表现，完全可以纳入现代人力资源管理中员工日常行为规范！尤其可以作为部门主管以上级别高管的考察增项。

"另眼"看待领导的心腹

诸葛亮在其《将苑》中，对心腹早有著述："故善将者，必有博闻多智者为腹心，沉审谨密者为耳目，勇悍善敌者为爪牙。"

如此看来，"心腹"二字并非贬义词，甚至"耳目""爪牙"都跟着褒义了一把。

现代职场中，部门主管需要重视其积极作用，不要把"心腹"用偏了，更不能把"心腹"理解偏了。否则，就对不住先贤诸葛亮。因为，在诸葛亮看来，无腹心者，如人夜行，无所措手足；无耳目者，如冥然而居，不知运动；无爪牙者，如饥人食毒物，无不死矣。

职场如战场！因此，部门主管应该积极、正面、主动地培养自己的"心腹""耳目""爪牙"，使之有利于企业的经营和管理，使之有助于企业的壮大和发展！

我思我见

Q：如何跟领导相处？
A：成为领导的心腹、耳目、爪牙！
Q：如何预测团队优劣成败？
A：贤才居上，不肖居下。

系统化思维的构建

系统化思维，对于市场营销人员十分重要。否则，犹如瞎子摸象，不但不了解全局，对于一件事情的来龙去脉也没有正确的逻辑和理解，只能单点看问题，既不能连成线，更说不上构成面。那么，如何构建系统化思维？

看一件事情的上下游

举例而言，假设你是市场部一名文案编辑，如果你的眼光只停留在如何写文章本身上面，则很快就会枯燥乏味甚至江郎才尽。怎么办呢？看看你的上下游！上游——你的素材都有哪些来源；下游——你的文章交付给媒介经理之后，媒介经理如何联系外部媒体编辑记者。

那么，请站在他们的角度，看看他们关注什么？他们需要什么？如果你的眼界再提升和扩大，则读者关心什么？行业趋势又是什么？按照这样的思维去看一篇文章从构思到传播，甚至到读者反映和市场反馈，则一个文案编辑人员就会自然而然地眼里有活，自发自觉地提升和完善自己的文案撰写编辑能力，甚至在必要的时候，可以转变成媒介经理甚至公关经理。

看一件事情的左中右

所谓左中右，就是这件事情，涉及哪些并行的关联岗位或者平级的兄弟部门？对他们有无影响和什么价值？他们的感受都可能是什么？

依然用一个文案编辑来举例，如果你的文章写得不错，外部网络媒体甚是喜欢。或许，公司的行政部同人的企业内刊正翘首期待你这样的素材。或许，你的销售同人正需要那样的精彩案例。或许，你的BOSS正需要全新打造某个概念和观点……学会从左中右关联环节看问题，你就不会单独地生活在自己狭小的范畴，你就会想方设法让你的文章的影响和价值尽可能最大化。

看一件事情的领头羊

行业里的领头羊，他们在很多方面往往模式比你先进，管理比你到位，见解比你深刻，服务比你贴心。因此，不妨拿来主义，系统地向人家学习（思维模式），这让自己思路清晰的同时还可以少走弯路。

企业的市场定位

还是以一个文案编辑来举例，如果你所在的企业市场部，也就是偶尔发发软文就算完事，则你自然想象不到那些比软文更高端、更有技巧的玩法——譬如你的文章可以提供给学校的教辅作为案例参考，可以联合研究机构做研究素材，可以紧跟市场热点推出调查报告等。一句话，自己想不明白，难道还看不明白吗？即便你看不明白，至少也能够感知到绝大部分。因此，老银鼓励大家的思路一定要"跳"出去、眼睛一定要"看"出去、境界一定要"提"上去。

看一件事情的过往史

回顾历史，往往可以预知未来。以目前各大自媒体平台上都悄然增加的"正版授权图库"为例，他们的历史是什么？20年前，一名专业美工如果需要图片素材，可以购买那些正版的CD；10年前，一名美工可以从专业图片素材网站上付费下载；现在，任何需要用到图片的人，即便他不一定是专业美工，就可以轻松地在文档里编辑增加正版图片。这件事大致的历史脉络如此，如果你是市场营销人员，你如何推广它？如何销售它？如何运营它？想一想，就会很有意思。

过去，其实未去！

未来，其实已来！

过去—未来

这就是系统的思维——分析事物的历史，就可以预测其发展轨迹。此外，系统的思维还可以帮助你从不同的岗位职责角度出发，来看同一件事情中你所起到的作用。

看一件事情要换时空

我们常说，要换个角度看问题。这个角度不好理解，那么，你就把自己想象成CEO、部门长、自己的下属、自己的同人（就是上文所说的上下游、左中右），站在他们的位置来看一件事，这样你的角度就自然可以切换过来了。

此外，老银在此还呼吁"穿越时空"看问题。如何"穿越时空"？回顾——就是看它的历史；展望——就是看你身边那些刚好在此阶段的人和事。比如，让你想象10年后的自己，是不是看起来好像找不到感觉？其实，你只需要留意身边比你年长10岁的人，这样的穿越思维就变得简单和生动。

有了上述的系统化思维套路，也许某一天你的BOSS笑眯眯地问你，某某事情你是如何看的？当你迅速读懂他的问题之后，你就不会丈二和尚摸不着头脑，完全可以系统地娓娓道来。

小贴士：

思维方式——是人们的理性认识方式，是人的各种思维要素及其综合。按一定的方法和程序表现出来的、相对稳定的、定型化的思维样式，即认识的发动、运行和转换的内在机制与过程。通俗地说，思维方式就是人们观察、分析、解决问题的模式化、程式化的"心理结构"。

思维分类——依思维的属性，可分为抽象思维、形象思维、直觉思维等；依思维的形式，可分为语言思维、逻辑数学思维、空间思维、音乐思维等。

我思我见

牛人与普通人的本质区别，不在于知识的多少和阅历是否丰富，而在于思维方式的不同！老银在易宝支付就职期间，就多次聆听CEO唐彬先生讲述"目标—原则—方法"等众多优秀的思维方式，并在工作中不断加以应用，至今受益良多。

高手控制情绪的五大原则和四大表现

在现代职场中，部门总监往往在企业里担负着承上启下的重要枢纽作用——任务的分解与传达，企业文化的解读与践行，业务运营的协调与反馈，员工心态的把握与沟通……

可以说，现代职场中的部门总监往往任务多、压力大、责任重，从而容易导致仪表失态甚至情绪失控，乃至感觉自己不断被掏空，处于崩溃的边缘。

那么，部门总监如何正确控制情绪，做到喜怒不形于色呢？

诸葛亮在其《便宜十六策·喜怒》篇中，对将帅的情绪控制尤其是对喜怒两种极端情感的把握，有着发人深省的诤言。

喜怒之政，谓喜不应喜无喜之事，怒不应怒无怒之物，喜怒之间，必明其类。怒不犯无罪之人，喜不从可戮之士，喜怒之际，不可不详。喜不可纵有罪，怒不可戮无辜，喜怒之事，不可妄行。行其私而废其功。将不可发私怒而

管理密码
源起市场，赢在职场

兴战，必用众心，苟以私忿而合战，则用众必败。怒不可以复悦，喜不可以复怒，故以文为先，以武为后，先胜则必后负，先怒则必后悔，一朝之忿，而亡其身。故君子威而不猛，忿而不怒，忧而不惧，悦而不喜。

诸葛亮讲了喜怒的五个原则。第一，一定要分清对象。不要为那些不值得高兴的事情而高兴，不要为那些不值得愤怒的事情而愤怒。第二，要谨慎对待喜怒。发怒时不要迁怒于无辜的人，高兴时不要姑息有罪的人。第三，不无端随意发作。高兴时不能无缘无故纵容罪恶，发怒时不能莫名其妙殃及无辜。第四，不得求私欲、泄私愤。如果以一己之私欲（喜怒）去做事（包括发动战争），那么，他的团队必然失败。第五，喜怒忌反复无常。反复无常的喜怒，就会失去理智，就会忘了文治武功——先礼后兵。

如果我们能够很好地控制喜怒这两种极端情绪，我们就可以做到：威而不猛——威严而不表现凶猛；忿而不怒——愤怒却不形于言表；忧而不惧——心中忧虑但不恐惧；悦而不喜——喜悦却不喜形于色。

君子的情绪控制

小贴士：

情绪管理（Emotion Management）最先由因《情绪智商》一书而

成名的丹尼·高曼提出。他认为，通过控制情绪，管理人员可以成为卓越的领导人。

情绪是指个体对本身需要和客观事物之间关系的短暂而强烈的反应。是一种主观感受、生理的反应、认知的互动，并表达出一些特定行为。情绪管理是将这些感受、反应、评估和特定行为挖掘并驾驭的一种手段。情绪管理是对个体和群体的情绪感知、控制、调节的过程。

我思我见

一言不合，友谊的小船说翻就翻，那是不成熟的表现，说到底，就是我们不能很好地控制情绪。当人发怒的时候，通常智商接近于0！

高手做事稳、准、狠！稳，强调方案可行；准，强调判断正确；狠，强调执行态度。

用媒体的危机公关梳理企业的内功

市场部的噩梦之一，就是来自媒体的危机公关，也就是所谓的负面报道。一旦负面报道毫无征兆地、突然地、大面积地，甚至失控地蹦出来，首先，打乱了市场部的既定工作计划。其次，如果处理不好，企业的品牌形象就会受到伤害。甚至，引发企业的重大合作伙伴与你断交，或者你紧接着就会收到上级监管部门的约谈通知……

但是，如果不从根儿上一起推动公司以下问题的解决，妄图希望市场部媒介经理的强大公关能力和临场发挥去解决危机公关，只能是治标不治本，本末倒置。

你的产品靠谱儿吗

如果你的产品本身就有太多瑕疵，从而引发了用户的不满和媒体的关注。我认为，解决之道是正视问题，妥善优化产品。即便你的正面新闻再多，依然解决不了产品存在的问题。所以，坐下来，静下心来，把产品先搞好。

你的服务公平吗

如果你的服务不平等，不能为市场提供相对公平的交易。那么，由此引发的来自客服的投诉的"危机公关"，也是不能通过自己在媒体上自吹自擂就可以解决的。某种角度上说，这就是真实的市场反馈，你的服务部门不能回避这个问题。

你的销售管事吗

如果你的销售以及销售体系对你的产品和服务都心存不满，或者说他们自己与你合作都是有苦难言。那么，或许第一时间发现危机苗头时，他们就不会和你同心协力去面对。

你的管理还好吗

同理，你的企业内部管理是否规范？如果因为你的内部管理出现了大问题，或者你的部门之间相互形成壁垒，互不协力支撑。那么，一旦出现危机公关，大家都会推诿逃避，就会把眼光紧紧盯在可怜的市场部媒介经理脸上，希望通过一轮新的新闻发布，掩盖问题或者转移话题。

你的文化走心吗

一个有着良好企业文化的企业，即便出现危机公关，大家也会一起想办法，共同直面问题，献计献策。如果有这样的团队，危机能够转变成机会，加速企业或者团队的成长。

你的费用足够吗

如果你一年的市场预算只有区区几万元，而你的BOSS希望与所有媒体缔结良好的合作关系，这是不现实的。即便你拥有充足的市场费用，也不能覆盖所有的媒体。所以，现实一点，低调一点，不要那样任性。

你的关系到位吗

很多人认为，只要媒介关系好，就不会有什么负面报道和危机公关，其实不然，所以最后才说到关系。同等情况下，如果有一定的人脉，自然在危机公关出现（尤其是早期）时，媒体可以给你一定的申述（或者预警）机会。仅此而已。

综上，看似来自媒体层面的危机公关，其实是一个企业日常经营管理内功如何的真实市场反馈。通过某些危机公关事件，我们一定要仔细梳理上述企业可能存在的问题。

重视它，但绝对不要迷信它，尤其不要轻信某些所谓危机公关专业PR公司的说辞。某种角度上看，面对危机，其实不需要什么技巧，把内功练好就行。如果通过媒体公关来应对本质上并非来自媒体的危机，就是用一个错误去掩饰另一个错误。

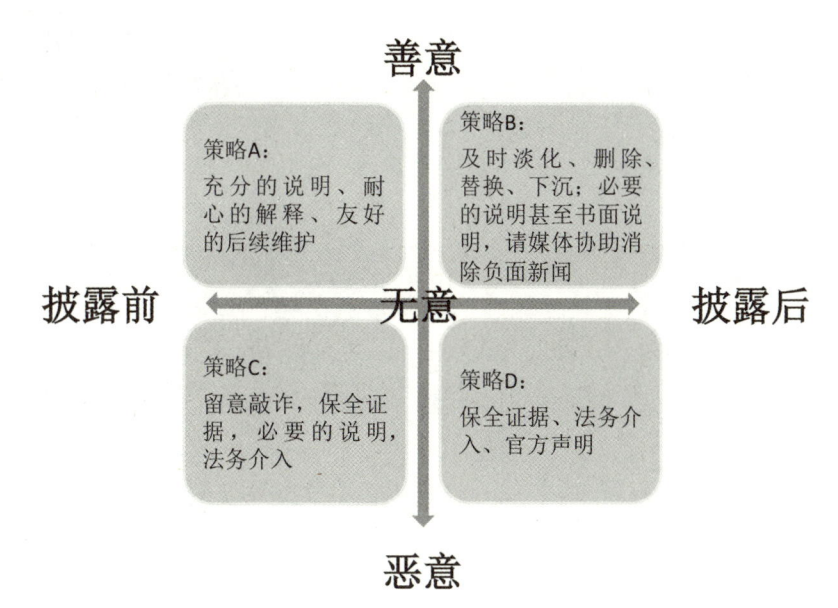

善意

策略A：
充分的说明、耐心的解释、友好的后续维护

策略B：
及时淡化、删除、替换、下沉；必要的说明甚至书面说明，请媒体协助消除负面新闻

披露前 ← 无意 → 披露后

策略C：
留意敲诈，保全证据，必要的说明，法务介入

策略D：
保全证据、法务介入、官方声明

恶意

媒介危机公关策略

我思我见

由于危机公关具有意外性、聚焦性、破坏性和紧迫性等特点，因此有公关专家认为，危机发生后应当参考如下原则——承担责任原则、真诚沟通原则、速度第一原则、系统运行原则、权威证实原则。

危机公关，有时候就像人感冒一样。偶尔来那么一次，不但可以增强机体免疫力，还可以提醒你注意身体健康。奢望企业永远没有负面报道，犹如奢望自己永远不生病一样幼稚可笑。

chapter 7
追求卓越开启智慧

老银无意与美国著名商业畅销书作家吉姆·柯林斯的大作《从优秀到卓越》搭上某些牵强附会的关系。然而，我的确也找不到更为合适的名字来为本章命名。

在老银看来，职场有时候也犹如学堂，普通学生只需认真对待，多加努力，考到80分还是大有希望的。然而，要从80分到90分，再到100分，以致以后都是100分，就是一般学生做不到的了。这个从80分到100分的过程，我认为就是追求卓越的过程，甚至是某种必须顿悟的过程。

追求卓越的过程，也是一个痛苦的超越自己的过程。否则，就有可能从80分跌落到60分，然后通过各种努力，可能又大幅度提升到80分，如此起起伏伏，职场变成了学堂，我们的学费和时间在流逝……

追求卓越，聪明的人还需要SMART，牛人才能挑战天才，系统化思维有助于你看问题，走进员工心智才能有所成就，弯道超车原来如此，多做一丝拉开差距，员工激励的本质又是什么……最后，我认为卓越的人生，更需要三大礼物。

职业经理人绝对聪明，但不一定SMART

看到这个标题，朋友们或许会问：既然能做到部门总监或者其他高级职业经理人，难道我们还不够聪明（SMART）吗？

其实不然，很多职业经理人绝对够聪明，但不够SMART，市场总监当然也不例外。为什么这样说呢？因为很多看似聪明的人，其行为处事，往往背离了SMART原则。

比如，安排一项工作，A本来可以直接告诉D，却通过B告诉C，让C转达给D。如此一来，信息层层衰减，初衷步步偏离，可以想象最后的结果如何。再如，A有一封邮件，本应该CC（抄送）同步给C和D，却只发给了B，然后B、C、D之间一阵信息紊乱之后，最终A、B、C、D没有得到闭环反馈。可以想象这样的效率有多差。再来看一个例子，上级本来可以清晰地下达任务和指令，却非得用艺术化的语言，让部下去悟，去猜，去感受。这样的情形很多，好比领导们经常说的口头禅"请尽快给我完成"。尽快需要多快？完成的标准是什么？长此以往，这样的总监带出来的队伍，一定是"跟着感觉走"或者看领导眼色而行事的团伙，绝对不可能成为训练有素的团队。

在目标管理中，有一项原则叫作SMART原则，是我们在制订工作目标时，必须谨记的五项要点和原则。

S（Specific）指绩效考核中特定的工作指标，要具体、明确，不能笼统为之。比如，不能说"明年要提升业绩"这样笼统的话，因为销售部门、产品部门、市场部门等不同部门理解的业绩一定不完全相同！可以这样说：销售部明年的销售额要到多少多少；产品部明年的新产品新功能必须推出几个，都是什么标准；市场部门明年的活跃用户达到多少，用户获取成本降低到多少等。

M（Measurable）指绩效指标是数量化或者行为化的，验证这些绩效指标的数据或者信息是可以获得的，也就是有数据支撑和来源部门。比如，不能说"明年我们要达到客户满意度行业第一"，但没有一个权威的或者第三方的机构为你提供数据。也不能说"我们要大幅降低运营成本"，一是太笼统，二是运营成本都包括哪些，谁为你提供运营数据支撑。如果没有这个前提，你提出来的KPI看起来很美，却没法度量，也就没法监督。

A（Attainable）指绩效指标在付出努力的情况下可以实现，避免设立过高或过低的目标；过高了，大家就会认为反正努力达不到，从而一开始就放弃努力；太低了，大家就不会重视，企业的产出就会受到影响。

R（Relevant）指实现此目标与其他目标的关联情况。比如，不能说"明年企业的毛利率必须提升到多少多少"，然后对应的方案是每天早上要开早例会，除非你找到这两者之间的必然关系。

T（Time-based）指需要我们注重完成绩效指标的特定期限。

SMART是确定关键绩效指标（KPI）的一个重要的原则，无论是制订团队的工作目标，还是确定员工的绩效目标，我们都必须符合上述原则，五个原则缺一不可。事实上，SMART还是我们日常交流中提高沟通效率的一个原则。

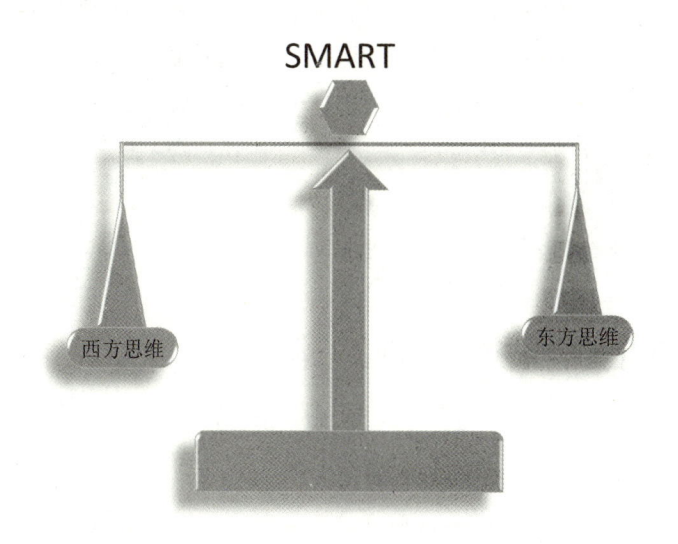

用SMART平衡东西方思维差异

由于东方人具有的思维习惯和文化传统，往往导致了我们的表达方式比较注重艺术，比较喜欢定性。而西方人则在市场营销方面比较注重科学，比较喜欢定量。这也是为什么越来越多的年轻人，喜欢外企的管理风格——直接、明了、易懂。

只要大家不断尝试着用SMART原则来要求自己的日常表达，无论是文字的，还是口头的；无论是做一个方案，还是简单的邮件沟通，任何人都可以让自己更加聪明！更加SMART！

因此，我们基本可以得出下面的结论：SMART的部门总监，一定聪明！不SMART的部门总监，一定不够聪明！

小贴士：优秀经理的四大要诀

前惠普全球副总裁孙振耀先生认为，优秀的职业经理人具有如下四大要诀。

1. 选拔人才时，他们重在选天性（Talent），而不仅仅看经验、智力或决心。

2. 提出要求时，他们重在界定正确的结果，而不是正确的步骤。

3. 激励他人时，他们重在发挥其优势，而不是克服其弱点。

4. 培养他人时，他们重在助其寻找最合适的位置，而不是一味地往上提升。

成就感是职场快乐的唯一源泉

身在职场，痛苦很多，快乐也有很多。譬如加薪、升职、得到领导的首肯、得到上级的信任、得到团队的支持……然而，这些快乐是相对短暂的。瞬间的快感之后，并不能为你留下什么值得长久回味的东西。那么，职场唯一快乐的源泉是什么呢？老银认为是成就感！

成就感是愿望与现实达到平衡后所产生的一种心理感受。通俗地说，指一个人做完一件事情或者正在做一件事情时，为自己所做的事情感到愉快或成功的感觉。

成就感无关成就的大小

为什么说成就感无关成就的大小，是因为它更在乎那种功成名就的感觉。感觉是不需要用世俗的、功利的眼光去看待和衡量的。因此，我们常常发现，有的人的行为实在看不懂，觉得他们所做的事情，并非什么惊天动地之举，怎么他们就那样的乐此不疲地干着那些别人看起来稀松平常的事情呢？怎么那样一丁点儿看不起眼的收获，就让他们喜出望外呢？因为，成就感无关成就的大小！尤其是无关他人心中标准的大小！

追求成就感的人擅长自我激励

自我激励是指一个人具有不需要外界的奖惩作为刺激手段，就能为自己设定目标，并通过自我不断努力去达成的一种心理特征。

自我激励是一个人迈向成功的超级引擎，更是所谓的正能量的杰出代表。这种自我激励可以充分地、持续地燃烧你的小宇宙！

自发自觉的人更容易获得成就感

在进入文明时期以前，人类的活动基本上是自发的。当人类进入文明社会之后，人们的自觉程度才越来越高。任何个人、社团的活动以及整个人类历史的发展，都是一个由自发到自觉的进步过程。

因此，那些在职场上快乐的人，往往也是自发自觉的人。他们不需要监督，他们不要提醒，他们不需要奖惩刺激，他们把自己认可的苦差当成别人不理解也看不懂的乐事！

成就自己，也成就他人

一将功成万骨枯，踩着别人肩膀往上爬，或许能收获短暂的快感，但那不是成就，更没有获得成就之后的感觉。因此，具有成就感的人，往往在成就自己的同时，也在悄然成就他人，成就团队，成就企业，甚至成就社会。

新闻里一度被马云的"达摩院"各种刷屏，此事为什么能够感染我等草根？不是它的饼有多大，不是它的梦有多美，而是彼此成全，相互成就！

对于员工而言，有时候我们需要超脱一点，多一丝人的神性！对于企业而言，有时候我们需要世俗一点，多一丝神的人性！

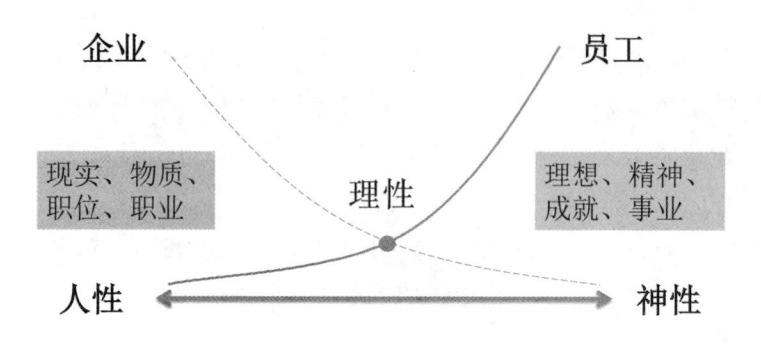

企业与员工的不同诉求与平衡

优秀主管要能走进员工的内心

如果主管不能走进员工的内心，得不到员工的认可，则这样的团队战斗力是十分弱小的。况且，一旦外部压力加大，这样的团队就会变形，就会分崩离析，瓦解于顷刻之间。

那么，现代职场中，主管如何才能合理地占领员工的心智，并赢得员工的尊敬呢？这其实不只是人力资源管理的一门课程。

诸葛亮在《将苑·将情》一文中，就谈到了将士之间如何建立牢固的感情！

夫为将之道：军井未汲，将不言渴；军食未熟，将不言饥；军火未然，将不言寒；军幕未施，将不言困；夏不操扇，雨不张盖。与众同也。

诸葛亮说，身为将帅，在作风上还要注意一些日常的小事：部队的军井还没有打好，将领不要说自己口渴；部队的饮食还没有煮熟，将领不要说自己饥饿；部队的篝火还没有点燃，将领不要说自己寒冷；部队的幕帐还没有张开，将领不要说自己困顿；夏天不要自己扇着扇子，雨天不要自己打着雨伞。将领应该与部下打成一片，同甘共苦！

综上，走进员工内心的方法其实很简单，就是与员工同甘共苦，打成一片。很遗憾，我们有的部门主管找错了方向，他们简单地认为，只要找员工谈谈心，请员工吃吃饭，就可以获得员工内心的认可。

事实上，身教重于言传，部门主管以身作则的榜样力量，平易近人的工作作风，同甘共苦的团队精神，自然而然就形成了自己的领导魅力，从而才能真正走进了团队成员的内心，在他们心智中占据一定位置。

小贴士：

市场定位（Marketing Positioning）也称作营销定位，是企业及产品确定在目标市场上所处的位置。市场定位是由美国营销学家艾·里斯和杰克·特劳特在1972年提出。

通俗地说，市场定位，就是在目标客户心目中树立产品独特的形象！市场定位的过程，就是市场营销中抢占用户心智的过程。

如果你留意一下，我们身边那些凡是比较成功的品牌，都在某种程度上占领了消费者的心智——喜之郎，代表着果冻；红牛，代表着功能饮料；王老吉，代表着防上火的饮料……

我思我见

无论是市场，还是职场；无论是产品的定位，还是人的定位，都是一个占领员工（或者用户）心智的过程，从而让你的产品或者你自己，最终塑造成一个什么样的独特形象出现。可见，市场与职场，相通性非常大。管理者不能走心，则你在员工心目中就没有市场！

员工激励竟然如此简单

现代企业管理，无数HR（人力资源）总监都在CEO（首席执行官）的要求之下，大谈特谈、大搞特搞所谓的员工激励。他们往往颁布制度若干，制作表格若干，分批培训若干，分享鸡汤若干，却往往不见太大的起色。

为什么呢？作为一名半路出家的非专业人士，老银觉得这些HRD们，大多犯了知其然而不知其所以然的毛病。其实，诸葛亮在《将苑·励士》篇中，早就对如何激励将士有着非常精彩的描述。

夫用兵之道：尊之以爵，赡之以财，则士无不至矣；接之以礼，厉之以信，则士无不死矣；畜恩不倦，法若画一，则士无不服矣；先之以身，后之以人，则士无不勇矣；小善必录，小功必赏，则士无不功矣。

爵，即官位，对应现代企业管理，就是得体的职位；职位不匹配，就谈不上尊重人才。财，即钱财，对应现代企业管理，就是有竞争力的收入；收入不匹配，就谈不上留住人才。

可见，职位、收入应该被堂而皇之地放在激励员工的首位。什么理想、未来、情怀，建议不要玩虚的，反正诸葛亮老先生没有说！

礼，即礼数，对应现代企业管理，就是上下级关系；不要用时座上嘉宾、弃时冷板凳坐穿。信，即信用，对应现代企业管理，就是契约精神；契约精神是对彼此严厉的也是基本的要求。

领导尊重下属，下属热爱领导；上下级之间以礼（角色）、信（本色）作为交往的准绳。

恩，即恩情；法，即制度。规章制度（法理）可以从严，人文关怀（情理）可以从宽。先，即吃苦在前、冲锋在前；后，即享受在后、分配在后。

上级在日常工作中，要真正起到模范带头作用，则这样的团队是勇往直前的。

善，即好的、优点；功，即功劳、业绩。

即便下属或者员工细微的优点、功劳、业绩，只要符合企业文化，符合主旋律，符合企业经营方向，都必须记录下来，必须兑现奖励。

chapter 7 | 追求卓越开启智慧　**257**

综上，现代企业HR管理之中，激励的机制和原则就可以简化为下图。

1. 恰如其分的职位（尊之以爵）
2. 有竞争力的收入（赡之以财）
3. 和谐的上下关系（接之以礼）
4. 严格的契约精神（厉之以信）
5. 法理与情理并重（畜恩不倦，法若画一）
6. 上级的模范作用（先之以身，后之以人）
7. 落地的文化激励（小善必录，小功必赏）

激励7要素

这也刚好符合"开门七件事"的规律。把复杂的员工激励问题简化为上述7条核心原则，真是一种境界！

- - |我 思 我 见|- -

我一直认为，现在很多HR做人力资源管理，喜欢用一大堆制度条文、一大堆表格工具来进行所谓的人力资源管理，这是本末倒置的！因为人是复杂的动物，人是会思考的动物，如果HR不能从人性的深层次去看问题，那样的人力，也就是干了一点力气活而已，远谈不上为企业进行人力方面的资源管控。如此，则人力成了找人、开人的苦力！

战前准备的15条铁律

诸葛亮在《将苑·谨候》篇中指出，凡是那些打败仗的，无一不是因轻敌所致。因此，他倡导必须师出以律，就是要求出动军队之前，必须符合下述15条铁律。这15条铁律，就是战前原则。

如果放到现代职场，就是发起大型市场营销战争之前，市场总监或者企业负责人可资参考的规律。

一曰虑，间谍明也；　　　　　（思虑——详尽分析，判明敌情）
二曰诘，谍候谨也；　　　　　（盘诘——仔细侦察，保持谨慎）
三曰勇，敌众不挠也；　　　　（勇敢——面对强敌，毫不屈服）
四曰廉，见利思义也；　　　　（廉洁——面对利益，想着道义）
五曰平，赏罚均也；　　　　　（公平——奖惩公平，分配公正）
六曰忍，善含耻也；　　　　　（忍耐——忍辱负重，知耻后勇）
七曰宽，能容众也；　　　　　（宽容——心胸宽广，容众服众）
八曰信，重然诺也；　　　　　（诚信——看重承诺，言出必行）
九曰敬，礼贤能也；　　　　　（尊敬——礼贤下士，唯才是举）
十曰明，不纳谗也；　　　　　（英明——明察是非，不信谗言）
十一曰谨，不违礼也；　　　　（谨慎——谨小慎微，不违礼法）
十二曰仁，善养士卒也；　　　（仁义——善于教化，培养士卒）
十三曰忠，以身徇国也；　　　（忠诚——以身殉国，尽忠职守）
十四曰分，知止足也；　　　　（本分——掌握分寸，限度可控）
十五曰谋，自料知他也。　　　（计谋——知己知彼，百战不殆）

综上，我们如果只知道师出有名，而不知师出以律，则沦为浅薄也。

精兵强将究竟"强"在哪儿

诸葛亮在《将苑·将强》篇中称，将有五强八恶。他对于将领的五类优秀行为，赞之为"强"，老银认为此乃精兵强将之"强"的出处。同时，诸葛亮也对将领的八类行为进行了鞭挞，斥之为"恶"，可见其对此非常之厌恶。

高节可以厉俗（高尚节操可以激励世俗）；
孝弟可以扬名（尊老爱幼可以名扬天下）；
信义可以交友（诚信仁义可以广交朋友）；
沈虑可以容众（深思熟虑可以宽容众人）；
力行可以建功（身体力行可以建功立业）；
此将之五强也（这就是所谓五类强将也）。

谋不能料是非（出谋划策不能判断是非）；
礼不能任贤良（礼法为人不能任用贤德）；
政不能正刑法（政治管理不能严明刑法）；
富不能济穷厄（自己富足不能接济贫困）；
智不能备未形（聪明才智不能防患未然）；
虑不能防微密（考虑问题不能防微杜渐）；
达不能举所知（地位高贵不能举贤荐能）；
败不能无怨谤（遭受挫败不能无怨无悔）；
此谓之八恶也（这就是八类厌恶的行为）。

对应现代职场，一名优秀的主管，尤其是职位越高的主管，必须德才兼备——情操高尚、尊老爱幼、诚信仁义、深思熟虑、身体力行，必须践行榜样的力量。只有具备这五种基本素质，才能称得上精兵强将，这样的团队，才能谓之强！

反之，如果一名主管，不能明辨是非，不能遵礼守法，不能严肃管理，不能帮扶弱小，不能有备无患，不能控制风险，不能见微知著，不能推举人才，不能正视失败，则属于作恶，甚至到了让人厌恶的地步。因为这样的主管带出来的队伍，一定称不上强，一定称不上团队，只能贬之为团伙。

案例 阿里巴巴的人才发展

阿里巴巴资深运营总监、湖畔学院负责人涂灵策表示，如果用两句话来概括阿里的人才发展，那就是人事合一和虚事实做。

定战略	断事用人	造土壤
定策略	做导演	搭班子
拿结果	招人+开人	建团队
"事"	"任督二脉"	"人"

阿里巴巴九板斧

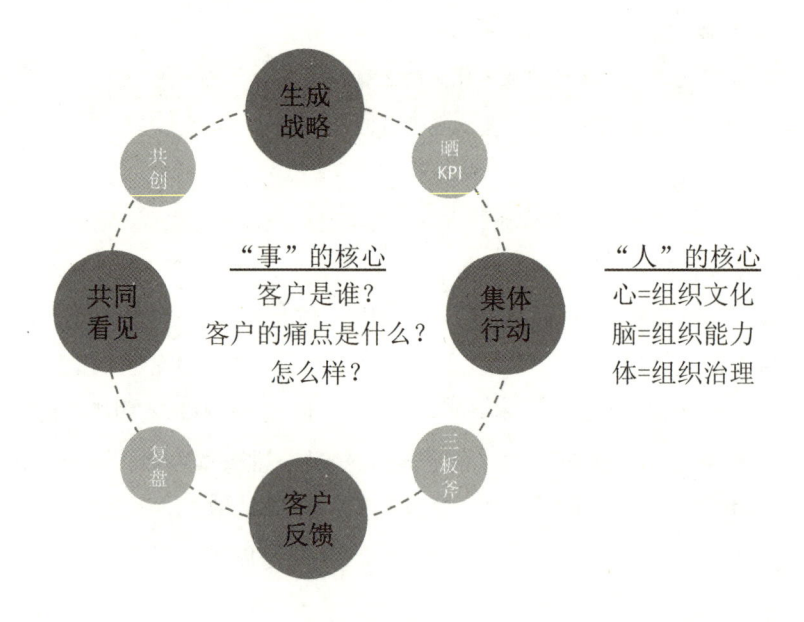

"事"的核心
客户是谁？
客户的痛点是什么？
怎么样？

"人"的核心
心=组织文化
脑=组织能力
体=组织治理

环节：生成战略 → 晒KPI → 集体行动 → 三板斧 → 客户反馈 → 复盘 → 共同看见 → 共创

阿里巴巴PDC战略

老板的呼唤——多做一丝

一个人，如果每天多做一丝（1+0.01=1.01），相比每天少做一丝（1-0.01=0.99），一年（365天）之后，多做一丝与少做一丝之间的差异竟然高达上千倍。那么，如果一个100人甚至更大的团队呢？因此，除了员工自己要算清楚这个账，对自己有所交代。老板们也在深情呼唤——多做一丝！

$$1.01^{365}=37.8$$

$$0.99^{365}=0.03$$

多做一丝与少做一丝的差异

一封易宝支付CEO唐彬发给公司全体同事的公开信。

亲爱的同事们：

我们的组织已经是一个500多人的大家庭了。在这样一个需要紧密协作的团队里面，围绕流程的整体产出是大家努力的乘积。我想和大家分享一组数字：

假设一个合格的员工的产出是1.0，如果在这个基础上我们每人多做一丝（1%），做到1.01,我们的产出是1.01的五百次方，大约是145。

如果大家对自己的要求稍微放松一丝，只做0.99,我们的产出是0.99的

500次方，大约是0.0066，比多一丝相差惊人的22000倍。

哪怕500人中只有20%的人稍微放松，即0.99的100次方（约1/3），这意味着我们的整体绩效要降低2/3。

当然，以上的假设有些简单，但道理很清晰：在一个团队里，每人多做一丝产生的能量是巨大的。如果稍微放松些，哪怕少部分人，产生的负面影响也是巨大的。

如何多做一丝呢？首先是勇于担责，信守承诺，承诺即力量！把本职工作做好，做到1.0。只有这样，才能赢得信任。不能承担责任，则无所谓信任；无法信守承诺，则不值得信任。然后在此基础上所作所为比职责大一丝，一起和团队创造更大的价值，赢得尊严。因为贡献是尊严的基础——面子是"挣"来的，不是"争"来的。

多做一丝，要求我们在遇到问题的时候先自省：如果我做到了极致，是否能避免这个问题？遗憾的是目前我看到的经常是推卸责任——在公司的风险事件调查中，我听说过一些笑话——风险的责任主体成了鼠标（据说是鼠标的漂移造成误操作）、机柜等，而不是应该承担责任的人！

多做一丝，要求我们在利益面前，看大利益、长远利益，至少看三年，多比贡献，少比眼前利益。我们公司具有"创造+分享"的企业文化，这将决定大家未来的收获一定会与你的贡献和付出相匹配。

多做一丝，要求我们在工作中，想事向上一级，做事往下一级，多为上级分担一丝责任，多为下级提供一丝帮助！

多做一丝，要求我们在了解自己 [人贵有自知之明：既不自大（源于无知），更不自卑（嫉妒之源）]、管理自己（自我管理）的基础上奉献自己（自我实现的最高境界是无我），通过实践使命传承社会基因。

多做一丝，要求我们真正做到以客户为中心，超过客户的期望一丝，赢得客户的尊重而不仅仅是好感。

多做一丝，要求我们在取得优秀绩效的情况下，还必须积极实践企业文化，发挥榜样的力量。

改变世界，从改变自我开始；改变自我，从承担责任、着眼贡献、多做一丝、赢得信任和尊严开始。

― ―|我 思 我 见|― ―

　　这封信，大致是易宝支付CEO唐彬先生于2010年11月时写给全体员工的公开信。至今，我还保存着这封读起来令人激情满怀的邮件。易宝支付，之所以能够成为国内支付业界的"黄埔军校"，我想它得益于它的企业文化，一直发挥着重要作用，并影响着那些即便离开易宝多年的"一群浪漫的人"。

　　用好每天上班前的30分钟，用好每天下班后的30分钟；养成"多做一丝"的习惯，把正确的事做对、做好。

看千古完人诸葛亮如何自勉

　　随着岁月的增长，每个人都会逐渐形成自己的三观，每个人都有自己的自勉的套路。而千古完人诸葛亮在《将苑·自勉》篇中，也从如下几个角度对自己提出了自勉。

　　圣人则天，贤者法地，智者则古（圣人遵循天道法则，贤者效法地道自然，智者学习古圣先贤）。

　　老银说：这个就相当于现代人的所谓三观——世界观、人生观、价值观。因此，我们自勉的第一个原则，就是要用正确的三观来为自己构建更大的格局。

　　骄者招毁，妄者稔祸，多语者寡信，自奉者少恩（骄傲的人必然招致毁灭，狂妄的人必然酿成灾祸，夸夸其谈的人缺信寡义，自私自利的人无视恩情）。

　　老银说：这个相当于现代人为人的原则——不骄、不妄、少言、多恩。有了上述四条为人的原则，就会少一些挫折和波折，就会多一些成就和顺畅。

　　赏于无功者离，罚加无罪者怨，喜怒不当者灭（对无功的人奖赏就会人心离散，对无罪的人惩罚就会引起怨恨，喜怒无常的人就会招致灭亡）。

老银说：这个相当于现代人处事的原则——注意赏罚、控制情绪。如果我们把赏罚的范畴稍微扩大一些，就可以是赞美什么、喜欢什么、认可什么、追求什么……就可以是排斥什么、厌恶什么、打击什么、抛弃什么……也就是在处事的过程中，我们要健全和完善自己的正确的是非观。

自勉之路

- 我思我见 -

身在职场，我们自勉的套路是：用三观构建格局、确定为人之道、树立处事原则。是为记！

人生必备的三大礼物

据说，成功的人生，离不开三大礼物——友善的忠告、真诚的批评、深刻的自我批评。

友善的忠告

毫无疑问，忠告，尤其是友善的忠告，对于我们而言是何等珍贵！但是，命运常常跟我们开玩笑——当别人给我们忠告时，我们往往听不进去；当我们真正需要忠告时，身边能够给我们忠告的人却越来越少。

如果一个人不能保持真诚和开放的心态，忠告是不能靠近他的！

真诚的批评

相对于接受批评的人而言，去批评一个人，更需要相当的勇气！因此，当你远离父母告别校园之后，还能够给你真诚批评的人，就好好珍惜吧。

同理，如果你不能保持开放的心态，如果你不能意识到自己的不足，相信你听不到真诚的批评。其代价是你会走更多的弯路，甚至足够的失败才能让你幡然醒悟。

深刻的自我批评

如果一个人没有接受忠告和批评的胸怀，便很难达到内在宁静的状态，基本上也就做不到自我批评。前两个礼物来自他人，后者来自自我。因此，一个能够接受忠告和批评的人，自然就会进入自我批评的更高境界。

人生没有彩排！真诚、开放、宁静，是我们接纳来自外界和自身三大礼物的热场！顺便说一下，赞美只是半个礼物，请不要吝惜这半个礼物，每天微笑着面对身边的人吧。

人生三大珍贵礼物

我思我见

结合一个市场总监的日常工作，我们在制订营销方案时，是否能够倾听兄弟部门的建议甚至反对意见？我们能否容得下来自对手或外部媒体的被我们称为危机公关的质疑和批评？我们能否在看似大功告捷之后一个人冷静地复盘反省？

"斜杠青年"VS"佛系青年"

盘点2017年，有两个"青年"频繁出现在我的脑海里。一个是年初的"斜杠青年"，核心观点是一人具备多种技能，今后的职场趋势当以人为主，淡化雇佣关系。另一个是年底突然蹦出来的"佛系青年"，虽然有些揶揄的味道，但似乎表达了两种青年的走势。因此，值得拿出来说道说道。

斜杠青年

来源于英文Slash（"斜杠"之意），出自《纽约时报》专栏作家麦瑞克·阿尔伯撰写的书籍《双重职业》，指的是一群不再满足专一职业的生活方式，而选择拥有多重职业和身份的多元生活的人群。例如，老张——作家、面包师、摄影师、公益志愿者……于是，"斜杠"便成了他们的代名词。

斜杠青年的职业理想，据说是自主的、多元化和有趣的，同时又能在经济上独立地生活。这个解释，我觉得很赞。应该是未来5～10年的流行趋势。哦，那时候将是"00后"们的天下。

佛系青年

佛系青年，2017年年底横空出世的网络流行词，大致含义是，怎么都行、不大走心、看淡一切的活法。据说佛系青年一词最早来源于2014年日本的某个杂志，该杂志介绍了一位佛系男子——自己的兴趣爱好永远都放在第一位，基本上所有的事情都想按照自己喜欢的方式和节奏去做。又据说，佛系青年的三个口头禅是——都行、可以、没关系。

斜杠青年与佛系青年的区别

老银觉得，他们分别代表了两种截然不同的生活态度：斜杠——多元化、正面、积极，也就是通常的正能量多一些；佛系——无所谓、淡然、释然，尽管说不上负能量，但感觉偏向于消极一些。

斜杠青年与佛系青年产生的土壤

现在的新青年，大部分人的确不需要像我们当年那样，考虑如何吃饱饭的问题。因此，逐渐分化为两类。

一类有理想、有目标，不断利用良好的社会大环境，丰富自己，积极拓展生活的宽度，于是有了一系列的斜杠。如果放在职场，如策划师、项目主管、健身教练、网红、Cosplayer、跑马……

另一类则充分享受着社会进步所带来的丰裕的物质回报，偏激一点地说，就是得过且过，什么都不在状态，什么都无所谓，什么都不走心。他们想当然地认为，这样的好日子，还需要折腾个什么。如此佛系，我总觉得是Foolish（愚蠢）！

职场6"模"

身在职场，我觉得可以用以下6"模"来概括和形容，颇为有趣。

模样

人模人样，说的是既然你身在职场，就得有个职场上的样子，也就是你的言谈举止要符合你的角色。如果你在职场上过于本色出演，或许就是职场上不成熟的表现。

据说腾讯小马哥在10多年前，希望扭转QQ作为低端聊天软件的形象（那时候MSN是高端商务办公即时通信软件的杰出代表）。于是，QQ的市场部门开始寻找中意的形象代言人，找了一大群模样好看、身姿窈窕的女孩子面试。结果，有一拨女孩子尽管条件不错，但初选就被PASS（排除）了，据说就是其模样不具备都市白领的气质。

模具

说到模具，我这里有两层意思：一是要尽快学会各种业务技能和工具；二是要把自己当成企业运转中的一个工具，发挥你所在岗位的价值。现实中，有一类人，不愿意深入学习业务技能和工具，更不愿意承担岗位责任以发挥自身价值。于是，只能暂时摆在那里，成为花瓶。

模型

职场上的模型是什么呢？有的说是素质模型，有的说是胜任力模型，有的说是领导力模型，我觉得这些都对。核心一点，尽早在职业规划上，为自己定型——确定自己的方向，发现自己的不足，补充自己的欠缺。无论是管理路线（M），还是专业路线（P），还是销售路线（S），定型才能定性。

模块

老银之前说过，看起来漫长的职场岁月，其实黄金时期也就10年。在这10年里，要学的很多，要经历的不少，要成长的技能更是一个一个排着队向你走来。怎么办？那就是模块化思维。项目管理模块、时间管理模块、沟通技巧模块、会议组织模块、目标绩效模块、业务流程模块、市场营销模块……没有这一系列模块，你所搭建的职场平台将东倒西歪。

模式

模式是什么？老银想重点说两点——商业模式和思维模式。所谓商业模式，就是你所在领域、所在行业、所在企业甚至所在岗位的运转机理。思维模式，也就是我们常说的方法论。Do Right Things Right——把正确的事情做对、做好、做完美，就是我理解的最直观的思维模式。好的思维模式，不但可以让你厚积薄发，让你后发制人，同样可以让你赢在起跑线。

模范

模范的起源，很是悠久，据说可以追溯到夏代。夏代的人已经学会采用合范铸造法，一般采用石范和陶范铸造工艺，先用泥土塑出要铸的器物实样，表面雕刻出纹饰，即俗称的模子，等模子干后在其上用泥反复按压成外范。把模子刮去一层，即成内范，内外范之间的距离就是所要铸器物的厚度。最后从浇灌孔注入青铜溶液，溶液冷却后，即可打碎内外范取出铜器。

身在职场，模范有三点很重要，自己要成为职场上的榜样和模范；自己要形成上述合范铸造的工作方法论；自己要打造一系列堪称经典模范的成功案例。

综上，如此优化职场6"模"，当助你早日成功！

站着说话不腰疼——让业务自己找上门

做营销业务的人都知道，要想顺顺当当签下一笔大单，真是跑断腿、磨破嘴。那么，有没有让业务自己找上门的方法？业务真心是你辛苦跑出来的吗？

其实，老银想如果有了以下几条基础，业务自然就会自己找上门来：

厘清模式

这里说的模式，是指商业模式。你的模式不但要说服自己，经得起商业画布的理论推演，更要经得起市场的检验，同时还要符合监管部门的相关要求。如果咱们希望站着把钱挣了，这是第一个要考虑清楚的要素。

搭建平台

无论平台大小，一定要有平台的思维。你不是一个一个卖产品，你是在一个平台上不断地推出产品。即便没有平台，至少得有一条像样的流水线。否则，就是纯手工作坊，只能完全凭着自己的感觉做些小买卖。

明确规则

规则，就是商业规则。无论你设计的商业规则是复杂，还是简单。老银这里想说一点，尽量拒绝套路，严守契约精神。否则，那些昧心的钱，挣来花着不舒心。譬如那些×××一带的大闸蟹，常常搞一些礼品券，一年后，经常打一枪换一炮，第二年你就很难找到它们了，这样的游戏规则，我想它们迟早将毁掉×××大闸蟹这个产业。

完善产品

有了上述基础，你就可以大胆向市场推出产品和服务了。注意，产品永远不可能完美，要有快速迭代的精神；但不完善，并不意味着你可以不负责任地向市场推出完全不成熟的产品去忽悠。忽悠，会付出代价的。

跟上运营

我曾经说过，一个企业最小的单位，就是"销售+运营"。所以，无论是狭义的运营，还是一个企业广义的运营，一定要跟上业务的发展步伐。运营跟不上，前方业务跑断腿也拉不来多少生意；即便生意上门了，也留不下几单买卖。

贴心服务

这里说的服务，不只是常规业务运营层面的客服，而是指企业的服务精神。没有服务精神，你就只能是一锤子买卖，你就只能不断变换山头和地盘。所以说，如果你的服务精神能够持久，市场的口碑自然就会建立，业务也就自然而然地自己找上门了。

业务上门

有了上述几个前提，我想这个企业的业务人员就轻松了。当然了，业务人员一旦轻松加愉快，这样的业务人员也就基本成了站柜台的普通服务员，价值也就一般了。

所以说，有挑战不见得是坏事。什么都准备充分了，市场营销人员的价值也就难以体现了。只有站着说话不腰疼，才能站着把钱挣了！

"春捂秋冻"的职场大智慧

京城秋日的天气除了偶有雾霾，更有一些寒冷，让人迫不及待地翻箱倒柜，找来秋裤。然而，老人们却笑呵呵地说，别急——春捂秋冻。

"春捂秋冻、不生杂病"，本是一条保健防病的谚语，也是长期以来古人生活经验的总结。意思是劝人们春天来临时不要急于脱掉棉衣，多捂那么一段时间；秋天也不要刚见冷就穿得太多，多冻那么一段时间。

人的体温相对恒定，一般在37℃左右。如果体温太高或太低，都会使人体生理功能受到损害。如果我们春秋之际，适当地捂一捂或冻一冻，对于身体的健康是有好处的。因此，那些不会明白"春捂秋冻"的人，往往在春秋季节交替时，容易生病。

身在职场，老银认为"春捂秋冻"更是人生大智慧，不但具有哲理，更有实际意义！

春风得意时，一定要学会"捂一捂"

在日常工作中，我们时而峰回路转，时而低迷茫然，时而春风得意。很多人在春风得意之时，或者刚刚感受到一点春光的照耀，就乐开了怀，笑靥如花。殊不知，往往还有回头潮，甚至春寒料峭的时刻。如果高兴得太早，没有将喜悦的心情适当地"捂一捂"，没准当头一盆冷水，浇你一个透心凉！人性使然也……

秋雨凄清时，咬紧牙关"冻一冻"

如上所述，人的一生，无论是生活，还是工作，还会遇到一些低潮、一些失意、一些无奈。甚至刚刚经过了冷雨敲窗的凄清秋夜，还有北风凛凛的漫漫寒冬！因此，不要一看到天气刚一转凉，就开始大呼小叫，就开始长吁短叹，就开始哇哇大哭……这个时候，其实谁的日子都不好过，咬紧牙关，燃烧自己的小宇宙吧。就像达观的老人，笑呵呵地提醒自己冻一冻！

春捂秋冻，不只是用一种温度的调适拓展了生命的厚度，更是用一种用发展的眼光延展了生命的长度。这个生命，放在职场，就是职业的生命！放在市场，就是事业的生命！

- -| 我 思 我 见 |- -

　　春捂秋冻，不只是韬光养晦，更是一种经验的积累，也是一种发展的眼光给予时间上的期待。

说说职场"竞争力"

职场中，有的人比较顺达；有的人相对波折。决定其未来走向的，往往就看一个人的职场综合竞争力！也就是如下几种主要的"力"。

眼力

这个道理最简单，因此也应该放在最前面。所谓男怕入错行，女怕嫁错郎。往大了看，如果你没有看到行业的趋势；往小了看，如果你没有看到岗位的价值。这就容易在激烈的竞争中处于劣势地位了。譬如，当语音录入文字开始风靡起来，你还在苦练五笔打字技术，并期望以打字员这个岗位来养家糊口，就自然容易被淘汰。

耐力

板凳要坐十年冷，这个说的就是一种耐力。当然，老银并非期望你什么机会都要苦苦等候十年之久。但我们必须有耐心、有耐力。须知，那些在风口浪尖的人，往往都是精英。而那些精英们最后能够留下来取得成功的，又少之又少。所以，做好普通人，需要绝对的耐力。

定力

通常，当你有一技之长时，外面的诱惑变得多了起来。这个时候，最考验你的就是定力。如果你看问题的维度单一，譬如就是薪水增加，当外面抛出1.5倍以上高薪吸引你的时候，往往就会把持不住。看似定力不足，实则是判断力不够的表现。

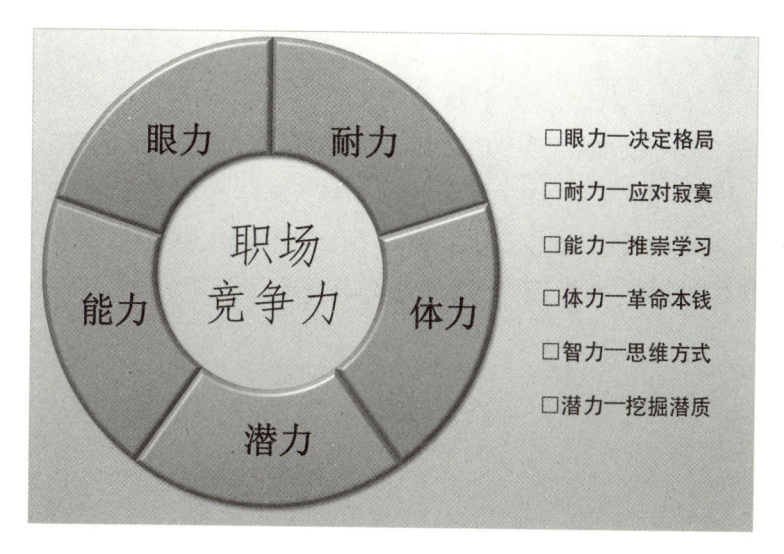

竞争力模型

□眼力—决定格局
□耐力—应对寂寞
□能力—推崇学习
□体力—革命本钱
□智力—思维方式
□潜力—挖掘潜质

能力

至于工作能力，我认为把它排在第四位就完全对得住了。随着科技发展的加快，丰富经验所带来的优势减弱。因此，快速学习能力往往比已有的工作能力还要有后劲。换言之，工作能力是你之前的存量能力；学习能力才是你未来的增量能力。

体力

身体是革命的本钱！体力的重要性不言而喻。我见过许多优秀的大佬，他们无一例外具有超强的体力。精力充沛，体力过人，才能保障他们在事业上冷静清晰地判断，才能让他们在承担繁重任务的时候游刃有余。

智力

　　智力，也就是聪明，也就是书读得多少。好的脑子自然转得快那么一些，然而，也就是仅仅快那么一点而已。三头六臂的人并不存在。因此，我认为思维方法比单纯的智力更为重要。有不少聪明的人，因为思维方式的缺陷，故而成就不大。

潜力

　　所谓潜力，我认为就是潜质的发现和挖掘。这个很痛苦，有点像伯乐与千里马。这年头，能够发现你的潜力，并着力培养你的领导，就好好感恩和珍惜吧。因为，潜力之所以称为潜力，就是潜藏起来了，一般人看不出来，也看不明白。所以，常常导致自己定位错误、岗位选择错误，甚至行业选择错误。如果这样的错误一大堆，我们自然就离成功比较远了。

chapter 8
返璞归真赢在职场

孔子每日三省，故为圣人。我等20年也就反省出这么一章尚不深刻的文字，所以只能是普普通通的平凡人。

英国哲学家洛克认为：反思或反省是人心对自身活动的注意和知觉，是知识的来源之一。荷兰哲学家斯宾诺莎认为：反思是认识真理的比较高级的方式。

优秀的主管其实会偷懒，胜任力模型好看却干不成事，拼命工作为什么收效甚微，小绵羊如何带出狼性团队，烂公司为什么反而有大机会，企业兴衰征兆其实天机昭然，HRD如何轻松完成了市场总监的工作……

唯有反思，让我们思想成熟！唯有反思，让我们理念朴实！唯有反思，让我们初心归真！

优秀的主管一定要学会"偷懒"

在我们身边，不乏许多勤劳肯干、兢兢业业的主管，他们的确很忙很累很辛苦，但他们带领团队所取得的成绩却表现平平。反之，一些善于"偷懒"的主管，他们的业绩表现十分优秀，并能得到下属的认可和拥戴！

为什么会出现这样的奇怪现象呢？我们一起来看看"偷懒"主管的三大绝技。

懒得与下属争功

懒得与下属争功，这样的主管会赢得团队上上下下的尊敬。同时，任何人都不会忽视一个优秀团队中主管的功劳。换言之，主管优秀，团队不一定优秀；主管有功，团队不一定有功；反之，优秀的团队，主管一定优秀；有功的团队，主管绝对功不可没。在功劳和荣誉面前，主管退一步，更是大智慧；主管进一步，金牌也逊色！

懒得与下属争辩

懒得与下属争辩，这样的主管自然而然就在格局上高了一个层次。如果主管总是与下属争论、争辩，甚至争吵个没完，只能说明这个主管做人的水平还不够成熟，还停留在与员工做事的一个层次。喜欢与下属争辩的主管，就像一个不成熟、不理智的糊涂家长，喜欢和自己的孩子争辩对错那样幼稚可笑。即便你在道理上赢了，却早已经输了全盘！

懒得与下属争活

这个对于那些从业务一线摸爬滚打晋升上来的主管来说，尤其需要重视。因为他们擅长业务，喜欢业务，享受做事带来的快感，因此，他们常常与下属争活——该让下属锻炼的不愿放手，该授权下属挑战的不愿放手，该让下属试错折腾的不愿放手。

为什么？因为他们害怕出错，因为他们害怕失控，因为他们害怕不完美。这样的结果导致了下面的员工得不到快速的提升，这样的结果导致了真正偷懒的员工可以钻空子，这样的结果导致了企业的人才培养和干部梯队建设大幅度滞后。

同时，由于喜欢与下属争活干，这样的主管一定迟迟不能培养出能够上升并替代自己职位的人才，从而导致了自己只能久久地待在原位，影响了自己更好地提升！

你的功劳 ➡ 我相信你 ➡ 大胆干吧

会"偷懒"主管的三句口头禅

我思我见

我曾经也是一名非常勤肯的主管，不但勤劳，还很肯干！总是担心下属做事的水准，时刻担心下属做事的效率。于是，那些本应该给下属充分锻炼的事情，我不知不觉中就抢了过来，自己飞快地就完成了。现在逐渐明白，所谓担心，就是让自己的心多了负担；所谓开心，就是让自己的心胸更开阔。原来，自己担心员工是多余的，主管偷懒员工才会更开心！

"胜任力"模型好看不中用

现代职场,"胜任力"和"领导力"一样,都是HR们的常用专业术语。如果我们不仔细研究其内在原理,很容易就顶礼膜拜,不得其要领。甚至身边不乏一些胜任力模型很好看的同事,他们总是干不成几件像样的事情。

胜任力最早由哈佛大学教授戴维·麦克利兰于1973年正式提出。它指能将某一工作中有卓越成就者与普通者区分开来的个人的深层次特征,诸如,动机、特质、自我形象、态度或价值观、某领域知识、认知或行为技能等任何可以被可靠测量或计数的,并且能显著区分优秀与一般绩效的个体特征(从胜任力的定义可以看出,西方文化喜欢科学的量化)。

胜任力模型

胜任力模型就是个体为完成某项工作、达成某一绩效目标所应具备的一系列不同素质要素的组合,它分为知识技能、社会角色、自我形象与内在动机特征等几个方面。

1. 知识:指个人在某一特定领域拥有事实型或经验型的信息。
2. 技能:指个体能够有效运用知识完成某项具体工作的能力。
3. 社会角色:即个体在公共场合所表现出来的形象、气质和风格。
4. 自我形象:指个体对自身状态感知的能力,它包括对自己的长处和弱点、思维模式、解决问题的风格、与人交往的特点以及对自我角色合理定位等的认识。
5. 品质:包括气质、性格、兴趣等,是个体表现的一贯反应,如性格内外向、不同的气质类型等。
6. 动机:指推动个体为达成某种目标而采取一系列行动的内驱力,如成就动机强烈的人会持续不断地为自己设定目标并努力达到。

chapter 8 | 返璞归真赢在职场

```
         动机
        品质
       认知
      角色
     技能
    知识
```

胜任力模型

胜任力的培训

对员工进行特定职位的关键胜任特征的培养，目的是增强员工取得高绩效的能力、适应未来环境的能力，以及胜任力的发展潜能。它分为五个步骤：评估、解释、计划、培训、再评估。

胜任力的应用

现代企业里，胜任力就是在一个具体岗位上测量人才优劣的尺子和准绳。它在一个员工入职的前期、中期、后期三个阶段，起到非常重要的作用：招聘选拔、绩效管理、人才储备建设、个性化培训、职业发展等。

反思胜任力如何简化

如果化繁为简，把胜任力提炼一下，老银认为就是：堪当责任的能力（能扛责任——心态）；完成任务的能力（能打胜仗——结果）。

把简单问题复杂化，是一种能力；把复杂问题简单化，是一种境界！

为什么有的部门主管的胜任力模型很好看，却干不成事情？问题就出在这里，不能担当责任，不能完成任务，模型再好，也只能是摆设！

> **小贴士：松下幸之助的10大人才标准**
>
> 1. 不忘初衷而虚心好学的人。
> 2. 不墨守成规而经常出新的人。
> 3. 爱护公司，和公司成为一体的人。
> 4. 不自私而能为团体着想的人。
> 5. 能做出正确价值判断的人。
> 6. 有自主经营能力的人。
> 7. 随时随地都是一个热忱的人。
> 8. 能够得体地支使上司的人。
> 9. 有责任意识的人。
> 10. 有气概担当公司经营重任的人。

真正有力的"领导力"

现代职场中，HR（人力资源）们常常把领导力挂在嘴边，仿佛不知道领导力，就当不了部门领导，就不能胜任HR一样。

关于"领导力"（Leadership Challenge）的来源，很多书中都有介绍，网络上的讨论也不少，所以老银不再深入描述。大致是20世纪中叶，由美国的两位学者折腾出来的玩意儿。它是一系列行为的组合，而这些行为将会激励人们跟随领导去要去的地方，而不是简单地服从。注意，一个头衔或职务不能自动创造一个领导！一个领导不是天生就具备与其职位相匹配的领导力。

由于美国的历史不长，一旦上述学者鼓捣出"领导力"这样一个新鲜概念，于是就有不少名流跟进为其站台捧场。

> 领导力就像美，它难以定义，但当你看到时，你就知道。
>
> ——沃伦·班尼斯

领导者们要建立沟通之桥。

——德鲁克

我不认为领导能力是能够教出来的，但我们可以帮助人们去发现，并挖掘自己所具备的领导潜能。

——约翰·科特

如果你尊敬人们并且永远保持你的诺言，你将会是一个领导者，不管你在公司的位置高低。

——马克·赫根

由于在近代世界，美国的影响力空前强大，因此领导力自然而然地也就传播开来，成为全球HR们的必修课。经过多年来的争论和发展，大家比较倾向于领导力大致可以包括如下6个方面。

学习力——构成领导人超速的成长能力

决策力——领导人高瞻远瞩的能力的表现

组织力——领导人选贤任能的能力的表现

教导力——领导人带队并培训团队的能力

执行力——领导人的超常的绩效输出

感召力——领导人的人心所向的能力

是的！具有这6个方面能力的领导，我们可以认为其具备相当的领导力！

然而，所有上述这些能力，都是一个领导存量的能力，所谓存量，就像老银在本书中多次提到的书店和药店，我认为其价值十分有限！因为，在我看来，企业真正需要的是一个领导增量的能力，也就是由于他的加入，可以增加团队的战斗力，就像教师和医生！

换言之，解决问题的能力，才是真正有价值的领导力！

领导力核心构成

领导	管理
设定愿景，发展方向	计划、预算
整合团队，向心力	组织、制度、招聘
激励、激发、授权	控制、解决问题

前惠普全球副总裁孙振耀先生认为：领导+管理，构成了领导力的核心，并将"领导力"按照上表进一步分解。

案例 部门负责人到底要对什么"负责"

维度	素质	释义
对公司负责	战略全局	放眼未来，高瞻远瞩，确立正确的方向；立足现在，全局思考，抓住问题的本质
	市场敏锐	关注外部动态，洞悉市场变化，塑造公司核心优势
对业务负责	速度激情	拒绝平庸，工作充满激情和热爱；给团队带来惊喜，不断追求卓越
	主动服务	以客户为中心，满足乃至超越客户的期望，赢得客户的尊重
对团队负责	凝聚团队	开放包容，求异存同；对事严苛，对人宽容；鼓舞团队，授权不授责；因才善任，提升团队能力
	团队合作	保持简单，相互信任；聚焦目标，紧密协作，为团队乃至公司的成功贡献力量
对个人负责	勇担责任	忠于职责，勇于担当，敢于决策，具有使命感、富有责任心
	乐于创新	勤于思考，乐于尝试，敢于打破常规，创造性地解决问题
	沟通影响	讲究沟通策略，确保准确有效；富有影响力，鼓舞并影响他人

上表是易宝支付当年在部门负责人之中推行的"领导力模型"。值得关注的是，易宝支付一直将企业文化与领导力模型进行深入的结合，从而让上述模型实实在在地落地开花。

老银认为，如果一个部门负责人的言行举止不能很好地对上述四个方面负责，则无论他的头衔多大，无论他的履历多炫，他都不能称为部门负责人！

> **我思我见**
>
> 我建议HR们好好看看诸葛亮的《将苑》《便宜十六策》等中国的好书，我认为这才是我们厚重的历史沉淀，对于诸如领导力之类的描述，角度多变、形式丰富、剖析全面、论证深入，岂是短短200多年历史的美国专家所能望其项背的！

拼命工作却收效甚微的原因

身在职场，常常会发现，有的人拼命工作，却总是收效甚微！原因何在？效率低下之故——也就是同样的付出，产出却相当稀少。这就是事倍功半！提升工作效率，有很多方式方法。这些年来，老银认为以下两条原则比较重要，供大家参考。

心态上要保持"开放+分享"原则

如果没有开放的心态和胸怀，就会刻意制造信息瓶颈，或者受制于信息不对称。试想，在这样的职场里，如果你问什么问不到，难道你答什么就能答得上。这自然而然会造成个体和整个团队效率的低下。

同理，如果没有分享的意愿和行为，大家就会知而不言，或者笑而不语，大家就会把信息藏起来，把资源捂起来，从而导致山头主义和小地盘思想，从而人为地形成层层壁垒，大家在这样的氛围之中，做事情就像钻迷宫，能否快速绕出去，只有天知道。

沟通上注重"SMART+NORMS"原则

SMART原则

S	Specific（具体的）	目标要清晰明确，让考核者与被考核者都能够准确理解目标
M	Measurable（可测的）	目标要量化，考核时可以采用相同的标准准确衡量
A	Attainable（可达的）	目标要通过努力可以实现，不过低和偏高
R	Relevant（相关的）	目标要与工作有相关性，不是被考核者的工作，别设目标
T	Time-bound（时效的）	目标要有时限，时间一到，就要看结果

NORMS原则

N	Not an Interpretation（无须解释的）	直观的，不需要进一步解释
O	Observable（可观察的）	每人都可以观察到的行为，而非个人主观感觉
R	Reliable（可靠的）	对同一种行为，大家的描述都一样，而非各说各话
M	Measurable（可量化的）	行为的描述是可以评测的（或有数据来源）
S	Specific（明确的）	对行为的描述尽可能有针对性

> **小贴士：彼得·德鲁克的有效沟通四法则**

法则一：沟通是一种感知（有效的沟通取决于接受者如何去理解）；

法则二：沟通是一种期望（在沟通前，了解接受者的期待是什么）；

法则三：沟通产生要求（沟通经常诉诸激励）；

法则四：信息不是沟通（沟通以信息为基础，却不是信息）。

此外，彼得·德鲁克认为，目标管理提供了有效沟通的一种解决办法！一项任务是否成功，方案的好坏最多只占15%因素，而85%的成功依靠沟通。由此可见沟通技巧的重要性！

我思我见

只要我们在心态上时刻保持"开放+分享"，在沟通过程中注重"SMART+NORMS"原则，日积月累，就会到达事半功倍的效果。上学时，我们有学习方法；工作时，我们应该有工作方法！

做事与做人的区别

我们周围，常常有这样的"奇怪"现象：当提拔某个业务骨干成为部门主管之后，却并没有众望所归，像其"业务"骨干时那样出色地带领团队做出更好的成绩。

何也？原因就在于：当他是业务骨干时，他显然是一位做事的高手；当他的职场角色转变为主管时，他并没有及时将自己转变为做人的高手！他并没有真正理解管人和管事之间的差异，也没有像惠普所倡导的文化那样——有一个郑重其事的角色转换的仪式。

那么，我们就一起来看看做事与做人到底有什么不同。

由上可见，管事（做事）重在业务的规划和运营！如流程设计、岗位设置、标准规范、目标任务、业务规划、工作分配、过程监控、结果考核等。

管人（做人）重在团队的调教和文化！如招聘员工、培训新人、辅导员工、辞退员工、解决问题、有效沟通、高效会议、民主氛围等。

而优秀的部门主管一定要两手抓，两手都要硬！

领导力阶梯表

一线主管（实干家）	中层主管（解读者）	高管（设计师）
直接领导力	组织领导力	战略领导力
实操性	功能性	战略性
设定个人目标； 制订工作程序； 挑选专业人才； 教导专业技能； 直接及现场监督； 协助解决； 直接沟通激励； 建立团队精神	将策略分解为各部门目标，分配资源； 整合各个不同功能的部门，建立跨功能部门协作程序，发挥职能部门优势； 领导职能部门，与其他职能部门协作，完成企业目标； 以多元化思维，挑选主管，教导主管； 直接监督+结构化监督，结构化信息采集功能； 直接+间接沟通激励，建立组织精神	愿景，使命，价值观； 策略性目标，企业资源分配； 组织结构，制度及运营系统设计； 挑选中干、高干； 结构化监督及信息采集功能； 间接及结构化沟通激励，建立企业文化

前惠普全球副总裁孙振耀先生将领导力进行了阶梯化设置。由上表可以看出，不同阶梯的主管，其领导力的表现是有着显著区别的。当主管完成向上晋升之后，如果没有这样一个思维模式的转变，自然容易出现让人失望的情形。

- -｜**我 思 我 见**｜- -

当一名业务骨干被提拔为部门主管时，一定要及时完成从管事到管人的角色转变！并根据自己的实际情况，调整职责定位中管人和管事的比重！此外，不同阶段的主管其领导力的修炼路径和方向也在改变。

学会真正换位思考

在日常工作和生活中，我们常常会说到或者听到"换位思考"。那么，什么是"换位思考"？如何"换位思考"？不知其"位"，则如何"换"位？

按照《现代汉语词典》（第6版）的解释，换位思考指站在对方的角度和立场来思考问题，多指设身处地为他人着想，互相宽容、理解。在职场中，换位思考是一种社会学名词，即想人所想、理解至上的一种处理人际关系的思考方式。

老银不谙心理学，因此就从职场和市场营销的角度谈谈对换位思考的理解。其实，只要重点解决了"位"的含义，离本相也就越来越近。

本位

本位指的是原来的座位、位置。我们可以简单地把它理解成自己目前的位置。

"本位"自身是一个中性词，一旦加上"主义"二字后就变成了俗称"屁股决定脑袋"的一个含有贬义色彩的用语——本位主义。

在老银看来，明确认知自己的本位是十分重要的，但如果过分强调自己的本位就是十分幼稚甚至错误的，会导致在处理个人与部门、部门与集体、部分与全局之间的关系时只顾自己利益，而不顾整体利益，对他人漠不关心。

职位

身在职场，无论其分工差异，也无论官阶高低，都对应有一个位置。换言之，有职就有位。不同职位的出现，自然而然形成了上下左右的关系序列，这有点像HR（人力资源）领域的P／M／S序列（P—Profession专业，技术类；M—Management管理，管理类；S—Sales销售，业务类）。

通常，职位越高，职责越大，职权越多。那么，为什么没有职利一说呢？否则"责、权、利"三要素如何匹配呢？其实，职利也是客观存在的，它就是你的职位对应的岗位工资。

岗位

按照《现代汉语词典》（第6版）的解释，岗位，原指军警守卫的处所，泛指职位。这样一来，就容易与职位混淆。

老银认为，职位侧重于"职"，因职责、职权差异而表现出来的不同位置；岗位侧重于"岗"，就是你站在不同位置所从事的工作。我们常常说要坚守岗位，言外之意是我有多么热爱本职工作；但是，我们几乎没有人说要坚守职位，即便那些位高权重者打心底就是这样想的，他们也绝不这样说出来让人笑话。

地位

在社会学或人类学上，地位指一个人在社会上所得到的荣誉、声望、身份。没有对比就没有伤害，地位自然放置于社会里，就成了社会地位。甲方乙方、高低贵贱、长幼尊卑、论资排辈……无论是《水浒传》里108位英雄的座次，还是风靡全球的"福布斯富豪榜"，无疑不是一个人或群体在社会中力争上游，只为将自己的位置和排名往前挪动那么几个数字。

地位可以由两种方式达到。一是自致地位，即草根通过自己的努力和成就争取而来的社会地位；二是先赋地位，即通过承袭得到其于社会分层体系中所处的优势位置，譬如皇室和那些名门望族的后代。

方位

方位就是方向和位置。可以看成地理学上的坐标。在职场中，站在不同的位置去看同一个事物，就会有不同的方向，因而尽管看到的是同一事物但给人的感觉完全不同。

正如一群猴子分居大树上下，下面的猴子抬头只能看到上面猴子的大红屁股，上面的猴子低头就能看到下面猴子的大红笑脸。何也？方位不同所致！为了让更多猴子的大红笑脸对着自己的大红屁股灿烂地傻笑，猴子们都一个劲儿地往大树的顶端爬，以获得居高临下的优势位置。

越位

越位始见于1874年的《足球比赛规则》。它对进攻方向前传球时接球运动员的站位做出了严格限制，后引申为僭越本位（僭越，指超越本分，古时指地位低下的冒用地位在上的名义或礼仪、器物等，尤指皇家专用的）。

在现代职场上，因上中下三者位置的差异，导致了在某些必要时候，必须越位去思考和行动。这个时候越位的游戏规则很简单——上级不要越级去指挥，但可以越级检查；下级不要越级去报告，但可以越级申述。

错位

错位指离开原来的或应有的位置，还表示错开生态位，是生物进化的一种自然规律。当今职场中，错位也指竞争主体各寻其位、扬长避短、错落有致、顺利前行。

在我看来，医学界的错位想必会带来不少痛苦，而大千世界的错位不见得都是有错。从战略战术上讲，避实就虚、声东击西，也可以算是一种错位的举措。

你看自然界里那些花果林木，大多枝叶交错，以最大限度地争取雨露阳光。草木尚可错位以求生长繁荣，人类何不错位以求差异发展呢？

企业兴衰的12条先兆

企业的兴衰成败，必有其先兆，完全不必看街头（深山）某半仙的指点，或者听巷尾（老林）某二爷的说法。因为这些街头巷尾（深山老林）的半仙、二爷们，岂能和"千古完人"诸葛亮相提并论？！

诸葛亮在《将苑·揣能》一文中，就为我们指出了兴衰强弱的先兆。

古之善用兵者，揣其能而料其胜负（古代善于领兵打仗的，我们只需揣摩下面几条"能不能"就可以预料它的胜负）。

老银说：现代职场，一个团队能否所向披靡，不用看其口号多嘹亮，造势多酷炫，阵容多梦幻，我们只需静下心来，从下面12个方面帮它分析分析，看它"能不能"，就能推演出其胜算几何！就能预测其兴衰成败！

主孰圣也？将孰贤也？吏孰能也（主公谁更圣明？主将谁更贤德？官员谁更能干）？

老银说：现代职场，人是企业成败兴衰的核心要素。当代人力资源管理中，我们通常从CEO（包括VP，代表企业领导层）、部门长（部门总监，代表企业管理层）、员工（代表企业执行层）三个层面来看人的问题。

值得注意的是，诸葛亮并不这样看，他是从企业最高层（CEO，也就是上文中的"主"）、前场业务部门领导（通常是COO，执行VP，也就是上文中的"将"）、后场职能部门领导（通常是HRD、CFO之类，也就是上文中的"吏"）这三个角度来定位的。

粮饷孰丰也？士卒孰练也（军粮军饷谁更丰富？士兵谁更训练有素）？

老银说：现代职场中，粮饷可以是企业的资金，也可以是更为广泛意义的企业资源；训练就是对员工的培训，对主管的提升，甚至有的企业，就连CEO也要定期去脱产学习。

"打造学习型组织"，并非一句口号而已。现今社会，知识更新的频率越来越快。不难想象，一个忽视员工培训与学习的企业，其生存状况有多么的窘迫与无序。

军容孰整也？戎马孰逸也（谁的军容军纪更加严整？谁的武器兵马更加精良舒适）？

老银说：现代职场中，军容就是一个企业的组织纪律和精神风貌，以及由此延展开来的制度流程和企业文化；戎马就是一个企业的主营业务和拳头产品，以及由此延展开来的核心竞争力和服务特色。

形势孰险也？宾客孰智也（谁仰仗的地形地势更加险要？谁的智囊团更加聪明多智）？

老银说：现代职场，形式就是一个企业的核心特色、优势地位、独占资源、市场先机等。用现代管理理论来讲，就是SWOT（优势—劣势—机会—威胁）中的优势和机会。宾客就是企业的智囊团，现在扩大了叫智库，也就是智慧的宝库。

引申一下，宾客也指一个企业的决策机制和决策体系。毫无疑问，部门长是一个企业最直接的也往往是最有效的智库；有条件的企业还聘请外部专家团队，以形成更为高端的智库。部分企业领导人往往轻内重外，这就形成了"外来的和尚会念经"这样的尴尬局面，这其实是对企业资源的极大浪费，也是对现有管理团队的某种伤害。

邻国孰惧也？财货孰多也？百姓孰安也（谁害怕担忧邻国？谁的国力更加富强？谁的百姓更加安定）？

老银说：对应现代职场，邻国代表着与该企业最有影响力的伙伴关系和上下游关联渠道。你的关系如何？你的渠道如何？你对他们的掌控如何？是否他们可以轻易地对你形成牵制？凡此种种，都是一个企业领导人应该担忧甚至惧怕的问题。财贷代表着一个企业资金方面的综合实力。百姓代表着一个企业的员工。

值得注意的是，如果一个企业的员工整天忧心忡忡、不思进取，是没有战斗力的。

由此观之，强弱之形，可以决矣（由上可见，双方谁强谁弱，谁兴谁衰，谁胜谁败，就可以轻易地判决和下结论了）。

老银说：现代职场，无论你是企业的CEO，还是部门主管，还是普通基层员工，只需要根据上述12个问题（CEO、执行VP、HRD、资金资源、员工培训、组织纪律、主营业务、优势机会、决策机制、伙伴关系、现金流、员工心态），就完全可以自查自纠，自我判断企业的兴衰成败了。

我 思 我 见

有的行业，受外界大环境的影响更大。因此，除了上述内视方法，还需要加入外部PEST（政治、经济、社会、科技）分析。譬如，当年支付行业风靡一时的预付费卡（就是各种购物卡、各种加油卡、各种礼品卡等），因为国家重拳反腐，从而堵死了预付费卡通过"潜规则"行销的渠道，那些从事预付费卡的部分第三方支付公司，只得放弃或者转型。

有的人总是时运不济的原因

身在职场，为什么有的人总是运气很好，各种大小机会抓得特别的稳准狠？反之，为什么有的人总是感叹自己时运不济，即便命运的女神多次光顾他，也很难把握机遇？

原因就在于天、时、人三个要素是否和谐统一！

诸葛亮在《将苑·智用》篇中，就深刻地指出了为什么有的将领时运不济的原因。如果我们把它放在当今职场，居然完全可以对应和借鉴。

夫为将之道，必顺天、因时、依人以立胜也（作为一名优秀的将帅，要想出征即可夺取胜利，必须顺应天道、因应时势、依赖人心）。

老银说：现代职场，要想成为一名优秀的主管或者职业经理人，并取得不俗的成绩，必须使自己的所作所为在外部符合行业趋势，在内部符合企业的顶层设计（使命、愿景、目标）；必须准确把握时机，因势利导，顺势而为；必须是人心所向的。

故天作时不作而人作，是谓逆时（即便顺应天道，具备充足的人力资源，但时机并不成熟，这就是逆时）！

老银说：现代职场，这样的情况并不少见。也就是你的言行完全符合公司主旋律和行业趋势，你也能得到绝大多数人的认可和推崇，但就是没有一个合适的时机（或者标志性事件）让你脱颖而出，这就是逆时！这样的情况下，你必须等待时机，一鸣惊人，所谓时势造英雄！

时作天不作而人作，是谓逆天（时机出现了，人心向背也没有问题，但不符合天道自然，譬如天气和气候相当的恶劣，这就是逆天）！

老银说：现代职场中，商机、时机、机会来临了，支持你的人也不少，但这事不符合企业的发展方向和长远规划，这就是逆天。即便勉强为之，也会因为与公司的未来不能完全匹配，从而导致你的前途黯淡。

天作时作而人不作，是谓逆人（符合天道，满足天候，时机出现，但是人不行，人心不齐，这就是逆人）！

老银说：现代职场中，因为人的问题，从而导致我们无所作为的现象比比皆是。一个主管即便自己业绩出众，符合企业的价值观，各种时机频频出现，但如果没有得到团队大多数人的支持和认可，也是干不成事情的，这就是逆人。

智者不逆天，亦不逆时，亦不逆人也（所以，明智的将领，绝不会违背天道、绝不会违背时势、绝不会违背人心）。

老银说：现代职场中，一名优秀的主管，当做到言行举止符合企业文化，战略思考符合企业顶层设计，经营规划符合行业趋势潮流，这就是顺天。创造商机，把握时机，抓住机遇，看清楚时势动态，这就是顺时。培养下属，辅佐上级，团结同事，成就团队，用人格魅力获得广泛的支持，这就是顺人。

我思我见

我们做到了顺天、顺时、顺人，不出三年，当大展宏图；不出三月，当否极泰来；不出三日，当远离时运不济的惆怅与嗟叹。

牛亦有道

世人皆闻千里马与伯乐，何也？马道也，用人之道也！然牛有牛道，牛亦有道！

兹有水牛、黄牛、奶牛若干，混迹于闹市，其哞哞声相似，其魁梧状类同，其摇尾也嫣然，则混淆不分矣。水牛者，耕田之好手也；黄牛者，驾车之能手也；奶牛者，哺育人类之上品也。

然某公浑然不觉，三牛同视之。要齐耕田，则见黄牛与奶牛之无能；要齐驾车，则见水牛与奶牛之笑柄；要齐挤奶，则见水牛与黄牛之尴尬。

何也？混其性尔！何也？乱其能也！盖世间唏嘘小事，规律如斯，然视而不见者众，牛之悲？人之哀？惜哉！

- -|我 思 我 见|- -

　　人才管理，若差之毫厘，则谬以千里，贻笑大方也！术业有专攻，专业的人，就让他干专业的事。

顿悟：教师出身的大佬很多

　　先看看，教师出身的这些大佬：

　　马云（阿里巴巴）：创业前身份——杭州电子科技大学英语教师；

　　刘永好（新希望）：创业前身份——四川省机械工业管理干部学校教师；

　　郭广昌（复星）：创业前身份——复旦大学教师；

　　俞敏洪（新东方）：创业前身份——北京大学教师；

　　冯仑（万通）：创业前身份——中央党校教师；

　　孙为民（苏宁）：创业前身份——南京理工大学教师。

　　他们在离开职业教师队伍之后，都逐步取得了非凡的成就。那么，他们何以能够用自己的力量去教化与影响身边的人和社会？我想，并非出于他们的教师职业技能，而是出于他们的教师职业本能！

　　下面，结合我们常见的市场营销，一起说说如何区别教师与书店、医生与药店的两种不同思维方式，以及由此思维所带来的行为差异。

道与术

所谓师者，"传道授业解惑也"！所谓医生，药到病除解困也！

据说古时候，教师和医生，都是极其崇高的职业，前者开启人生智慧、后者开启人身潜能，故一并被人们尊称为"先生"。

各位从事市场营销的朋友们，当你饱读各种经典、经过各种历练之后，是否有了按捺不住一展身手的冲动——去做一名优秀的市场总监，去找一家大的平台，好好帮助一家企业建功立业，开疆拓土？

其实，这种帮助的冲动，就是市场营销领域里的教师和医生——看看企业里都有什么营销问题可以调教？看看企业里都有什么管理问题可以优化？

然而，不少市场总监尽管通晓各种营销理论、熟悉各种营销手段，却不知不觉把自己变成了药店和书店！所谓药店，就是我有多少手段和技能模块；所谓书店，就是我有多少理论和方法套路。

一个可以想象的滑稽场景：当一个部门总监走马上任伊始，面对一堆新人旧事。先不去仔细观察，先不去埋头分析，先不去梳理问题，就迫不及待地嚷嚷着，你们看啊，我的"药"有很多！我的"书"有多好！你们要什么呀，我这里"宝贝"很多。甚至不管三七二十一，见有人上门，就笑呵呵地迎上去——你要什么书？你要什么药？这本书包治头疼，那种药包治脑热。

这样的部门总监把自己彻底变成一个药店和书店的推销员，甚至他连推销员都不合格，成了守着药店和书店的门童，而自己却浑然不知。

杂感，是为记！

我思我见

药再多，若不对症就不是好药！书再多，若非解惑就不是好书！

没有合理授权，主管的最终结局是劳而无功

现代职场，我们常常说"责、权、利"三者要作为一个整体来看，要和谐地寻找三者之间一种"动态"的平衡与完美"统一"。

简单地说，一个主管责任有多大，权力就应该对应有多大，利益就应该对应有多大。

如果"责任"大，"利益"小，则主管就会流失；（还玩什么呀）

如果"责任"小，"利益"大，则主管就会懒政；（还忙什么呀）

如果"授权"大，"责任"小，则主管就会妄为；（还怕什么呀）

如果"授权"小，"责任"大，则主管就会迷茫；（还做什么呀）

如果"利益"大，"授权"小，则主管就会混事；（还拼什么呀）

如果"利益"小，"授权"大，则主管就会无为。（还有什么呀）

通常，在企业里明确普通的责任和常规的利益相对容易一些。因为任何职位，都有其对应的岗位职责，这个职责就可以演变成这个岗位的责任；因为任何企业，都有其对应的薪酬绩效，这个绩效就可以演变成这个岗位的利益。

因此，这里我们重点谈谈授权。因为授权不但是"责、权、利"三者中重要的一个因素，更是链接"责"和"利"的一个关键纽带。老银认为，没有合理的授权，主管的最终结局通常是劳而无功，而无功则败。

故此，诸葛亮在《将苑·假权》中有述：

夫将者，人命之所县也，成败之所系也，祸福之所倚也（将帅是军队的关键。他悬系着手下士卒的性命，他关系着战争的胜败，他左右着国家的祸福与命运）。

老银说：现代职场，部门主管是一个部门的关键人物。他掌握着团队成

员的职业生命，关系着部门运营的好坏，影响着企业经营的荣辱成败。

而上不假之以赏罚，是犹束猿猱之手，而责之以腾捷（如果上层不把奖惩军队的权力全部交给将帅，就好像用绳索捆住猿猴的手脚，却斥责它不能快速地攀爬跳跃）。

老银说：现代职场，如果上级不能授权给主管对其所辖部门进行奖赏和处罚的权力，同样，就相当于绑住了主管的手脚，让他不能对团队进行正常的指挥和管理。从人力资源管理的角度来看，一个部门主管如果连举荐和罢免下属的权力都不具备的话，又如何要求他带好团队，激励团队呢？

胶离娄之目，而使之辨青黄，不可得也（又好像用胶带粘住人的双眼，却要他辨认颜色，这绝对是不可行的事情啊）。

老银说：现代职场，如果上级不能合理授权给主管，却要求其承担各种各样的责任，甚至要求其能够所向披靡，马到功成，是否也是犯了蒙住人家双眼，又让其辨别各色颜料的尴尬呢？

若赏移在权臣，罚不由主将，人苟自利，谁怀斗心（如果奖赏大权被权贵操纵，主将没有任何权力惩罚部下，则人们就会被私心私利所笼罩，谁还会有旺盛的斗志为国家效命呢）？

老银说：现代职场，如果提拔奖励员工的权力被人力、行政、办公室等后场部门掌控，部门主管没有任何权限决定下属的升迁去留。那么，下属还会听从主管的指挥而好好工作吗？他只需要和上述后场部门搞好关系就可以了。

虽伊、吕之谋，韩白之功，而不能自卫也（如果这样，即便是有伊尹、吕不韦那样出类拔萃的才智；即便是有韩信、白起那样显赫的功绩，将帅也不能自保）。

老银说：现代职场，无论主管的业务技能多么娴熟，无论主管的成功案例多么丰富，如果没有合理的授权，主管本身都不能自保，哪里还能指望其带领团队做出好的成绩呢？

故孙武曰："将之出，君命有所不受。"（所以孙武说："将帅一旦领兵外出作战，就必须抓住战机，随机应变，而不必事先请战或等待君主的命令。"）。

老银说：现代职场，一旦给主管进行了合理授权（企业可以设置合理的监督机制，以及员工申述体系），就不要再对主管指手画脚，对主管的正常运营人为地设置障碍。只要主管按照公司的授权和对应的制度流程办事，就不必让主管在正常的奖惩下属之前，在正常的执行任务之前，补充各种多余的请示和报备了。这与华为任正非所言"砍掉高层的手脚"具有异曲同工之妙。

权衡由来

我思我见

合理授权真是一门大学问！光喊喊口号是行不通的！

授权不是上级对下级的施舍，而是自我解放的开始！

授权与制衡犹如一对孪生姐妹，所谓权衡是也！因此，授权是一个动态的过程，授权太大，就适当收一收；制衡太多，就适当放一放。犹如营销与运营的关系，收放自如，方能保证企业经营稳步向前。

"烂"公司才有"大"机会

我们知道，稻盛和夫不属于普通人心目中的聪明人，至少在他年轻的时候是这样。据说，他从初中到大学，常常考试不及格。

稻盛和夫也不属于幸运的人，他大学毕业时，原本想当一名医生，可是最终只能在一个濒临倒闭的陶瓷厂找到一份小工。而且，当时的陶瓷工厂发不出工资，员工士气低迷，还常常闹罢工来宣泄不满。

很显然，这的确算得上一家够"烂"的公司！跟稻盛和夫一同前去的4个大学生因为看不到希望，受不了"烂"公司的各种不爽，于是很快却辞职了。稻盛和夫因为不太聪明，更不太幸运，只能老老实实地留了下来。

既来之，则安之。据说，稻盛和夫平复初来乍到的复杂心情之后，吃住在实验室，不断思考，反复推演，多次实验，最终，这个既无知识和技巧，又缺乏成功经验和先进设备的稻盛和夫，却搞出了世界领先的发明，给快要倒闭的陶瓷工厂带来了新的生机，并逐渐发展壮大成为世界500强，稻盛和夫本人也成为当代日本经营巨匠。

反观当今的多数年轻人，毕业后都希望找到一家好公司、一家大公司。他们简单地认为，那里才有机会，那里才会体面，那里才能学到知识，那里的收入才会比较高……于是，大家都削尖脑袋往大公司挤。这本来没有什么错，人往高处走嘛，与优秀的人共事，仿佛成功的可能性要大一些。

然而，事实上也许不完全是这样：大公司的优点众所周知。缺点呢？其实也与优点一样多——诸如一个萝卜一个坑，这意味着如果你想跨岗位，或者跨部门多学一点，都不一定有机会。说糙一点，你天天在一个世界500强企业里拧螺丝，难道自己就"高大上"了？此外，大公司里优秀人才更多，稍微看得上眼的机会和挑战，根本就轮不上你。如果你稍微有差错，就可能有一堆人排队等着取代你，这样你哪有什么机会去折腾、去试错？

老银当年就去了一家看起来很高大上的公司上班——办公楼档次高雅，公司品牌听起来也是响当当，身边很多毕业于国内名牌大学的同事或者说前辈，就连前台小姑娘的笑容，都似乎更加甜美动人……看起来很美，对吗？然而，当我真诚地向那些名牌大学的前辈们请教问题时，他们不屑地看着我，或者懒得理会，惜字如金，一个字都不愿多讲。那种精致的利己主义，让我至今都觉得变态和扭曲。

我还认识几个朋友，他们取得了普通人难以企及的成就，都在三四线小城市的打拼——也就是人们通常看不上的那些所谓小市场。在他们眼里，小市场才有大商机。他们有着某些共同点——向聪明人学习，但绝不从聪明人那里挣钱。有兴趣的读者，可以静心思考，是否"烂"公司才有"大"机会？我想或许会的！

─┤我 思 我 见├─

任何公司，无论大小，都有优点和缺点；任何个人，无论长幼，都有优点和缺点。以优势互补的眼光看问题——你的什么优势可以去改变这个企业的劣势；以阶段性需求的眼光看问题——当前阶段的你，或许正是这个企业当前最大的需求。如此，甚好！

如何带出"狼性"团队

身在职场，作为一名优秀的主管，如何带出"狼性"团队？

答案就是：主管要比小绵羊还温柔。

何也？诸葛亮在《将苑》中如下解释道：

古之善将者，养人如养己子：有难则以身先之，有功则以身后之；伤者，泣而抚之；死者，哀而葬之；饥者，舍食而食之；寒者，解衣而衣之；智者，礼而禄之；勇者，赏而劝之。将能如此，所向必捷矣。

很遗憾，部分主管仅仅从字面出发，以为要带出"狼性"团队，就是把自己变成勇猛的头狼，殊不知南辕北辙矣……

─┤我 思 我 见├─

曾经见过一个大BOSS，目光犀利，不怒自威；语言深刻，气势如虹……员工们见到他，都诚惶诚恐，战战兢兢。因此，很少有人能坚持自己的见解，甚至连表达自己观点的几句话都生生咽了下去，这导致了他的职业经理人根本无法发挥其专业能力，CEO更是频繁更换，业务也一直没有太大起色。

"三思而行"中的"三思"到底是什么

部门总监管理着一个部门的日常运营，是企业管理体系中最为重要的中坚力量，是名副其实的经营管理层。很多时候，部门总监既是决策的制定者，又是方案的组织者和执行者；既要传承企业文化，又要推进业务发展；既要管事，又要管人。

部门总监的能力大小，德行好坏，格局高低，视野远近，不但决定着部门的前途，也直接关系着企业的命运。从某种角度上说，一个企业到底好不好，只需看看它的"腰"——部门总监的表现，就知道个大概。因此，部门总监学会"三思而行"，稳中求胜，胜中求新，十分重要。

能否"三行而思"？能否"不思而行"？能否"九思而行"？"三思"到底是想的什么？

上策、中策、下策

永远没有完美无缺的方案！因此，当我们制定某个决策或者设计方案时，一定要想清楚上策是什么、下策是什么、中策是什么；追求上策都需要什么条件或者调集什么资源，不得已而为之的下策的底线思维又是什么，如何将中策做到灵活多变，从而力争上游。

在行之前，思上述三策，则胸有成竹。如果我们做的决策只有一种方案，则当计划赶不上变化时就会被动受制。例如，清代儒将左宗棠题于江苏无锡梅园的对联"发上等愿，结中等缘，享下等福；择高处立，寻平处住，向宽处行"。这24个字浓缩了深刻的人生哲理。

目标、原则、方法

目标，目之所及的标靶。原则，做事的法则标准。方法，达到目标的工具和路径。这是一种思维方式，也可以说是我们正确做事时的方法论。

"目标—原则—方法"就是训练我们在做事之前，先依次思考这三个要素，不要颠倒顺序，才能确保我们Do Right Things Right！（把正确的事情做正确！）

目标，要强调清晰，"近视"和"远视"都不好，"朦胧"和"眯盹儿"也不可取。原则，要强调高度，就是达到把复杂问题简单化的那种高度。有了原则，找方法做事情的时候就不会畏手畏脚。方法，要强调可行，也就是我们所谓的可行性方案。

天道、自然、人性

古时候，谋事布局讲究天、地、人和谐统一！

天，即为天道，是指符合那些放之四海而皆准的颠扑不破的真理。地，即为地道，代表自然，是否符合自然规律。人，即为人道，代表人性，是否符合人性特点，是否考虑了人心向背。

如果把它们放到现代企业里，企业的使命目标愿景，企业的组织精神和结构，企业的规章制度和流程，企业的工作氛围和文化，是否就有了一一对应？

思进、思退、思危

有人认为，这是一种建立在功利主义上的思维，体现的是一种明哲保身的价值观。因此，他们认为这在方法论上不具有普遍性。

但是，如果我们从积极意义的角度去看上述三思：进，代表进攻、主动；退，代表防守、被动；危，代表风险、防范。也就是我们在策略或方案制定时，不但思考了正反进退两种可能，还把风险防范与危机控制环节纳入了思考的范畴，因而可以说是一种可喜的进步。

思你、思我、思他

你、我、他，代表了看问题的角度——你（对方，第二视角）、我（已方，第一视角）、他（旁观者，也就是第三方，第三视角）。通俗地讲，这就是换位思考。如果你把三个角度都思考周全了，就可以果断行动。

家长带着小孩子，常常需要弯下腰来与孩子交流，为什么？就是家长在必要时（也就是和孩子交流时）应该自然切换到孩子的视角。否则，也许你看到前面公园的十里桃花，而小孩子只能看到一群游人晃动的大长腿。于是，小孩子嚷着让你抱着他，不只是他想和你亲昵，更多是想和你具有同样高度的视角。

1	2	3	4	5
●上策 ●中策 ●下策	●目标 ●原则 ●方法	●天道 ●自然 ●人性	●思进 ●思退 ●思危	●思你 ●思我 ●思他

如此套路，玩转"三思"

---- 我 思 我 见 ----

以上三思，我们从多个维度进行了解析，希望朋友们深刻体会：学而不思则罔，思而不学则殆。

漫谈管理再造

据说，20世纪80年代初到90年代，西方发达国家经济逐步衰退，不少公司组织出现了大企业病。迈克尔·哈默、詹姆斯·钱皮深入企业调研，提出了"企业再造"理论。二人联手出版的《企业再造》，连续八周被美国《时代》

杂志评为全美最畅销书。

每到举行年会的时节，各家公司除了盘点、展望、对员工论功行赏之外，有一个词儿甚为高频地出现——管理。

是的，无论企业发展好坏，管理是绝对不能放松的，尤其是当一个企业经营状况不太好的时候，管理再造的呼声也就越来越高。老板们希望通过管理的革新与升级，让企业重新焕发出生机与活力，这的确没有错。

老银多年从事市场营销，中间偶尔客串了几次人力资源以及企业管理，因此接触到多个管理咨询顾问公司，对它们管理再造的套路也较为熟悉——前期调研、公司战略梳理、核心业务与关键流程优化、组织架构重塑、优化薪酬绩效体系……

为了表示其专业与敬业，他们往往会派出10人左右的专家顾问团队（该团队的规模大小，一则跟需要"管理再造"的企业需求相关，二则与该企业投入的顾问咨询项目资金多少有关），用上一大堆诸如PEST（政治、经济、社会、科技）和SWOT（优势、劣势、机会、威胁）的理论推演工具，再配上一些看起来很美的表单和流程图，再然后，就是遵从CEO甚至公司董事长的命令（管理再造一定要把企业里最高的、实际的负责人拉进来，否则就不好玩，也容易玩不转），让企业里上上下下，尤其是中高层负责人们一起参与进来，座谈、面访、调研、培训……

由于管理非常复杂，因此整个管理再造的管理咨询项目过程，大致要花上短则3个月，长则半年以上的时间。最后，管理咨询顾问公司为企业输出了一系列文档——也就是上述的战略、业务、流程、架构、薪酬、激励等。

看起来一切都那样的专业！甚至看起来也非常完美！

通常，在这3~6个月的"蜜月"期，因鸡汤心理作怪，整个企业里从上到下都觉得这次管理再造物超所值并寄予厚望。是的，我也多次这样由衷地认为，的确也看到过不少次这样的"管理再造"是相对圆满成功的。

于是，那些进驻企业来管理再造的咨询顾问公司，往往就可以获得少则数十万元，多则数百万元甚至更高的酬金。据说当年华为深度引进IBM的管理咨询服务，成功地进行了管理再造，从而成为业界传奇与佳话。

在老银看来，无论是否引入外部管理咨询顾问公司，管理再造其实并没有那样的神秘莫测。相反，如果我们把管理再造简单地看成是流水线上的一系列文档制度输出，则是没有抓住管理的本质。

因此，我认为，管理再造一定要同时注意以下几个方面。

再造文化

企业文化是什么？你的企业文化能否落地？你的员工是否认可你的企业文化？你的企业文化是否偏离三观？我曾经多次讲过：一家企业经营有问题，往往首先是文化出了问题。譬如，员工不愿意承担责任，也许是与你的授权有关；员工不愿意积极拼搏，也许是与你的激励机制相关；员工不讲诚信，也许不只是你的监督机制出了问题……文化一旦理顺了，才能为管理再造创造良好的条件和氛围。否则，就犹如我们在雾霾严重的室外，大谈特谈如何呼吸吐纳的技巧和效果。

再造商业模式

这其实是属于企业战略的问题。在我们的周围，很多企业往往忽视战略，或者即便想着去重视，但不知道如何下手，只能凭运气打拼。

商业模式无所谓优劣，跟企业自身的实力、资源、历史等相关。一个突出的现象，就是商业模式的紊乱。譬如，企业希望长远发展，但所采用的策略基本上都是十分短视的行为。企业希望填补市场空白，但往往和竞争对手完全同质化产品和服务，并不惜发动价格大战去争抢市场份额。

再造沟通机制

老银见过一些企业，在沟通机制上出现了短板，甚至说是严重问题——信息不对称，信息绕着圈圈走，信息不能形成闭环，甚至刻意封锁合理的经营信息。在这样的环境里，老板却天天高喊着执行力和效率。这样的管理能不出问题吗？老银认为，只有沟通机制建立和健全了，才有资格去谈沟通技巧和沟通效率。

再造服务意识

我们不少人认为，客服就是客户服务，就是公司客服部门自己去擦屁股的事情，与自己无关，或者不直接相关，于是避而远之。事实上，一个优秀的企业，服务意识十分重要。2017年"双十一"期间，马云就狠狠地秀了一把客服。我想，他是十分明白客服的重要性的。否则，他完全没必要在那样重要的日子里，去客服部门体验如何接电话和解答客户咨询。

公司内外皆客户，否则古人不会在夫妻之间喊出相敬如宾的口号。居家生活尚且如此，职场办公亦然。如果不强调和推崇卓越的彼此服务意识，再好的流程制度也将沦为摆设。

再造人才标准

一个十分有趣的现象：不少企业老板认为企业管理出现问题，就开始大举换人甚至不惜代价高薪挖人。他们认为，只要找到合适的大神一样的人才加盟，管理就没有什么过不去的坎儿。然而现实情况是：他们高薪挖来的人才，要么不能融入文化，要么不了解之前流程，要么不愿意面对之前乱如麻的历史遗留问题……这样的人才，即便具有某一方面或某几方面的超强能力，也不见得具有管理再造的神奇疗效。

再造人才标准，并在现有团队里大力推崇"贤才居上，不肖居下"的文化氛围，则管理再造自然而然就会水到渠成。

再造其他硬件环境

老银认为，上述软环境优化完毕，才是进入企业的硬件环境再造的最佳时节，诸如产品再造、功能再造、平台再造、系统再造。

当然，这样的说法，并不是绝对的，你也完全可以并行实施。因为很多急性子老板们并没有那样多的条件和精力去等待上述软环境全部再造完毕，就迫不及待地要进行硬件环境的再造——因为市场不会等你！但有一条需要强调——不要忽视上述软环境的同步再造！软硬一定要结合！

---| 我 思 我 见 |---

企业再造，其实质是管理再造，堪比凤凰涅槃的过程。

优秀领导都是"三见客"

最近，我的确被"领导力"这三个字征服了。因此，我继续写下这些文字，希望能对职场上的各位朋友们有所帮助。

《你本该成为领导者》的作者雷洛伊·艾姆斯曾经说过："领导者就是看得比别人多、看得比别人远、在别人看到之前看到的人。"这表明，一个优秀的领导，将具有如下三种常人所不及的能力。

见识力

见识力，即所谓的见多识广。领导之所以具有超强的见识力，就是因为看得比别人多。因此，他们不但具有丰富的经验和广博的见闻，仿佛他们就是一本活字典，往往还具有见怪不惊的风度、临危不惧的气场、忙而不乱的雅致，乃至视死如归的情怀。

如果我们希望训练自己的见识力，除了日常的博闻强记之外，还需要有意识有目的地多承担、多锻炼、多负责、多学习、多创新……如此，自然而然可以增加我们的见识。

有的领导一旦得到晋升，就疏于学习，不思进取，缺少创新和闯劲儿，逐渐地，他的见识增长速度就会放慢，乃至于被后来者赶超。

远见力

远见力，就是看得远的能力。有一句老话讲"站得高，看得远"。因此，刻意去追求自己看得比别人远，是没有多少用处的，要求我们自己站得高。这里的"高"，不仅仅代表着你的职位高低，而是你的格局、境界、精神、心态、气节等的高低。古人追求的高风亮节，就有一点这样的禅机和韵味。

预见力

预见力，强调预先和超前，它骨子里反映了一个优秀领导的判断和抉择能力。因此，他们能在"别人看到之前看到"那些产业的趋势、潮流、未来；看到问题的起因、经过、结果；看到团队和组织成长的路径、原则（框架和边界）、愿景。

因此，我们常常在事后才陡然发现：那些优秀的领导者在多年前就能准确地预见未来，并能为团队生动形象地讲故事，还能带领团队提前做好路径规划，一如马云在若干年前，就能向他的创业团队展示中国互联网发展的未来，描述中国电子商务的前景，梦想着庞大的商业帝国版图形成……

综上，上述三种能力，是一名优秀领导者应该具备的能力。上述"三见"，可以成就一名优秀领导的"洞见"——把一件事情看透彻和看"穿越"。

摒弃偏见，让我们成熟宽容；摒弃短见，让我们视野广博；摒弃成见，让我们看到未来！

无论你是部门主管，还是企业的最高负责人，我们都应该潜心修炼，从而带领团队走得更高、更远！

见仁见智

> 仁者见之谓之仁，智者见之谓之智。
>
> ——《周易·系辞上》

"见仁见智"仁者从仁的角度看待，智者从智的角度看待。比喻对同一个问题，不同的人从不同的立场或角度去看有不同的看法。

老银梳理了与职场相关的若干问题，汇编成一个小小的系列——见仁见智。这些问题有的是粉丝的咨询或留言，有的则是互动中大家普遍感兴趣的问题。因此，值得摘录以记之，中间或许有你曾经遇到的问题及困惑。

Q：如何解职场之"困"？

A：所谓"困"，犹如木处室内。解困之道，唯有走出去，才能呼吸新鲜空气！木如斯，人如斯；身如斯，心如斯！

Q：在职场中，如何保留自己的"本色"？

A：职场初期，本色易，角色难；职场后期，本色难，角色易！

Q：我好担心未来，怎么办？

A：未来，就是没来，做好当下，即是昨日之最好未来！所谓"未来已来"，我们其实并不能预测未来，只能感知未来的趋势而已，否则徒增忧虑。

Q：如何成为一个相对全面部门负责人？

A：部门负责人的"全场"：前场心态，中场视野，全场思维！所谓前场心态，就是一切管理是为前线业务做支撑；所谓中场视野，就是站在中场，左右协调，承上启下；所谓全场思维，就是树立全局观，打破部门壁垒！

Q：网上学习的方法很多，有捷径吗？

A：即便在信息高度发达的今天，学习依然是有窍门，无捷径！

Q：如何看待目标管理中的"标准化"？

A：标准化，是工业文明的一大特征！

Q：如何把老板安排的事情做好？

A：做事的三个境界：上——把对的事情做好！中——无论对错，把事情做好！下——把错误的事情做得看起来正确！

Q：我该如何学习，才能进步更快？

A：优秀的人通常具有三种递进的学习能力：纠错能力，这需要长记性；

模仿能力，这需要举一反三；触类旁通，这需要独立思考。

Q：在公司里，各个层级如何分工和配合比较好？
A：目标—原则—方法：老板定目标，部门负责人定原则，执行层找方法！我想这应该是最佳搭配。

Q：请告诉我上下级相处之道是什么？
A：下级，通过成就上级来成就自己！上级，通过培养下级来培养自己！这就是职场上下级相处之道！

Q：我总是对某人某事放心不下，怎么办？
A："放心"即可"放下"；"放下"即是"放心"！

Q：我不想听天由命，如何办？
A：天性——与天俱来；性命——性格决定命运；天性+性命=天命，也就是听天由命的意思。

Q：如何看待身边那些有好有坏的同事？
A：所谓"同事"——往小的说，就是一起共同做事；往大的说，就是一起"共同"做一项"事业"！

Q：如何看待职场中的各种"忙"与"乱"？
A：忙而不乱者，胜；乱而不忙者，败；忙且乱，治之；闲且乱，弃之；闲而治，观之。盖忙乱之象、张弛之度，须入木三分，高瞻而远瞩也。

Q：您能通俗地说说"精气神"吗？
A：精力充沛、气场十足、神采飞扬，谓之"精、气、神"！

Q：稻盛和夫的阿米巴经营模式具体是指什么？
A：化整为零，追求小而美，强调给作业层赋能！

Q：在职场中一讲真话就惹麻烦，我以后还讲不讲真话了？

A：当然需要讲真话！注意两点就够了：注意场合；真话未必一定要讲出来！

Q：如何把自己干的工作说得高大上？

A："说得"高大上，只需要找到适合它的理由；"做得"高大上，更需要真才实学！通常，能够"做得"高大上，就能"说得"差不多。低调做人，高调做事！

Q：如何更加优雅地应对职场中的"小鞋"事件？

A：大度地漠视它即可！或者，让你的脚足够大！

Q：当你的平级好朋友升职成为你的领导，是一种什么体验？

A：真诚地祝福他，向他学习，一如既往地支持他！

Q：什么样的领导才算是好领导？

A：能把部下培养到接替自己的位置，同时自己上升到更好位置的领导就是好领导！

Q：为什么别人来了几个月就能升职，而有的人来了好久也不能升职？

A：能否升职，与时间没有关系；很久没升职，或许意味着自己很久没"升值"，换言之就是"贬值"；通常，"升值"快的，"升职"自然就快；因此，看看人家为公司带来了什么价值，找到让自己"升值"的方法，时间只是一个过程；找不到让自己"升值"的方法，时间就越来越残忍。

Q：在职场中如何维持好同事的关系？

A：本色做人，角色做事！但行好事，莫问前程！

Q：只有一个人的企划部门，对公司是否重要？

A：有一个人，说明它"必要"！一步一步做大它，证明它"重要"！

Q：为什么职场老员工喜欢排挤新同事？

A：当有新人加入时，老人们适当的"排异"很正常，如果恶意的"排挤"，就是老员工的不对和问题了。换个角度，新人加盟是一种"融入"状态，还是给人以"侵入"的感觉，也是很重要的。以平常心看待，先适应环境，逐步改善环境。

Q：游戏中被骂怎样调整心态？

A：娱乐参妙理，游戏悟人生。

Q：你在最无助的时候是什么支撑着你一直坚持下去？

A：做事——目标—原则—方法，故首推"目标"；做人——正面、积极、主动，故首推"正面"。

Q：如何看待老板打包剩菜给公司员工加餐呢？

A：佛看众生都是佛，众生看佛是众生。

Q：如何怼回别人的挑拨离间？

A：让他当着背后被议论那个人的面，再说一遍。

Q："80后"进入职场"更年期"，"90后"该如何预防？

A：保持学习，保持年轻！

Q：职场需要能"晒"的人还是需要能"干活"的人？

A：低调做人，高调做事。如果人家晒得对，口能言之，身能行之，何乐不为呢。

Q：职场中，名不正言不顺怎么办？

A：名正，言顺，事成！反之，名不正，言不顺，则事不成！如何梳理？从公司的顶层设计（使命、目标、愿景）开始，到组织结构，到部门职责，到流程制度，到绩效考核……最后到我们每个具体岗位的"责、权、利"匹配，宣而贯之，就可以了。

Q：老实认真的人就要多干活，承担更多压力吗？
A："要我干"和"我要干"有着本质的区别。多劳一定多得——锻炼也是一种收益，只是变现时间的长短。

Q：什么是相对健康和可接受的离职率？
A：符合271原则。10%以内，通常可以接受。

Q：倦怠期的职场人，如何保持工作动力？
A：新平台、新挑战、新乐趣！

Q：下雨天，为什么有的人从不打伞？
A：除了潇洒之外，没伞的孩子跑得快！

Q：自闭、抑郁，怕见人怎么寻找爱情？
A：变得"开放、阳光、想见人"，就可以了。

Q：职场中，计划赶不上变化，那还需要做计划吗？
A：一是做计划时要考虑变量；二是做事之前要确定目标原则方法；三是执行中考虑取舍。

Q：如何对待那些向别人传播消极情绪的人？
A：三观不正的人，敬而远之。

Q：职场中，人与人之间差距到底是如何拉开的？
A：如果别人"多做一丝"，自己"少做一丝"，日积月累，就拉开了不小的差距。

后记

从酝酿到正式提交书稿，我写了近两年时间，先后整理了200多篇文章。之前，我在自媒体上每写一篇文章，感觉都很轻松、很惬意，通常只要有了话题兴奋点，不到1个小时工夫就可以一挥而就，心里甚是得意。

然而，当我想着要把这些文章，连同我这20余年的从业心得、感悟体会、市场与职场、各种成败案例等一起分享给读者朋友们的时候，我开始了某种痛苦的"煎熬"——三次逐字逐句修订每篇文章，三次全面调整章节顺序，每一篇文章的修改都用了我当初写作时的数倍时间。

尽管如此，书稿正式出版时，我依然觉得不够完美，甚至担心它不能准确表达我的初衷，更害怕因自己的浅薄而误人子弟。然而，我仍然希望潇洒地拼搏一把，就当成是自己这些年来的工作笔记，只是它经过了再次的梳理和岁月的洗礼，从而更加规整易读，更加浓郁醇厚，更加能够激荡我的思维，而不是勾起我斑驳的回忆。

感谢家人的支持！让我能够不时地抽出时间来搞搞创作，让我能够安心地写写文章。前者是夫人对我的劝勉，后者是孩子给我的鼓励。是的，我能够坚持如此长的时间写出篇幅超过20余万字的超长"作文"，就算给孩子做个榜样，也好！

感谢业界各位朋友对我的认可和关爱！你们之中有我曾经的上级，有我并肩的同事，有我昔日的同窗，有我一见如故的朋友，还有我引以为傲的族人。谢谢你们在我职业生涯中给了我许多宝贵的"礼物"，以及给予我的启发和指导！谢谢你们在我的新书出版之前，给我倾心长谈的机会。

银代仁

2018年1月 北京

嘉宾点评

本书把市场营销与企业运营的关系深入浅出地做了链接和解析，让人一看就懂，给人一种醍醐灌顶的感觉。同时，本书独辟蹊径地站在部门总监的立场和视角，全面系统地解析了部门主管们"管人"和"理事"的逻辑，不但能给新入职场的"小白"以导引，还能给职场的"老兵"以某些管理启发。值得关注的是，作者并非科班的人力资源出身，但对于部门乃至企业的人才管理和职场运营之道，却有着深刻而系统的思考，可见银代仁先生功力深厚，"初心"仁善！

——邓玉金（君澜国际副总经理，北方华创董事，资深培训师）

银代仁是我的高中同窗，不经意间我们在北京相聚已经20年了。彼此都甚为忙碌，没有想到代仁能够如此安静下来，为我们梳理出他20多年职场生涯中部门管理的各种方法、经验、思路。在我看来，代仁如此坦诚地剖析自己的心得和感悟，正是一个优秀的部门主管所应该具备的"内视"的能力。相信本书能够让那些正在职场上忙碌和打拼的部门主管们"安静"下来，焕发出更新、更强的活力！

——文波（众乐投资创始合伙人）

"推销能力是创造财富的关键。""一名企业家所要具备的头等技能是销售能力。""销售的角色向来拿着最高的工资。""一名顶尖的销售人员唯一的工作保障是他（她）的自信。""即便你不从事销售工作，你仍然需要具备推销的能力。""一名出色的销售人员需要具备以下素质：讨人喜欢的性格、出众的社交能力、对于挫折的高耐受力、高度的共情、充满自信和配套的专业知识。"这是雷纳·齐特尔曼在《富人的逻辑》中的几句话。这些话在银代仁先生的书中都能得到了充分的印证。我和银代仁先生曾经共事，他对市场营销的认知和致力于职场管理的实践给我留下了深刻的印象。他对事物的看法全面、系统、有高度，这也许得益于他长期从事市场营销实战和部门管理的沉淀和思考。

——许均华（鸿儒金融教育基金会理事长）

本书行文风趣，同时又逻辑严谨；既注重实战工具和技能，又巧妙融入作者的反思和心得；既有丰富翔实的操作案例，又有身在职场的感悟启发。每篇文章相对独立，每章内容相对聚焦，层层递进，从部门内务到职场攻略，从业务技能到通用管理，从普通员工到部门总监，不愧为部门主管的职场"新得"，是拼搏职场的案头必备工具书！

——银小龙（美国路易斯维尔大学科学院博士后，"甘净"创始人）

读完全文，感觉犹如观长江之水，一贯而下。既有令人血脉贲张的滔天巨浪，又有清澈柔和的小水花儿，让人会心一笑。读者可以把这本书当成部门总监的执业手册，按目录来系统学习修炼部门管理。不仅如此，作者的视角从市场营销一直穿透部门管理和企业运转，乃至个人价值观。本书就像一根七彩丝线，把精粹的部门管理知识碎片、工具技能、心得反思，巧妙串联成璀璨的项链。我跟作者认识十多年，他在职场的坡坡坎坎和兢兢业业浓缩在文字里，值得广大读者朋友们用感情和理智认真研读。

——曾涛（易开出行首席数据官兼运营官）